AF316431

JOURNAL-DICTIONNAIRE

DE

BIOGRAPHIE MODERNE.

M. DE CHATEAUBRIAND.

PAR son génie, son rang, sa naissance, M. de Chateaubriand s'est placé à la tête de nos écrivains et parmi les premiers de nos hommes d'Etat. Les diverses circonstances de sa vie se rattachent aux grands événements politiques de notre époque, et toujours son talent d'écrivain et d'orateur a donné une grande importance au rôle qu'il y a joué, a rallié à son opinion un grand nombre de partisans, quelquefois même une sorte de popularité. Passer en revue les différentes époques de la vie de M. Chateaubriand, c'est donc résumer en même temps l'histoire politique des trente années qui viennent de s'écouler; années si fécondes en événements, et où l'histoire trouvera une telle moisson de crimes, de changements, de malheurs, de gloire et de vertus. Ce motif seul eût suffi pour nous déterminer à commencer par l'auteur de *la Monarchie selon la Charte* la galerie biographique que nous nous proposons d'offrir hebdomadairement à nos lecteurs.

FRANÇOIS-AUGUSTE, vicomte DE CHATEAUBRIAND, naquit à Combourg en Bretagne, en 1767. Issu d'une famille des plus anciennes et des plus illustres maisons de cette province, il atteignit l'âge de dix-sept ans au moment où il n'allait bientôt plus rester à notre ancienne noblesse que son courage et sa générosité un peu dégénérés. Doué d'une imagination vive et ardente, M. de Chateaubriand eût été, sous l'ancienne monarchie, le plus grand et le plus noble des seigneurs français ; sous le règne du pacte qui a fait tous les Français égaux, son génie lui a rendu en quelque sorte et cette gloire et cette puissance. Il entra d'abord comme sous-lieutenant au régiment de Navarre ; mais son goût pour la vie aventureuse se développant sous l'impulsion d'une âme ardente et impatiente, il s'accomoda peu de cette vie paisiblement militaire, et saisit avidement l'occasion que lui offrit M. de Malesherbes, son oncle, de passer en Amérique. Débarqué sur cette terre nouvelle, il abandonna bientôt ce qu'il y avait de positif dans la mission dont il était chargé, pour s'avancer dans les solitudes de l'Amérique septentrionale, visiter les peuplades sauvages, s'enfoncer dans ces forêts immenses et vierges encore, remonter l'antique Meschacébé, dont le nom est devenu poétique sous sa plume. Là tout parlait à son imagination ; il lui fallait une telle jeunesse pour donner tout l'essor à son beau génie. Arrêtons, plus qu'aucun biographe, l'esprit du lecteur sur ses premiers pas dans la carrière. Aucun calcul d'intérêt ou politique, aucune arrière-pensée ne pouvaient agir sur l'esprit enthousiaste du jeune poète ; et si plus de détails nous étaient parvenus sur cette époque de la vie de M. de Châteaubriand, ce serait là surtout que l'on pourrait découvrir ses véritables opinions et son caractère. La réputation de M. Chateaubriand, comme écrivain, eût commencé dès lors, s'il eût pu livrer au public son poëme des *Natchez*, composé à peu près à cette époque. Des événemens divers, parmi lesquels il faut compter d'abord la guerre de l'émigration, à laquelle l'auteur prit une part active, et l'exil qu'il partagea avec la plus grande partie de notre ancienne noblesse, ont reculé jusqu'à nos jours la publication de cet important ouvrage, qui nous occupera plus tard.

Blessé d'un éclat de bombe au siége de Thionville, M. de

Chateaubriand se retira en Angleterre, où, ramené, par les événemens, des rêveries poétiques à la politique qui, nécessairement occupait toutes les têtes, il oublia son *essai historique, politique et moral sur les révolutions anciennes et modernes*. Cet ouvrage qui, lorsqu'il parut, causa quelque sensation, est resté long-temps inconnu en France. Il fait aujourd'hui partie de la superbe collection des *OEuvres complètes* de l'auteur. Nous n'y avons rien vu que M. de Chateaubriand n'eût pu avouer, même faisant partie du ministère déchu, et pourtant à l'abri de nos critiques. Ce livre, rempli de vues vastes et profondes est écrit dans un esprit très-favorable aux idées de liberté ; le noble pair ne les a jamais reniées ; et si sa conduite au pouvoir s'en est écartée quelquefois, les écrits, notamment quelques discours et *la Monarchie selon la Charte*, sont là pour prouver que ses principes ont été modifiés, mais ont peu varié. A l'époque de sa vie d'où ces réflexions nous écartent quelque peu, c'était un émigré français, blessé dans les rangs des ennemis de la révolution, qui écrivait ce fameux essai : supposons donc que des circonstances particulières, peut-être même des calculs, mais non un changement d'opinions, ont empêché qu'il ne fît connaître plutôt cet ouvrage à la France.

Rentré dans sa patrie, avec M. de Fontanes, après le 18 brumaire, M. de Chateaubriand publia dans le *Mercure* son petit roman d'*Atala* ; en 1801 et en 1802, fit imprimer en Angleterre sa première édition du *Génie du Christianisme*. Ces deux ouvrages produisirent une grande sensation, et révélèrent à la France ce génie de leur auteur. Les lecteurs s'arrachaient *Atala* ; les éditions se succédaient avec rapidité, ce fut un succès de vogue. D'un autre côté s'élevaient des critiques implacables, et qui attaquaient, avec les armes du ridicule, les phrases et les locutions bizarres qui déparaient, il est vrai, la première édition de ce petit roman intéressant, et si riche d'ailleurs sous le rapport du style et surtout dans le genre descriptif. Chenier et Morellet furent ses plus implacables censeurs; le charme de l'ouvrage et la pompe du style le firent facilement triompher de leurs critiques, qui peut-être ne furent pas inutiles à l'auteur. Le *Génie du Christianisme* eut encore plus de succès. Aucun livre ne parut si à propos, si bien à l'époque qui lui convenait. Après un déchaînement général contre la religion, au milieu de l'indifférence et de l'apathie les plus complètes sur ces matières, le clergé adopta avec enthousiasme un livre et un avocat, qu'il eût condamnés et reniés quinze ans plutôt, ou quinze ans plus tard. Nous ne répéterons point ici une anecdote sur le *Génie dn Christianisme*, que quelques libelles ont cherché à accréditer. Pour notre part, nous la croyons entièrement fausse. L'ouvrage est d'un homme qui a vu le christianisme et ses effets, à travers le prisme d'une imagination poétique et vraiment religieuse. Il le peint tel qu'il le sent, tel qu'il le voudrait et qu'il devrait être. Aussi son livre est-il quelquefois une sanglante épigramme, et l'auteur n'est-il plus guère le favori du clergé. Mais on y trouve partout l'empreinte d'un enthousiasme, des épanchemens qui ne peuvent être inspirés que par un cœur religieux, par une foi antique, et jamais par le calcul. Le *Génie du Christianisme* eut, à la première publication, un succès de circonstance; son mérite réel l'a soutenu à ce point de vogue et de réputation où le choix du sujet et le courage qu'il semblait annoncer dans son auteur l'avaient porté tout d'abord. Peu de livres contiennent autant d'idées hasardées, fausses, et que l'écrivain lui-même semble soutenir contre sa conviction; mais aussi jamais autant de poésie dans le style, de pompe et de sentiment dans les descriptions n'ont séduit le lecteur, qui remarque à peine ce que l'expression a de singulier et de bizarre.

A cette époque commence la faveur dont M. de Chateaubriand jouit auprès de l'homme le plus extraordinaire du siècle, et à la gloire duquel le titre d'empereur n'ajouta rien. L'avait-il sollicité, ou lui avait-il rendu justice en faisaut son éloge dans la préface de son livre ? Il est permis de croire l'un et l'autre. Napoléon, qui se formait déjà une cour, qui cherchait à s'entourer tous les hommes remarquables, ne pouvait oublier notre auteur ; il l'adjoignit au cardinal Fesch comme secrétaire d'ambassade à Rome, et peu après le fit ministre plénipotentiaire en Valais. Il l'était en 1804, lorsqu'il apprit la mort du duc d'Enghien. Il crut devoir la désapprouver hautement, et envoya sa démission : c'était du courage. Toutefois la grande âme du premier consul nous garantit que le fidèle serviteur, encore attaché à la cause des Bourbons, ne courut aucun danger. Que si nous recherchons pourquoi M. de Chateaubriand ne recouvra jamais la faveur de l'homme qu'il louait et admirait, nous croyons en voir la preuve dans le caractère et dans le génie de tous deux. L'un voulait que tout pliât sous son autorité ; l'autre voulait du pouvoir en même temps que des faveurs, et il ne pouvait jamais être un instrument aveugle et entièrement soumis. Des hommes d'un grand talent, et de génie même, se courbaient sous le bras de l'empereur ; aucun d'eux peut-être n'avait ce feu sacré, cette élévation d'une âme supérieure, qui résiste, discuté avant d'obéir.

Afin d'achever *les Martyrs*, ouvrage auquel il travaillait depuis deux ans, M. de Chateaubriand partit, en 1806, pour Jérusalem. Il dépensa dans ce voyage une grande partie de sa fortune, déjà peu considérable ; et quelque temps après son retour, plusieurs articles sur le *Voyage en Espagne* de M. de la Borde, lui firent enlever par le gouvernement la propriété du *Mercure*, qu'il partageait alors avec le comte de Fontanes. La publication des *Martyrs* suffit, et au-delà, pour l'indemniser. Ce poëme en prose, quoique inférieur à *Télémaque*, justifie également le succès qu'il a obtenu. Plusieurs parties, entre autres l'épisode de Velléda, les récits de la guerre des Gaules, les peintures de la Grèce

païenne, et de la religion luttant contre les oppresseurs, suffiraient pour immortaliser un écrivain, faire pardonner plus
de singularité et effacer des défauts réels. Il est à remarquer que, dans un ouvrage écrit pour célébrer le triomphe
de la religion chrétienne, cette dernière partie soit la moins
intéressante, celle qui a le moins bien inspiré, qu'a moins
bien sentie l'auteur. Son Eudoxe a tous les défauts que l'on
reproche au *pius Æneas*, et intéresse moins encore; mais
Cymodocée, Velléda sont des créations immortelles, comme
Didon, Clorinde et Herminie.

En 1811, M. de Chateaubriand fut désigné par l'Institut
pour succéder à l'auteur de *Fénelon* et de *Tibère*, Joseph
Chenier. Ce choix eut facilement l'approbation de Napoléon;
il n'en fut pas de même du discours d'usage qu'il composa
à cette occasion. On dit qu'au lieu de faire l'éloge de son
prédécesseur, il le critiquait amèrement, et s'abandonnait
même à la censure de sa vie politique, rappelant les tristes
époques de la terreur et la catastrophe qui termina le règne
du vertueux et infortuné Louis XVI. Selon nous, M. de
Chateaubriand n'a pu faire de son discours de réception un
libelle contre celui qu'il remplaçait. Il avait eu le tort,
peut-être d'y aborder des questions politiques, et d'y émettre
une opinion qui pouvait réveiller des haines.

Bientôt après parut l'*Itinéraire à Jérusalem*, fruit du
voyage dont nous avons parlé précédemment. Il n'offre
point le même luxe d'imagination que les autres ouvrages
de l'auteur; mais on y trouve des beautés d'un autre genre,
surtout dans le troisième volume, digne de la plume et du
génie de Tite-Live.

Depuis 1804, la carrière de M. de Chateaubriand était
toute littéraire; en 1814, la chute de Napoléon et le retour
des Bourbons le rendirent à la politique, en lui permettant
de faire parler hautement ses opinions, et d'espérer, dans
le gouvernement, un pouvoir qu'il n'eût jamais obtenu sous
l'empire. Nous ne chercherons point à l'excuser d'avoir

insulté son ennemi déchu : c'est une tache dans sa vie ; ce sont quelques pages à ôter de ses nombreux écrits ; combien était plus noble cet ennemi lorsque, sur le rocher de Ste-Hélène, il rendait, plus qu'aucun de ses admirateurs, justice à l'un des plus ardents prôneurs du parti qui l'avait abattu. La conduite de M. de Chateaubriand, dans son premier ministère, semble montrer de l'incertitude et de l'hésitation entre le désir de rendre aux Bourbons leur puissance illimitée, et le besoin d'assurer avec la liberté le bonheur de la patrie. Ainsi, il suivait la marche, servait les projets des absolutistes, et il publiait *la Monarchie selon la Charte*, qui lui valut une première disgrâce, mais noble et éclatante. A cette époque, l'opposition forte et assez nombreuse de la chambre élective occupait tous les esprits ; la chambre des Pairs n'avait point acquis cette popularité, qu'elle a si bien méritée, en arrêtant les funestes effets de la septennalité. En outre, M. de Châteaubriand, à cette époque, ne se rangea pas bien franchement parmi les opposants ; et tout son talent ne put donner au *Conservateur*, qu'autant de crédit qu'il en fallait pour en reporter l'auteur au ministère. La guerre d'Espagne, entreprise et conduite d'après des calculs honorables, cette guerre, quoique glorieuse pour nos armes, discrédita, auprès d'une partie de la nation française, le nom du ministre qui l'avait fait entreprendre. L'auteur de la *Monarchie selon la Charte* n'était plus dans l'opinion publique égarée, qu'un absolutiste intolérant : on attaquait, même fort injustement, la renommée littéraire de l'auteur des *Martyrs*, refoulé parmi les romantiques. Un congé outrageusement donné à l'homme d'état, apprit à la France que, dans les conseils, M. de Chateaubriand s'était séparé des hommes qui perdaient la patrie, et compromettaient notre honneur national. M. de Chateaubriand, qui avait dû nécessairement accorder ses opinions avec celles des hommes qui gouvernaient, rentra franchement dans le rang de l'opposition.

S'il changea alors, nous lui devons la justice de dire que l'opinion changea plus vite que lui : il fut soudain loué, exhalté par tous les écrivains qui, la veille, le mettaient au nombre des *girouettes*. Nous croyons, nous, que M. de Chateaubriand ne doit point être jugé d'après les règles ordinaires. Son opinion a varié sans doute. Il est avide de pouvoir, et a sacrifié souvent trop pour en obtenir ; mais ces défauts qu'on lui reproche ne sont-ils pas inhérents à cette imagination ardente, à cette âme de feu qui ne s'exprime quelquefois qu'avec le style des prophètes. Une chose n'a jamais varié dans ses discours ou sa conduite, c'est un vif amour pour la gloire nationale « Chateaubriand au pouvoir pourra faire des fautes, mais il ne fera rien qui ne soit dans l'intérêt de la gloire nationale. » Ces paroles, parties du rocher de Ste-Hélène, sont le témoignage dont ce ministre doit être le plus glorieux. M. de Chateaubriand haïssait Napoléon ; mais il l'admirait, il sentait tout ce qu'il y avait de grand dans cet homme, il en était fier comme Français. Un de ses plus beaux mouvements oratoires à la tribune est celui où il s'écria que « Le petit chapeau et la redingote grise au bout d'un bâton sur la côte de Brest feraient courir l'Europe aux armes. (1) »

> Dès qu'on signale une nef vagabonde !
> Serait-ce lui, disent les potentats ?
> Vient-il encore redemander le monde ?
> Armons soudain dix millions de soldats.

M. de Chateaubriand est le plus remarquable de nos écrivains, le premier de nos orateurs politiques. La publication de ses *œuvres complètes* assure sa gloire littéraire, et l'on demande avec anxiété de quel côté son opinion fera pencher la balance.

(1) Une redingotte grise et une espèce de chapeau à cornes était le costume ordinaire de Napoléon.

M. ROY.

Il est de nos jours peu de vies politiques où l'on ne remarque de nombreuses variations, des changements presqu'à vue: c'est une bonne fortune pour nous de rencontrer, dès le commencement de notre galerie biographique, un de ces *hommes de bien*, dont l'opinion a le moins varié, dont les sentiments ont toujours été les mêmes. C'est là l'homme d'état dans lequel les gouvernements peuvent placer leur confiance; c'est là le ministre de qui le nom doit être une sûre garantie auprès de la nation, dont il a toujours servi les vrais intérêts sans ostentation, sans rechercher une popularité que l'on n'achète par fois qu'en trahissant le peuple *royaliste*, *constitutionnel* ou *libéral*, comme on voudra, mais avant tout ami de l'ordre et du bien de la France. M. Roy a constamment maintenu ces principes de tout son crédit dans les diverses sessions où il fut appelé à représenter ses concitoyens, il ne s'en écarta jamais; mais jamais aussi en tribun fougueux, en orateur emporté, il ne méconnut ses devoirs et les égards que méritent même les fautes; jamais ses opinions ne furent le texte et le prétexte d'une émeute, d'un tumulte, et si des sérénades, des cris, une sorte d'ovation ne s'est point manifestée sur son passage, il peut se rendre justice d'avoir fait le bien quelquefois, de n'avoir point trahi les intérêts de ses commettants qui, s'il se pouvait, s'empresseraient de les lui confier encore. Selon nous, voilà les députés qui seuls travaillent véritablement dans les intérêts de la nation.

Venons à notre esquisse de la vie de M. Roy, où les faits les plus honorables vont justifier ces éloges.

ANTOINE ROY naquit à Savigni, en Champagne, le 15 mars 1765. Il choisit la carrière du barreau, et fut reçu avocat à l'âge de vingt ans. Il exerça avec honneur cette profession difficile ; il défendit avec courage plusieurs accusés politiques, et notamment le rédacteur de l'*Ami du Roi*, qu'il ne put sauver. Pendant le cours de la révolution M. Roy, peu connu encore, ne joua point un rôle important ; il n'eut que des fonctions gratuites, et ne put que remédier à quelques maux particuliers, comme membre des bureaux de bienfaisance et capitaine de la garde nationale de Paris. Sans crédit et sans autorité, l'amour du bien public et de la justice le firent se placer en l'an 3 parmi les écrivains qui réclamaient, au nom des veuves et des orphelins, l'héritage sanglant de leurs pères envoyés à l'échafaud par le tribunal révolutionnaire. L'année suivante il se chargea avec le même courage de la défense des accusés de vendémiaire, et il eut le bonheur de continuer à faire révoquer les arrêts de mort portés contre eux.

Attaché de cœur à la famille des Bourbons, et vraiment ami de la liberté, il resta sous l'empire entièrement éloigné des affaires publiques, et ne recherchant aucun pouvoir, aucun titre, aucune dignité. Une seule circonstance le mit, pour une affaire particulière, en rapport avec Napoléon. Dès l'année 1794 il avait établi dans le département de l'Eure de vastes manufactures qu'il continuait de diriger avec le même talent et au grand profit du commerce et de la prospérité de ce pays ; et il avait acquis pour ses travaux la superficie de la forêt de Navarre, propriété du duc de Bouillon. L'empereur quoique ayant ratifié, relativement à cette affaire, les traités et conditions faits avec M. Roy, jeta plus tard les yeux sur le beau do-

maine de Navarre, pour y établir la résidence du prince des Asturies, dépouillé du royaume d'Espagne. M. Roy crut de son devoir de défendre le droit de propriété du duc de Bouillon. Il fit entendre de justes et courageuses réclamations : malheureusement Napoléon ne les écoutait pas toujours ; car il revenait rarement sur ses décisions, lorsqu'elles se trouvaient unies à ses intérêts politiques ; et le duc émigré fut dépouillé de ses biens qui, plus tard, furent le douaire de l'impératrice Joséphine, et sont aujourd'hui l'héritage des fils d'Eugène.

En mai 1815, M. Roy fut porté à la chambre des députés par les votes du département de la Seine ; il se rangea, autant que possible, parmi les opposants, et donna des marques d'attachement à la cause des Bourbons. Après les cent jours, le Roi le nomma président du collége électoral de Sceaux, et le département de la Seine confirma son élection du mois de mai. Réélu en octobre 1816 et en novembre 1817, M. Roy s'annonça dès-lors ce qu'il s'est montré toujours, ami de l'ordre, défenseur des intérêts du peuple, sévère examinateur des actes du ministère, surtout des opérations de finances.

Un rapport fort sage et fort remarquable sur le budget de 1817 le fit connaître très-avantageusement sous ce point de vue, et la même année ses collègues le nommèrent membre de la commission de surveillance de la caisse d'amortissement. M. Roy doit être l'ennemi de la septennalité, car en 1816 il combattit avec force le projet de loi que *les députés seraient élus pour cinq ans.* « Je pense, disait-il en cette occasion, que la *nécessité* seule peut faire admettre des *changements* à la Charte, et qu'ils ne peuvent être admis qu'après beaucoup de temps, de réflexions et de solennités. » Allons plus loin,

« la loi fondamentale d'un état doit être aussi sacrée, aussi inviolable que la personne du Monarque. Une fois établie par une sagesse supérieure, après de mûres délibérations, il faut que personne ne puisse concevoir l'idée d'y rien changer. Elle doit être une borne immuable à l'ambition et aux prétentions de tous les partis. » La conduite de M. Roy, plus encore que les paroles que nous venons de citer, nous prouve que cette doctrine, aussi nécessaire que sage, n'est pas éloignée d'être la sienne.

Le 7 décembre 1818 il fut appelé pour la première fois au ministère des finances, qu'il quitta le 29 du même mois, se démettant de tout pouvoir, en même temps que MM. de Richelieu, Lainé, Molé et Pasquier. On sait combien la France, et la cour elle-même, eurent à se repentir, plus tard, d'avoir perdu ce ministère, éprouvé en tant de circonstances difficiles. Dans le peu de jours qu'il avait eu le porte-feuille entre les mains, M. Roy s'était montré digne de s'associer à cette éclatante disgrâce. Le nouveau ministère lui offrait le porte-feuille de la marine ; le Roi le chargeait de soutenir le projet de loi pour la fixation de l'année financière, et la chambre le nommait membre de la commission chargée d'examiner ce projet. Plusieurs rapports lui furent confiés dans la session de 1819 ; tous sont remplis de vues sages et prudentes, empreintes de l'amour du bien public, et, chose trop rare en politique, d'une impartialité remarquable.

M. Roy n'y est ni ministériel, ni anti-ministériel ; il est député chargé de veiller aux intérêts publics, mais aussi *d'aider le ministère à gouverner.* Dans la discussion du budget de 1819 M. Roy fit adopter par la chambre

un dégrèvement de 20 millions, 650 mille francs sur
les impôts fonciers et les portes et fenêtres : économies
véritables et utiles, car, selon ses propres expressions
dans une session précédente, « Elles ne sont point pro-
voquées par un vain désir de popularité ; mais elles sont
éclairées et combinées avec les besoins réels. »

Pour la seconde fois, le 19 novembre 1819, on lui
confia les finances ; qu'il conserva avec honneur jusqu'à
la retraite générale du ministère qui devait faire place à
MM. de Villèle et Corbière, le 13 décembre 1822. Son
administration fut des plus heureuses pour la France,
et des plus irréprochables. Il proposa pendant sa gestion
plusieurs dégrèvements, et présenta encore dans les recettes des excédents considérables. Tout dans son administration tendit au soulagement du peuple. Les contributions qu'il établit, la manière dont il en employa les
fonds, les projets de loi qu'il proposa, prouvèrent dès-
lors que M. Roy, pas assez versé dans la politique, dans
la façon de gouverner toute une nation, avec des vues
peu vastes pour le premier ministre d'un grand royaume,
était peut-être le dépositaire le plus intègre, l'administrateur le plus habile auquel on pût confier les trésors de
l'État. *Son projet de loi pour la libération définitive
des acquéreurs de biens nationaux, des engagistes et
des échangistes, en mettant fin à des querelles, à des
rivalités, et en mettant à couvert un grand nombre d'intérêts particuliers, rendrait les plus grands services.* Proposant, en 1820, d'ajouter par année 3,400,000 francs à
la dotation de la Légion-d'Honneur, afin de porter au
complet le traitement des simples légionnaires admis
avant le mois d'avril 1814; et en 1821, de supprimer une
retenue de 5,600,000 francs sur les traitements, il pou-

vait. offrir aussi sur les contributions foncières une diminution plus considérable que celle qu'il avait obtenue de son prédécesseur, et un excédant de 3o millions dans les recettes. De tels résultats mettent un administrateur à l'abri, non pas de la critique, mais devraient le garantir des invectives, je ne dirai pas d'un parti, car ce n'en est point un, mais d'une classe de gens dont tout le mérite est de contredire, dont toute la fortune et toutes les espérances reposent sur le scandale, sur leur précipitation à servir les passions des mécontents par état.

Le 14 décembre il reçut le titre de comte, et fut placé dans la chambre héréditaire, où il continua à se faire remarquer toujours par la même conduite et les mêmes moyens. Il prononça sur toutes les questions financières des opinions fort remarquables. Le sujet y est toujours pertinemment traité, approfondi. M. Roy ne se fit point le censeur implacable de son successeur; il conseilla des économies, mais aussi indiqua des ressources. La reconnaissance publique et une popularité justement acquise ont consacré la séance du 24 mai 1824, où il porta le coup le plus terrible au funeste projet du remboursement et de la réduction des rentes. Sa pressante logique, jointe à la voix toute chrétienne du pieux archevêque de Paris, arrêta la marche du ministère et lui épargna quelques fautes. Dans ces derniers temps, M. Roy fut un des plus fermes appuis de cette majorité de la chambre des pairs qui força enfin nos guides maladroits à sortir d'une route entièrement vicieuse, et qui nous conduisait droit à un précipice qu'ils ne savaient pas voiler. Adversaire de la septennalité contre laquelle il se joignit en vain, à ce que la chambre avait de plus recommandable, il contribua puissamment à en arrêter les funestes effets. La loi du droit d'aînesse, celle du sacrilége, la loi sur la liberté de la presse, trouvèrent en lui un bon père de famille, un homme de bien vraiment religieux, un français ami de la Charte et un législateur consciencieux. Cependant aucun manège, aucune intrigue, pas la moindre ostentation, ne trahissaient en M. Roy le désir de ressaisir la puissance. Ses opinions ne se distribuaient pas en in-32, elles portaient la conviction, et n'étaient pas la cause du moindre tumulte. Il cherchait à se rendre utile, jamais à se rendre redoutable : les deux partis le respectaient, reconnaissaient son crédit, son autorité, et aucun ne pensait pouvoir se l'attacher, l'acheter, puisqu'il faut dire le mot, par des faveurs, des titres et du pouvoir. Depuis long-temps on appelait, on prévoyait la chûte du ministère Villèle; du moment où sa disgrâce parut certaine, ce fut vers la nomination des nouveaux ministres que se tournèrent toutes les têtes politiques, j'allais dire toutes les têtes creuses. Chose étrange ! M. Roy n'était porté, n'était annoncé par aucune coterie, par aucun salon : il est nommé, et c'est sur lui que se réunissent toutes les espérances de la nation.

Le ministère des finances, regardé comme le temple d'une funeste destinée, inspire tout-à-coup la plus grande confiance. M. Roy avait laissé au trésor, en 1822, un excédant des recettes sur les dépenses de 50 millions 100,000 francs, en y rentrant, en 1828, il a trouvé un déficit; mais on connaît sa capacité, son intégrité et les plus turbulents eux-mêmes ne révoquent pas en doute la pureté de ses intentions.

M. Roy est un excellent administrateur des finances; nous n'avons à craindre avec lui, ni le déficit, ni l'horrible banqueroute, ni les lois ruineuses; mais il ne sortira point du ressort des finances, et ce n'est point l'homme qu'il faut à la tête des affaires, l'homme capable de conduire l'Etat.

Depuis l'entrée de M. Roy au ministère actuel, ses paroles dans le conseil et aux deux chambres ont été ce qu'elles furent toute sa vie. Du reste, il doit conformer sa conduite à celle de ses collègues, car il faut de l'unité dans le gouvernement. Néanmoins on parle de réformes, d'économies, de meilleur emploi des fonds, d'abus réprimés. Attendons les événements pour juger; car, surtout s'il faut blâmer, nous ne le voulons faire qu'en pleine connaissance de cause, bien différents en cela de ceux contre lesquels nous nous élevions tout à l'heure. Toutefois dans nos critiques nous regarderons comme un devoir de respecter nos adversaires; c'est se respecter soi-même. En outre, il est bien certain que toute la force d'un ministre vient de la confiance que la nation a en lui. Si vous l'attaquez le lendemain de son avénement, avant qu'il ait eu le temps de connaître l'état des affaires, vous l'irritez d'abord, car il est homme, puis vous rendez d'avance sa conduite impopulaire; vous lui ôtez cette confiance qui est tout son pouvoir. Vous empêchez le bien qu'il eût pu faire. Jusqu'à présent les actes de M. Roy ont répondu aux nobles sentiments qu'il a si souvent exprimés, et semblent être le gage pour la France d'un avenir prospère.

Royer Collard,

Président de la Chambre des Députés.

M. ROYER-COLLARD.

M. *Royer-Collard* (Pierre-Paul) naquit en 1770, aux environs de Vitry-le-Français ; il embrassa la profession d'avocat, qu'il exerçait au commencement de la révolution ; une ère nouvelle s'ouvrait pour la France, féconde en résultats heureux, si des intérêts et des passions n'en eussent altéré les germes : il n'est pas surprenant qu'un jeune homme rempli déjà de grandes pensées ait salué dans l'expansion d'une âme sensible l'aurore de la liberté. Son mérite se fit jour à travers sa modestie ; les emplois se présentèrent à lui : en 1789, 1790 et 1791, M. Royer-Collard fut membre du conseil de la commune de Paris ; en 1792 il en devint le secrétaire ; mais le 10 août de la même année, le renversement du trône ne lui permit plus de rester dans un emploi qui l'eût fait en quelque sorte participer aux orgies révolutionnaires qui suivirent cette malheureuse époque. Il traversa non sans péril l'affreux régime de la terreur ; il ne trouva son salut que dans l'obscurité. En 1797, le département de la Marne le nomma député au conseil des Cinq-Cents ; mais quoique déjà l'effervescence révolutionnaire fût un peu mitigée, il s'en fallait encore de beaucoup qu'elle fût tout-à-fait éteinte : le directoir exécutif et la majorité des deux chambres législatives professaient hautement leur aversion contre les doctrines religieuses ; le 14 juillet de la même année, M. Royer-Collard se prononça rigoureusement contre le serment que l'on exigeait des prêtres ; il sollicita également le rappel des prêtres déportés ; son discours est de la plus grande énergie ; il le terminait ainsi : « Aux cris féroces de la démagogie invoquant l'audace, et

3

puis l'audace et encore l'audace, vous répondrez enfin par ce cri consolateur : la justice, la justice et encore la justice. » Un pareil discours supposait un grand courage et un bien noble dévouement : à l'époque où il fut prononcé, une réaction révolutionnaire se préparait, et le 18 fructidor an V la couronna. La nomination de M. Royer-Collard fut annulée, heureux de n'avoir pas été contraint d'expier son courage dans les sables brûlants de Cayenne et de Synamary ! Dégoûté des affaires publiques dont le gouvernail se trouvait dans des mains criminelles, il ne voulut pas cependant rester oisif ; il s'occupa de la restauration à l'époque où cette belle idée ne pouvait guère passer encore que pour le rêve d'un homme de bien. Il forma avec MM. le marquis de Clermont-Gallerande, l'abbé de Montesquiou et Becquey, un conseil dont les mesures tendaient à préparer le retour en France de l'auguste famille de nos souverains légitimes. Ce conseil créé en 1799 fut dissous en 1804, ses opérations étant devenues sans objet depuis l'arrivée de Louis XVIII en Angleterre. Le dévouement de M. Royer-Collard à la légitimité n'est donc point de fraîche date ; environné de périls, on ne le fera point reposer sans doute sur l'expectative de quelques riches sinécures. En 1811, il fut nommé doyen de la faculté des lettres de Paris et professeur d'histoire et de philosophie à l'École-Normale : sa philosophie, comme celle de M. de Gerando, est à-peu-près celle des Écoles Écossaise et Allemande, ou plutôt c'est celle de Platon, en rejetant toutefois et sa métempsycose et toutes les opinions bizarres qu'on lui prête.

Lors de la restauration, Louis XVIII lui prouva qu'il n'avait point oublié ses services : il le nomma successivement directeur général de l'imprimerie et de la librairie, conseiller d'état et membre de la Légion-d'honneur. Dans les cent jours, M. Royer-Collard abdiqua ses fonctions publiques, et resta seulement professeur et doyen de la faculté des lettres ; la philosophie et la littérature sont placées effectivement dans une région trop élevée pour pouvoir être atteintes par les orages de la politique. Au second retour du Roi, il fut rappelé au conseil d'Etat et nommé président de la comission royale d'instruction publique la même année (1815). Elu député de la Haute-Marne, il vota souvent avec l'opposition ; comme il faisait partie de la commission qui devait examiner le projet de loi restrictif de la liberté individuelle, le 23 octobre il se prononça en faveur de ce projet, observant que dans cette mesure on ne devait pas voir la suspension de la Charte, mais la suspension d'une loi civile par une loi politique dont la nécessité était évidente pour tous. Nous pensons que cette opinion est erronée : la liberté individuelle est indépendante de la loi civile, qui peut changer : elle dérive de la nature dont les lois sont immuables. Le 29 novembre il plaida énergiquement en faveur de l'inamovibivilité des juges. Le 14 janvier 1816, lors de la discussion de la loi d'amnistie, il rejeta les amendements de la commission qui proposait d'augmenter le nombre et de confisquer les biens des individus non compris dans l'amnistie. Les 14 et 27 février, il se prononça contre le renouvellement intégral, la permanence de la chambre pendant cinq ans et l'augmentation du nombre des députés : il soutint qu'une loi d'élection était d'autant moins nécessaire que les bases du système électoral se trouvaient posées dans la Charte. Le 17 mars, pendant la discussion du budget, il observa que la chambre ne pouvait, par un amendement à la loi, révoquer les dispositions arrêtées en faveur des créanciers dans le budget de 1814. Lorsque l'ordonnance du 5 septembre eût dissous la chambre élective, on nomme M. Royer-Collard président du collége électoral de la Marne : tous les suffrages se réunirent en sa faveur ; et à la chambre il vota avec la majorité. Le 11 novembre, il fut élevé à la vice-présidence. Lé 26 septembre il se prononça contre les deux degrés que l'on voulait introduire dans la loi des élections. M. de Villèle avait proposé à cette

loi un amendement ainsi conçu : « Les députés qui, ultérieu-
rement à leur nomination, seraient promus par le gouvernement à une fonction ou à un emploi amovible, cesseront, par
le seul fait de leur acceptation, de faire partie de la chambre,
mais ils pourront y être réélus par leur département. » Le 8
janvier 1817, M. Royer-Collard combattit cette proposition;
il prétendit qu'il n'y avait ni nécessité, ni même convenance
à soutenir un pareil amendement : « C'est un principe fonda-
mental et sacré, disait-il, que c'est le Roi qui gouverne; le
principe reconnu, peut-on proposer de statuer que la nomination du Roi fera tomber un membre de cette chambre en
état de suspicion nationale ? » On voit que les saines doctrines
politiques ont besoin d'être mûries par le temps et l'expérience:
aujourd'hui M. Royer-Collard parlerait comme parlait M. de
Villèle en 1817 et 1827; ce dernier avait tout-à-fait changé de
langage, et le ministre n'avait pas seulement travesti mais
encore abjuré les nobles opinions de l'ancien député. M. Royer-
Collard passait alors pour le chef des *doctrinaires :* c'était une
secte de métaphysiciens politiques; elle n'était pas nombreuse,
ne comptant guères que six ou huit individus recommandables par leurs talents et par la pureté de leurs principes :
c'étaient MM. le duc de Broglie, de Serre, Guisot, et deux
ou trois autres dont nous avons oublié les noms. Le 4 janvier 1819, M. Royer-Collard se prononça en faveur du droit
de pétition; il soutint que c'était le droit naturel des hommes
réunis en société sous la forme d'un gouvernement quelconque:
« Il n'est pas de gouvernement, disait-il, qui ne soit forcé de
le reconnaître et de l'admettre; au fond de l'Asie, il s'exerce
sous le despotisme le plus complet; la Charte n'a pas eu besoin de le reconnaître, elle en a seulement réglé l'exercice et
le mode. » Le 22 mars il combattit énergiquement la proposition de la chambre des pairs, tendant à supplier le Roi de présenter une loi qui fît éprouver à l'organisation des collèges

électoraux les modifications dont la nécessité pouvait paraître indispensable.

Le 28 février 1820, il fut nommé membre de la commission d'examen du projet de loi sur le nouveau mode d'élections ; dans la séance du 17 mai, il combattit ce projet avec la plus grande énergie ; il termina ainsi son discours : « En peu d'années, nous avons recouvré les doctrines sociales que nous avions perdues : le droit a pris possession du fait ; la légitimité du prince est devenue la légitimité universelle ; comme elle est la vérité dans la société, la bonne foi est son auguste caractère : on la profane si on l'abaisse à la déception, si on la ravale à l'astuce : la loi proposée fait descendre le gouvernement légitime au rang du gouvernement de la révolution, en l'appuyant sur le mensonge ; je la rejette. » Il revint à la charge dans la séance du 27 et 29 du même mois. Cette noble franchise déplut aux ministres ; aussi, le 16 juillet, M. Royer-Collard fut-il relégué dans la classe des conseillers d'État honoraires, c'est-à-dire, des conseillers-d'État sous la remise. Le 12 avril 1821, il se prononça contre la proposition de M. Syrieys de Marinhac, qui tendait à interdire dans certains cas la parole aux députés. On a souvent combattu le système de centralisation que nous avons hérité de l'empire ; mais personne ne l'a fait avec plus de facilité, de concision et de talent que M. Royer-Collard, dans les séances du 22 janvier 1822. On discutait alors un nouveau projet de loi touchant les délits de la presse : notre orateur s'éleva à une plus haute considération d'ordre publique.

Dans la séance du 3 août, il appuya la proposition de M. de Saint-Aulaire, tendant à faire traduire à la barre de la chambre le procureur général près la cour royale de Poitiers, pour y répondre à l'accusation de s'être rendu coupable d'offenses envers la chambre. Le 3 juin 1824, il combattit le projet de loi sur la septennalité. Le 12 avril 1825, il se surpassa en quelque sorte dans un discours aussi éloquent qu'énergique, à l'occasion de la loi du sacrilége. On y trouve la dialectique d'Euclide et l'entraînement de Carneade : nous n'en citerons que deux ou trois phrases. — « Qu'est-ce que les hosties consacrées, dit-il ? Nous croyons, nous catholiques, nous savons par la foi que les hosties consacrées ne sont plus celles que nous voyons, mais Jésus-Christ, le Saint-de-Saints, Dieu et homme tout ensemble, invisible et présent dans le plus auguste de nos mystères ; ainsi la voie de fait se commet sur Jésus-Christ lui-même. L'irrévérence de ce langage est choquant, mait c'est celui de la loi. — Le crime sort tout entier du dogme catholique de la présence réelle. — C'est le dogme qui fait le crime, et c'est encore le dogme qui le qualifie ». L'opinion de M. Royer-Collard dans la discussion du projet de loi sur la police de la presse, qu'on a appelé loi de *justice et d'amour*, est le *nec plus ultrà* de l'éloquence morale et parlementaire ; nous manquons d'expressions pour caractériser dignement ce chef-d'œuvre de dialectique et de sublimité platonicienne. On peut le comparer au diamant qui tire tout son éclat de sa solidité.

Nous arrivons maintenant à une époque que la France politique et littéraire n'oubliera jamais, c'est celle de la réception de M. Royer-Collard à l'académie française, qui eut lieu le 13 novembre 1827. Jamais solennité ne fut plus imposante ; les membres des quatre académies, les représentants de toutes les classes de la société, des dames même s'associèrent en ce jour au triomphe de la philosophie et de l'éloquence. Le discours du récipiendaire est remarquable par son élévation et sa profondeur. Comme l'académie avait prétendu particulièrement honorer l'orateur politique, M. Royer-Collard, par une heureuse fiction, s'identifie avec la tribune nationale ; cette assimilation lui permet de répandre en quelque sorte la faveur qu'il reçoit sur les nobles compagnons de sa gloire, les Camille-Jordan, les de Serre, les Foy ; il démontre l'analogie ou plutôt la sympathie intime qui existe entre la littérature et la liberté : Tacite, Descartes, Corneille, Paschale et Racine lui offrent l'évidence de cette démonstration. « Les lettres, dit-il, nées de notre capacité de connaître le beau, n'ont de limites que celles des facultés par lesquelles nous le possédons et le goûtons; le beau se sent et ne se définit pas. » La digression de M. Royer-Collard sur ce sujet prouve que l'empreinte du beau moral est fortement gravée dans son ame; c'est le développement de cette belle pensée de Bacon : *En effet la pureté de l'intelligence et la liberté de la volonté prirent naissance et tombèrent ensemble; et l'universalité des choses n'offre point de sympathie aussi intime que celle du vrai et du bon.* Passant ensuite à l'éloge de M. de Laplace, auquel il succédait à l'académie, M. Royer-Collard présente des considérations du plus haut intérêt sur l'*Exposition du système du monde*, qui est le principal ouvrage de son prédécesseur. On peut voir que la philosophie morale n'a pas absorbé toutes les méditations de l'illustre orateur, mais qu'à l'exemple d'Anaxagoras, il a embrassé l'ensemble des connaissances humaines, et que Kepler, Galilée, Newton, Euler, Leibnitz lui sont aussi connus que Platon, Descartes et l'immortel Saint-Martin. M. Daru, qui présidait l'académie, a très-justement observé que M. Royer-Collard, par suite de l'esprit philosophique qui aime à tout généraliser, s'était attaché aux principes plutôt qu'aux hommes; et de là, dit-il, ce caractère de force et de gravité qui distingue plus particulièrement son éloquence; il parcourt tous les tons sans effort, depuis celui qui appartient aux plus hautes pensées, jusqu'à la fine plaisanterie, à l'ironie piquante et de bon goût. Nous nous permettrons à notre tour de caractériser l'éloquence de M. Royer-Collard; elle ne paraît pas s'être formée au sein des orages; et elle enlève plus qu'elle n'entraîne; elle parle à l'ame et ne s'adresse jamais aux sens; mais, pour être plus pure, elle n'en est ni moins vive ni moins pénétrante; telle dut être celle de Périclès à qui Anaxagoras inspira ces manières graves qui lui donnèrent tant d'influence dans les affaire publiques, en le préparant à cette éloquence sublime et victorieuse qui lui acquit tant d'autorité. Le génie de M. Royer-Collard, franchissant l'épaisse atmosphère des passions, s'est élaboré dans une région plus élevée et plus pure. On remarque dans ses discours la naïveté de Montaigne, la piquante originalité de Montesquieu, la douceur et la majesté de Platon et la dialectique serrée de Bayle et d'Arnaud: l'idée est toujours conçue et parfaitement formée avant que l'expression la suive; celle-ci vient sans être appelée; voilà pourquoi elle est constamment naturelle et juste. Si lon considère M. Royer-Collard comme simple citoyen, il a rempli, en cette qualité une tâche aussi honorable que délicate et périlleuse: conseiller-d'État, il prêta son puissant appui au gouvernement dont les partis ébranlaient les bases; orateur politique, il défendit les droits de la couronne et des libertés publiques, qui doivent toujours être inséparables; il força l'admiration même de ceux dont sa sagesse froissait les passions ou les intérêts; philosophe et professeur, il a inspiré à ses nombreux auditeurs l'amour du vrai et du bon, et les a dégoutés des désolantes doctrines qui abaissent l'âme et dépravent le cœur. M. Royer-Collard vient de recevoir une noble récompense de ses travaux: notre Auguste Monarque, qui sait rendre justice au mérite, l'a nommé dernièrement président de la chambre des députés. M. Royer-Collard, au fauteuil, ne sera pas Éole qui déchaîne les tempêtes ou en favorise l'explosion; il sera Neptune, qui, armé du trident de la sagesse, impose silence aux flots irrités. Il a encore obtenu un succès bien flatteur: la chaire de philosophie moderne à la faculté des lettres, dont il est le professeur titulaire, a été enfin rouverte après plusieurs années de suspension.

M FEUTRIER.

C'est à l'époque de la révolution (1785), au sein même de la capitale, que naquit M. Feutrier (Jean-François-Hyacinthe). Destiné de bonne heure au ministère des autels, que ses premières études le mettaient à même de remplir avec talent et savoir, que la pureté de ses mœurs et la noblesse de son caractère devaient lui faire honorer un jour, le jeune Feutrier entra au séminaire de Saint-Sulpice. L'abbé Émery en était alors supérieur; les nombreuses productions du maître, en attestant sa profonde érudition, prouvent que le disciple avait tout à gagner sous de tels auspices; du reste, l'esprit d'ordre de M. Émery, la justesse de son coup-d'œil, sa connaissance des affaires, son discernement des hommes, l'heureux mélange de douceur et de fermeté que présentait sa conduite, le rendaient aux yeux du jeune Feutrier un modèle dont il se proposa de ne jamais s'écarter. Les succès de l'abbé Feutrier, dès son entrée dans le sacerdoce, justifient notre pensée.

Un goût particulier pour la prédication lui faisait cultiver l'éloquence de la chaire; grâce aux leçons qu'il avait reçues à Saint-Sulpice, aux conseils de son vénérable supérieur, il s'y produisit avec un talent remarquable; d'un autre côté, son aptitude aux affaires se développait en même temps que son éloquence; et le cardinal Fesch, oncle de Napoléon, revêtu depuis 1805 de la charge de Grand-Aumônier, ayant eu occasion de se convaincre de son habileté administrative, se l'attacha en qualité de secrétaire-général de la grande aumônerie : c'était, pour M. Feutrier, préluder au gouvernement d'un diocèse, puis à l'administration des affaires ecclésiastiques du royaume.

En 1810, le cardinal Fesch fut élu président du concile de Paris, et l'histoire lui rendra cette justice, qu'attaché à Napoléon par les liens de famille, redevable à ses bienfaits de l'archevêché de Lyon et de la pourpre romaine, il échappa cependant au joug d'une avilissante tyrannie; la constance avec laquelle il combattit les projets de son neveu, l'énergie qu'il déploya lorsque Bonaparte exerça de coupables violences contre le Souverain-Pontife, nuisirent sans doute à ses intérêts, mais elles lui concilièrent l'estime des hommes de bien. La reconnaissance publique, dans cette circonstance, ne séparera pas M. Feutrier du cardinal Fesch; déjà célèbre par ses éloquentes prédications, apprécié sous le rapport de ses connaissances administratives, il acquit un nouveau titre d'illustration en usant de toute son influence pour fortifier le concile de Paris dans la résistance qu'il opposait aux volontés de Bonaparte. Il y a plus: à l'insu de l'empereur, M. Feutrier devint le principal agent des secours pécuniaires qu'on fit passer au pape et aux cardinaux pendant leur séjour en France; soit qu'ils fussent retenus en captivité, soit qu'ils se trouvassent privés de leurs revenus.

En 1814, M. l'archevêque de Reims, instruit des services que l'abbé Feutrier avait rendus à la cause de la religion, l'appela auprès de lui, et, sur sa présentation, le feu roi nomma cet habile administrateur à la place qu'il avait occupée sous l'empire. Cependant, une révolution nouvelle se préparaît; maître de la France, en 1815, Benaparte voulut assurer sa domination en s'entourant de toutes les capacités, de toutes les illustrations. M. Feutrier, au retour de Napoléon à Paris, avait quitté sa place; des offres lui furent faites de la part de l'empereur. Le cardinal Fesch qui avait l'expérience de son mérite y joignit ses pressantes instances; M. Feutrier y répondit en refusant de prêter aucun serment, d'accepter aucune fonction, en annonçant au cardinal les désastres terribles qu'allait attirer sur la France la présence de Napoléon. Il fallut pourvoir à la vacance du poste auquel renonçait M. Feutrier; un autre ecclésiastique fut appelé à le remplir. Mais l'orage avait passé ; le roi, lors de son second retour, devait à M. Feutrier une récompense : c'était accomplir un acte de justice que de le réintégrer dans des fonctions noblement abandonnées ; c'était lui donner une marque toute spéciale de bienveillance que de le nommer, comme Louis XVIII le fit après, chanoine honoraire du chapitre royal de Saint-Denis.

A cette époque, et pendant le cours des années suivantes, M. Feutrier se soutint au rang où ses talents l'avaient élevé, au vicariat-général de la grande-aumônerie ; prévenant en sa faveur par une heureuse physionomie, doué d'ailleurs d'un organe harmonieux et sonore, merveilleusement secondé par une santé robuste, il continua de se livrer avec zèle au fatigant travail de la prédication ; nous allions ajouter qu'il s'y livrait avec talent, comme si la place qu'il occupe dans les souvenirs de ses auditeurs et la réputation dont il jouissait dans la capitale n'en étaient pas la preuve irrécusable. Cette capacité, l'habitude des affaires qu'avait acquise l'abbé Feutrier, son caractère surtout, si propre à lui concilier l'affection des fidèles comme à soutenir la dignité de l'Église, n'auraient pu échapper à la sollicitude du premier pasteur du diocèse, si son amitié les avait méconnus ; trop de ressources lui étaient offertes à la fois dans M. Feutrier pour qu'il ne désirât pas les faire tourner, d'une manière plus directe, au profit du troupeau confié à ses soins : la cure de l'Assomption, l'une des plus importantes de la capitale, à la tête de laquelle M. de Quélen plaça son ami, devint pour celui-ci un théâtre où l'on apprit à bénir ses vertus, comme on avait appris ailleurs à admirer ses talents ; et les relations nécessaires de M. Feutrier avec les personnages du rang le plus élevé lui furent peut-être moins utiles que les services plus modestes que sa bienfaisance multipliait à l'égard des pauvres, ne furent pour lui honorables et méritoires.

Placer M. Feutrier parmi les pasteurs de la capitale, c'était en quelque sorte, par un ingénieux détour, proclamer ses titres à l'épiscopat, et le désigner au double choix du Roi et du Souverain-Pontife. Nous ne rappellerons pas les regrets de ses paroissiens, ni la joie du diocèse de Beauvais auquel échut cette faveur, ni la satisfaction du haut clergé qui se voyait associer un membre dont l'éclat rejaillissait sur toute l'Église de France : honneur aux hommes qui préparent ainsi les décisions royales, par l'intermédiaire desquels M. Feutrier fut élevé au siége de Beauvais, M. Borderies à celui de Versailles ! Cependant, comme une biographie ne doit pas être un simple panégyrique, nous emprunterons la voix d'un critique pour annoncer que si, après son installation, l'incomparable activité de son zèle sembla le multiplier dans son diocèse, si toutes les bouches de la renommée, sans distinction d'opinion ni de parti, célébrèrent son mérite, néanmoins la publication d un *Catéchisme* et d'un *Bréviaire* nouveaux, précurseurs de nouveaux *Statuts synodaux*, a donné lieu récemment à des observations qui ne sont pas sans fondement. Nous n'ignorons pas qu'un journal ecclésiastique, reconnaissant qu'une instruction pastorale et un catéchisme ne sortent pas ordinairement des limites du diocèse auquel ils sont destinés, demande pourtant une exception en faveur des deux ouvrages de M. de Beauvais, ce qui semblerait en établir l'excellence ; mais, sans nier le talent et le zèle qui ont présidé à ce travail, il nous semble que leur auteur a eu tort d'abandonner la synthèse ou méthode de doctrine, pour s'attacher exclusivement à l'analyse ou méthode d'invention, généralement peu appropriée aux sciences morales, et beaucoup moins encore à cette science sacrée qui a la foi pour objet. Pour terminer une critique si délicate, nous dirons avec une entière sincérité de M. de Beauvais, que nous le croyons destiné, par une activité et une dextérité peu communes, et par des qualités brillantes que personne ne lui conteste, à remplir les premières dignités de l'Église et de l'État : mais, nous persuadant qu'il envisage de sang-froid cette position aussi dangereuse qu'éblouissante, nous lui rappellerons qu'une multitude d'hommes supérieurs payèrent tribut à l'imperfection de l'esprit humain ; que, dans les plus hauts rangs de la hiérarchie, des pontifes vénérables eurent des opinions fausses ; que saint Augustin composa un volume de ses *rétractations*, et que Fénelon, génie admirable autant qu'évêque pieux, tomba dans l'erreur. »

On comprendra sans peine l'importance que nous attachons à ces réflexions, quand on songera au double caractère dont M. de Beauvais se trouve maintenant investi. Qu'un évêque, dans les bornes aujourd'hui bien étroites d'un diocèse, influe d'une manière préjudiciable sur l'enseignement religieux, le mal est grand sans doute, mais l'autorité circonscrite de son auteur ne le rend pas contagieux pour les diocèses voisins ; au contraire, depuis l'ordonnance royale qui appelle M. de Beauvais au Ministère des Affaires ecclésiastiques, son exemple est de nature à trouver des imitateurs ; et sa position à la tête de l'épiscopat français, du moins quant à l'administration, lui rend facile le moyen de propager un système de prédilection.

Nous avons jeté un coup-d'œil sur la carrière de M. Feutrier, et toujours nous y avons admiré le développement d'un esprit supérieur, de précieuses et nobles qualités ; l'homme privé, le prêtre, l'évêque, nous ont paru dignes d'estime et de vénération ; il suffit de jeter un regard sur la carrière politique de M. de Beauvais, pour se convaincre que, sous ce rapport, il n'a pas démérité aux yeux des hommes de bien. Vicaire général de la grande-aumônerie, préposé en quelque sorte au gouvernement du spirituel, il fit dans ces fonctions difficiles cette éducation préparatoire qui trop souvent manque à nos ministres : et si l'on a vu naguère un directeur général des domaines improviser des connaissances nautiques en prenant possession de l'hôtel de la marine, si l'on a vu un officier-général transformé, par une burlesque métamorphose, en habile et profond diplomate, du moins, par un contraste consolant pour l'avenir, c'est un évêque qui succède à un évêque dans l'administration des Affaires du clergé. Il faut le dire, en dépit des bruits qu'accrédite la malveillance; l'héritage de M. d'Hermopolis coûtera bien des veilles à son héritier; car, à part ce qui concerne l'Instruction publique, dont M. Frayssinous ne se mêlait guères, et qui forme aujourd'hui un département séparé, le prédécesseur de M. Feutrier était peut-être le prélat de France le plus capable de gérer les Affaires ecclésiastiques. Cet hommage désintéressé rendu à un personnage qui a disparu de la scène politique ne nous empêchera pas de reconnaître que l'extrême circonspection de M. d'Hermopolis l'a engagé dans des voies obliques, dont M. de Beauvais ne fera disparaître le souvenir que par l'emploi d'une extrême franchise : la pierre de touche du nouveau ministre, c'est la déclaration de 1682 et la commission des petits séminaires. L'avenir s'éclaircit, grâce au Ciel; et cette solennelle proclamation des droits de la légitimité faite aux pieds du trône par M. Royer-Collard, au nom de la France entière, en un jour où elle saluait la réapparition du petit-fils de Henri IV, est pour tous les partis un signe de ralliement, une solennelle exhortation à abjurer leurs haines, à examiner avec bonne foi des questions d'intérêt public. Aussi M. de Beauvais, heureusement secondé par les circonstances, peut-il sans crainte préciser les véritables termes auxquels se réduisent tant d'accusations intéressées, peut-être encore tant de fallacieux panégyriques : relativement aux Jésuites, le *Globe* a tranché la question; relativement aux libertés gallicanes, M. de Beauvais répondra la Charte à la main.

On s'étonnera peut-être de ne pas voir M. Feutrier siéger à la Chambre des pairs, sur le banc des évêques : depuis quel-

ques années, de nombreuses promotions ont élevé à la pairie
la plupart des prélats de France; sans doute, l'exemple de
l'Angleterre était devant les yeux des ministres, lorsqu'ils mé-
nageaient ainsi une sorte de prépondérance politique et de
représentation particulière au sacerdoce; nous pourrions
ajouter que la Charte leur faisait un devoir d'une mesure si
féconde en conséquences; car, le catholicisme s'y trouvant
proclamé religion de l'Etat, il eût été bien étrange que l'esprit religieux, l'un des éléments de notre régénération morale,
comme l'esprit de liberté est celui de notre régénération politique, manquât d'organes à la première tribune du royaume.
Le principe ainsi consacré, il ne fallait qu'en faire une utile
application, en élevant à la pairie les hommes les plus recommandables par leur savoir et par leur tolérance; à ce double
titre, M. Feutrier avait droit à cette distinction politique, et
cependant il y est jusqu'à présent demeuré étranger. Cette
circonstance s'explique par l'absence d'une ambition, qui serait
pourtant légitime de sa part, quelque doute que la malignité
ait voulu jeter sur son désintéressement. On raconte, en effet,
qu'à une certaine époque, M. Feutrier, alors vicaire-général
de la grande-aumônerie, se trouvant chargé de dresser une
liste d'ecclésiastiques qui avaient droit aux bontés du roi, s'y
plaça le premier, et que le prince de Croï, se fiant à son exactitude, signa sans examen. Un soir, cependant, M. Feutrier
se présente dans le salon du prince, décoré du ruban de la Légion-d'Honneur; mais le Grand-Aumônier, mécontent d'une
surprise dont l'amour-propre de son vicaire se trouvait flatté,
lui demanda sa démission. C'est à la suite de cet événement,
continue la chronique apocryphe, que M. de Quélen (à qui
l'ambition faisait convoiter la grande-aumônerie, tout comme
M. de Croï convoitait l'archevêché de Paris, et qui, par esprit
de contradiction, protégeait les victimes du Grand-Aumônier)
prit à cœur l'élévation de M. Feutrier, qu'il se l'attacha comme
vicaire-général du diocèse, et que, profitant de la vacance de

l'Assomption, il en disposa en faveur de son protégé. A un conte opposons une vérité : du moins le fait nous est garanti comme tel par des autorités respectables. Louis XVIII proposant au cardinal Fesch de se démettre de l'archevêché de Lyon, l'oncle de Bonaparte refusa, à moins que le roi ne consentît à ce que sa résignation tournât au profit de M. Feutrier qu'il honorait d'une haute bienveillance : l'âge de M. Feutrier fut le seul obstacle ; mais peut-être un ambitieux serait-il parvenu à le surmonter. Quand il s'agit de M. de Beauvais, Dieu nous garde d'adopter aucune version scandaleuse : leur existence prouve seulement que le mérite a des envieux ; si leur nombre augmente en raison des succès des hommes qu'ils calomnient, M. de Beauvais doit en avoir beaucoup aujourd'hui.

IMPRIMERIE DE BÉTHUNE,
rue Palatine, n 5, à Paris.

Dupin, aîné

Député et avocat.

M. DUPIN. [1]

Dupin (André-Marie-Jacques), avocat, docteur en droit et membre de la chambre des députés, fils aîné de Charles-André, sous-préfet a Clamecy, est né le 1er février 1783, à Varzy (Nièvre). Son père avait fait de solides et profondes études ; sa mère avait reçu de la nature un esprit vif, un goût remarquable : aussi, tous les deux, bien pénétrés de cette pensée qu'un précepteur n'est pas chose facile à trouver, même à prix d'or, se disposaient en commun à l'éducation de leur fils, et consacraient leurs soins à former sa jeune intelligence, et à lui faire sentir de bonne heure le besoin de l'étude ; mais ils furent interrompus dans cette douce occupation par les troubles qui alors agitaient la France. On était en 93, et la suspicion décimait les citoyens ; le père de famille fut arraché violemment pendant la nuit, ses papiers furent saisis, et il fut jeté dans les prisons. Quoique jeune encore, ce déplorable événement se grava profondément dans sa mémoire ; il ne peut même aujourd'hui se le rappeler sans amertume. Il resta donc seul avec son frère *Charles*, plus jeune que lui de 19 mois, auprès de sa mère, qui lui apprit elle-même à lire et à écrire, et donna à ses études une direction sérieuse ; Plutarque et Rollin furent l'objet de ses lectures, et l'histoire de Rome et de la Grèce lui fut de bonne heure familière. Son père, enfin rendu à la liberté et à sa famille, reprit la tâche qu'il s'était imposée, et qui avait été si douloureusement interrompue ; et alors même qu'il eût désiré confier l'éducation de son fils à des mains étran-

----

[1] Quoique nous n'ayons promis qu'un portrait par mois, nous en joindrons un à chaque livraison du *Journal de Biographie moderne*. Nos lecteurs nous tiendront compte en bienveillance de cette amélioration.

gères, la chose lui eût été impossible, les écoles avaient été détruites, et n'étaient point encore réorganisées. Ce fut dans la maison paternelle et sous les regards de ses parents qu'il parcourut toutes ses humanités, et de là passa à l'étude de la législation. Son amour ardent pour le travail, une impatiente avidité de connaître et d'apprendre, joints à la méthode logique qui avait présidé à son éducation préliminaire, le firent marcher rapidement dans la connaissance du droit romain et des coutumes qui se partageaient le nord de la France. Domat, Dumoulin, Pothier surtout, étaient sans cesse analysés par le jeune jurisconsulte, et il était déjà près de prendre ses grades, lorsque le code civil fut promulgué, et que les écoles de droit furent ouvertes. Il se présenta pour la licence, et voulut conquérir aussi le grade de docteur : il l'obtint en effet, en 1806, sous la présidence de M. Treilhard, l'un des plus éloquents orateurs qui aient concouru à la rédaction de nos codes. Cette thèse pour le doctorat fut la première soutenue depuis l'ouverture des nouvelles écoles de droit. Depuis lors, il partagea tous ses instants entre les études théoriques et le Palais, et plaida dans quelques causes peu importantes. Ainsi le voulait judicieusement son père qui réprouvait la méthode contraire, dont l'inconvénient « était, disait-il, de décourager ceux qui ne s'élèvent pas à la hauteur de leur sujet, ou de les remplir d'un fol orgueil s'ils réussissent. »

Des concours eurent lieu en 1810 à la Faculté de droit de Paris. M. Dupin se mit sur les rangs; ses veilles laborieuses consacrées à l'étude, l'habitude de discussion qu'il avait acquise en plaidant, enfin une rare facilité à parler la langue latine, lui firent concevoir quelques espérances; il pensait sans doute pouvoir paraître sans désavantage dans une lutte de principes et de connaissances, mais il ignorait encore que les concours offrent le spectacle, non de concurrents disputant de logique et de savoir, mais d'argumentateurs subtils, hérissés d'antinomies et de misérables difficultés, qui, sans répandre

aucune lumière sur l'intelligence du droit, assurent la victoire
à celui qui sait le plus habilement emprunter leur secours. Il
échoua : l'envie, dit-on, n'y fut point étrangère. Force lui fut
de se livrer exclusivement au barreau et à la vie active du palais. Son premier besoin fut de s'environner des conseils de
l'expérience et de se concilier l'affection des anciens de l'ordre.
MM. Ferey, Poirier, Delacroix-Frainville dirigèrent ses premiers succès, et contribuèrent par leurs sages avis à préparer
la belle réputation qu'il devait obtenir. En 1812, le savant Merlin, alors procureur-général, le proposa pour candidat à la
place d'avocat-général en cassation : M. Joubert lui fut préféré. Depuis cette époque jusqu'en 1815, il se livra avec son
ardeur habituelle à la classification des lois de l'empire, avec la
commission nommée par le grand-juge, duc de Massa. La restauration arriva : déjà il avait fait sa profession de foi politique,
et montré autant de haine pour l'arbitraire que de ferveur pour
la liberté. Il fut nommé député de la Nièvre pendant les cent
jours ; et, jusqu'à la seconde restauration, on remarque parmi
les principaux traits de son existence politique, l'importante circonstance de la proposition, d'après laquelle on présenta un projet de reconstitution destiné à remplacer l'acte additionnel; on se
marque encore son énergique opposition à ce que Napoléon fût
appelé *Sauveur de la patrie;* son opinion sur le *serment;* son
vote pour l'abdication de Napoléon et contre la proclamation
de Napoléon II. Aux premières élections qui suivirent ces
événements, il fut nommé président du collége électoral de
Château-Chinon (Nièvre), et résenté comme candidat par cet
arrondissement et par celui de Clamecy au collége de département ; mais il ne fut point appelé cette fois à l'honneur de la
représentation nationale. Ses travaux judiciaires avaient été
interrompus par ces diverses crises politiques; il les reprit
avec une nouvelle ardeur, et bientôt se plaça au premier rang
du barreau. Il a beaucoup appris et beaucoup retenu ; son
imagination est vive, féconde ; sa raison forte, sa logique

pressante ; son style, pour être élégant, n'est pas toujours pur ; son éloquence est toute de raison, et non de sentiment ; il parle à l'esprit plutôt qu'au cœur ; il convainct plutôt qu'il n'émeut ; son triomphe est alors qu'il réplique, on s'étonne de la vivacité de ses pensées, de l'énergie de ses expressions, des citations que prodigue sa mémoire complaisante, de la mobilité d'un talent qui emploie tour à tour l'adresse, la force, le sarcasme, la plaisanterie, et qui grandit en proportion des difficultés qu'il faut vaincre.

Nous ne suivrons pas M. Dupin dans la carrière qu'il a parcourue avec tant d'éclat, comme jurisconsulte. Son érudition profonde et variée est connue depuis long-temps ; aussi bien d'ailleurs nous serions embarrassés dans le choix. Qu'il nous suffise donc de jetter un coup-d'œil rapide sur les principales causes politiques qui lui furent confiées. La première de toutes, et qui embrassait d'immenses intérêts, fut celle du maréchal Ney. Avant la discussion orale, il publia plusieurs mémoires où il sut s'élever à ces hautes considérations d'ordre public et d'enthousiasme patriotique qu'il croyait convenir au client dont il entreprenait la défense. Cette conviction lui dicta sa réponse au réquisitoire énergique de M. Bellart, qui, suivant M. Dupin, s'était efforcé de détourner la pensée des causes du procès, et de l'intention de l'accusé. « Accusateur, s'écria M. Dupin, vous voulez placer sa tête sous la foudre ; et nous, nous voulons montrer comme l'orage s'est formé. » Une cause de nature différente, et qui se rattachait aux sentiments les plus touchants et les plus sublimes de dévouement et de générosité, vient bientôt après offrir un nouveau champ à son éloquence, c'était celle des trois nobles anglais accusés d'avoir favorisé l'évasion de Lavallette ; elle fut plaidée le 23 août 1816 ; le succès fut complet. Les mânes du maréchal Brune demandaient vengeance, sa veuve déposa cet intérêt sacré entre les mains de M. Dupin ; il se transporta à Riom et termina sa belle plaidoirie par un tableau éloquent où il plaça dans la bouche de la grande ombre du maréchal, en paroles à jamais remarquables : « Malheureux, vous m'avez précipité dans l'éternité, je vous y traîne à mon tour, venez devant Dieu, qu'il juge entre les bourreaux et la victime. » Nous rappellerons enfin les noms de quelques-unes des nombreuses causes politiques, que les bornes étroites d'un journal ne nous permettent pas d'analyser. Telles furent celles du duc de Vicence, des lieutenants-généraux Alix, Rovigo, Gilly, du général Poret de Morvan, du spirituel auteur des proverbes de Leclercq, de M. Bavoux, récemment appelé à la chambre des députés, de Mérilhou, du Censeur, du curé de Cosne, de M. Jouy, etc., de l'archevêque de Malines, dont la boutade politique nous a tant surpris ces jours derniers ; du Miroir, dont la défense porte le cachet d'une critique piquante et d'une amère raillerie ; du Constitutionnel (plusieurs fois), entre autres, en 1826, dans le fameux procès de tendance dirigé contre ce journal et le Courrier Français, pour attaque contre la religion de l'État. Sous son manteau respectable se glissait la faction ultramontaine, dit M. Dupin, qui prétendit par une énergique allégorie en caractériser le but et les moyens : « C'est une épée dont la poignée est à Rome, et la pointe toutes parts. » La cause de Béranger fournit à l'orateur le texte d'une plaidoirie pleine de grâces, d'esprit et de légèreté, et qui finissait par ces mots : « Ah ! Messieurs, si l'on avait déféré une pareille cause à *nos bons ayeux*, ils auraient secoué la tête en murmurant entre leurs dents, *chansons que tout cela*, et ils eussent ainsi fait preuve d'esprit autant que de justice. Enfin, M. Dupin porta la parole pour M. Isambert, accusé d'avoir attenté à la sûreté et à l'ordre publics, en voulant étendre au delà de ses limites le droit de liberté individuelle : procès peut-être imprudemment soulevé par les organes du pouvoir.

Avant d'abandonner l'avocat, pour glisser légérement sur ses ouvrages, et le suivre après à la tribune politique, nous répéterons avec l'opinion publique, que M. Dupin est l'un de plus ardents panégyristes de nos libertés religieuses et constitutionnelles, qu'il s'est au besoin montré l'adversaire des Jésuites. Vainement, en 1826, les traits acérés de l'envie, qui va se repaissant sans cesse de vérités et de mensonges, se sont dirigés contre lui : on lui reprocha un voyage à Saint-Acheul, où il avait, disait une critique méticuleuse, suivi la procession des RR. PP.; M. Dupin répondit que l'indépendance de ses opinions politiques n'excluait pas en lui la foi au christianisme. De sourdes calomnies, suscitées encore par l'envie, ont tenté de ternir son honorable conduite, et de révoquer en doute son désintéressement dans plusieurs procès, et notamment dans ceux de l'archévêque de Malines et de Stacpool ; l'envie a signalé de sa part une avidité qui s'accorderait mal avec le généreux caractère de l'avocat : M. de Pradt et les héritiers Stacpool seraient les premiers sans doute à proclamer l'admirable désintéressement de leur interprête. Enfin, et pour terminer cette partie, on a frappé en son honneur une médaille portant pour devise : *libre défense des accusés,* légende à coup sûr aussi exclusive d'un monopole intéressé de la part de l'avocat et de la licence de ses paroles, qu'elle nous le paraît d'une coupable précipitation de la part des juges.

Le nom de M. Dupin est attaché à un grand nombre de volumes, (on en compte à peu près 60). C'est ainsi qu'il a édité *les Principes du droit de la nature et des gens de Burlamaqui,* 5 vol. in-8°; *les Œuvres de Pothier, les Récitations d'Heineccius, Un Recueil de lois par ordre de matières, le Code forestier avec notes,* etc., etc. Parmi les ouvrages dont il est auteur, nous citerons les *Lettres sur la profession d'Avocat,* écrites avec esprit et facilité. Nous lui reprocherions peut-être, dans ces derniers temps, d'en avoir livré quelques-unes à la publicité des feuilles périodiques, si nous n'étions désarmés par leur à propos, et les circonstances qui les ont fait paraître. Nous parlerions bien de quelques petits in-18 tels que , *le Manuel des étudiants en droit, Synopsis juris Romani,* ouvrages peu dignes de la plume de leur auteur, et qu'un critique sévère a considérés comme un objet de spéculation, avec d'autant plus de raison peut-être, que sans répandre de grandes lumières sur la science du droit, ils ne peuvent en rien ajouter à la réputation de celui qui les a mis au jour. Enfin, il fut en 1827 appelé à la chambre des députés par le collége électoral de Mamers ; il allait y prendre place lorsque le ministère qui pesait depuis si long-temps sur la France, crut devoir dissoudre la chambre, espérant sans doute que le vœu de la nation serait impuissant contre les fraudes administratives qui l'avaient si bien servi jusqu'alors ; bref, de nouvelles élections ont eu lieu, et la tribune représentative compte aujourd'hui parmi les nombreux orateurs du côté gauche, celui dont nous avons esquissé la vie.

Chose assez remarquable, toutefois, c'est qu'une inquiétude vague se manifesta lors de son entrée à la chambre, oublieuse de sa vie passée, de son zèle constant à défendre les libertés publiques ; quelques hommes, pour qui rien n'est sacré, que l'envie tourmente, que la calomnie satisfait, parlèrent d'ambition, et osèrent faire entendre que, pour arriver au pouvoir, objet de tous ses vœux, il se pourrait qu'il désertât la cause de la liberté. Les faits ont parlé déjà plus d'une fois, il a assiégé la tribune et a répondu aux vœux de ceux qui lui avaient confié leurs intérêts à défendre ; et, sans parler ici des discours remarquables prononcés sur l'inconstitutionnalité du Conseil-d'État et sur les lettres de la naturalisation, où il a fait preuve d'une si vaste érudition, nous pouvons terminer en disant que celui qui, revêtu de la toge à la tribune judiciaire, déploya la plus noble indépendance et conspira de tous ses efforts pour la cause de la liberté, a porté à la tribune politique le même esprit d'indépendance, et s'est élevé à la hauteur de la noble mission qu'il avait à remplir.

M. CASIMIR DELAVIGNE.

Les éloges, les critiques dont il a été l'objet, influent beaucoup sur le talent d'un poëte; quelquefois ils dirigent ses études, et souvent même disposent de son avenir. Il est impossible de commander à la foule enthousiaste de modérer ses applaudissements, de les accompagner de conseils sages et sévères. On n'encourage plus un jeune auteur qu'en chantant ses louanges, en l'élevant au dessus de ses rivaux. Il faudrait alors qu'avec de l'imagination, l'envie et le talent de rimer, si communs et si précoces de nos jours, Apollon donnât à nos jeunes poètes, une raison toute formée, toute la maturité nécessaire pour se juger eux-mêmes et apprécier les avis de leurs critiques. Malheureusement on ne sort pas des mains de la nature avec cette perfection. Aussi qu'arrive-t-il ? un début éclatant, des éloges outrés; un jeune homme facilement persuadé de son génie supérieur, qu'on s'arrache, qu'on entraîne dans le tourbillon des plaisirs du monde, où il lui est impossible, aveuglé par l'amour-propre, de conserver assez de liberté d'esprit, pour faire d'utiles et de profondes réflexions. L'inexpérience amène bientôt une série de chûtes, l'oubli presque général et pas une espérance de véritable gloire : c'est à peu de chose près, à quoi sont réduits beaucoup de nos auteurs, mais il en est encore heureusement qui, peu soucieux des faveurs de la fortune, ne sont point tourmentés par le désir de briller dans les salons dorés; leur vie toute poétique et méditative, n'est pas dévolue à Plutus, au moins pour moitié; ils n'alignent point des vers et des chiffres, et ne font pas *métier et marchandise* de leur plume. La fortune et les honneurs ne leur manqueront pas cependant ; mais cette gloire, acquise noblement, sera durable, et le cyprès ne viendra pas se marier à leurs lauriers.

M. Casimir Delavigne est le premier poète dont nous offrons la notice à nos lecteurs; cette préférence lui est due à beaucoup d'égards. Nous ne devions pas moins faire précéder de quelques réflexions générales notre premier article biographique sur les auteurs de l'époque. Elles nous feraient présager un avenir littéraire bien triste pour la France, si elles devaient embrasser en masse toute notre jeune littérature.

Jean-François-Casimir Delavigne est né au Havre en 1794, la même année que M. Ancelot, l'un de ses émules dans la carrière des lettres. Ils débutèrent aussi à peu près dans le même temps au théâtre: celui-ci par *Louis IX*, l'autre par les *Vêpres siciliennes*; mais là, M. Delavigne prouva par l'énergie de son génie dramatique, qu'il était l'aîné.

Elève du collége Henri IV, M. Delavigne, encore sur les bancs, préludait déjà à son avenir poétique. Les premiers accents de sa lyre furent un *dithyrambe* sur la naissance du Roi de Rome, et un poëme sur la *découverte de la vaccine*, qui fut composé pour le concours que l'Académie avait ouvert à ce sujet. M. Delavigne ne fut pas couronné, mais son ouvrage mérite des éloges: il n'eut point à souffrir de céder la palme à M. Soumet qui la méritait, et qui est son aîné de plusieurs années. Ils se sont montrés plus tard rivaux dignes l'un de l'autre; mais cette noble émulation a perdu de sa vivacité depuis qu'ils ont été tous les deux élevés au siége académique.

Deux ans après, au concours de 1817, l'*Épitre sur les inconvéniens attachés à la culture des lettres*, méritaient peut-être un meilleur sort. Si le sujet n'y est pas approfondi, si on n'y trouve pas assez de vues et d'idées neuves, si c'est une originalité un peu usée que de parler au nom d'un vieux docteur, il y a aussi bon nombre de vers heureux, spirituels, facilement et élégamment tournés, dont un est devenu proverbe:

« Les sots , depuis Adam , sont en majorité. »

Les premières *Messeniennes* et les *Vêpres Siciliennes* datent
de 1819, et bientôt après parurent *les Comédiens* : c'est la
belle époque de M. Casimir Delavigne. Dans ces deux ouvrages dramatiques si remarquables, il y a beaucoup d'énergie.
Un rôle tracé de main de maître, des scènes écrites avec force
autant que bien conçues ; des situations, toujours de beaux
vers. Cette tragédie lui donna des droits incontestables aux
faveurs de *Melpomène;* et *Thalie* trouvait dans son nouveau
disciple, une verve étonnante, de l'esprit qu'il semait à pleines
mains , des détails heureux, des plaisanteries de bon aloi.
Dans ces chants où

« Messène soupirait pour la première fois. »

il y avait de l'inspiration, l'enthousiasme vrai d'une jeune
âme, du génie enfin. La seconde pièce qui pleurait *le dépouil-
lement du Musée , et le vol fait par des Rois*, n'est pas exempte
de recherche ; mais la première, la troisième et les deux élégies sur *Jeanne-d'Arc*, offraient les plus grandes beautés, et
révélaient à la France nn poëte d'un mérite supérieur. Tout ,
dans ces premiers ouvrages, était de la bonne école, tout
était écrit sous l'influence d'un enthousiasme pur, et d'un
style formé par l'étude des grands maîtres.

Le *Paria*, joué en 1820, n'appartient déjà plus à cette période de la vie littéraire de M. Casimir Delavigne. C'est une
tragédie faite principalement avec des livres ; la poésie n'est
déjà plus que dans les détails, dans un style enchanteur et
dans les chœurs. Du reste, cet ouvrage de l'école de Voltaire a
trop la prétention d'être philosophique pour une pièce de
théâtre. Peu après, l'auteur publia de nouvelles *Messéniennes*
qui partagèrent le succès de leurs ainées. La seconde , intitulée

Parthénope et l'étrangère, est selon nous ce que M. Delavigne
a fait de mieux. A cette époque il était loué par tous les vrais
amis de la saine littérature, prôné par les organes de l'opposition. Il avait donné à ses ouvrages une teinte de libéralisme.
On attribuait au pouvoir les obstacles sans nombre que sa
première tragédie avait rencontrés par la mauvaise volonté
des *comédiens* de notre premier théâtre ; on y avait salué des
vers tels que ceux-ci :

> Tout s'arrange en dinant dans le siècle où nous sommes,
> Et c'est par les diners qu'on gouverne les hommes,

qui y étaient tout naturellement, et dont on avait, avec empressement, saisi l'allusion. M. Casimir-Delavigne adopta
trop exclusivement ce moyen de succès. Un poète peut avoir
son opinion ; mais ses ouvrages ne doivent point offrir ce
caractère de l'esprit de parti. Dès-lors répandu dans le monde,
fêté, recherché, placé parmi les opposants, et dépouillé injustement d'une modique place, le jeune poète vit sa renommée s'accroitre de jour en jour, et une sorte de gloire prématurée, pour ainsi dire, le mit bien au-dessus de ses rivaux ;
depuis il a travaillé pour ses amis, pour ses nobles patrons ;
et l'enthousiasme, l'inspiration ont disparu peu-à-peu.

Toutefois en 1823, l'*Ecole des Vieillards* ajouta à sa réputation. L'auteur avait encore gagné du côté du style, et sous
ce rapport il touchait à la perfection ; mais le manque total
d'invention, l'inconvenance de quelques scènes placent à
nos yeux cet ouvrage bien au-dessous de ceux qui l'ont précédé.

Plusieurs fois l'Académie qui, cependant ne devrait être
aussi d'aucun parti, lui avait fermé ses portes ; elle fut forcée
enfin de les lui ouvrir ; mais le titre de membre de l'Académie
française, n'empêcha pas de trouver bien inférieures aux premières les trois *Messéniennes* qui parurent alors. Son dis-

cours de réception n'accrut point sa réputation, non plus que son élégie sur la mort de lord Byron; l'épitre à M. A. Delamartine n'en est pas moins digne de lui.

L'admiration, l'engouement ne s'étaient point encore relantis au moment du départ de M. Casimir Delavigue pour l'Italie. Les journaux nous informèrent de chaque période de son voyage, on recueillait les réponses, les moindres mots qui lui échappaient. Il avait presque une cour autour lui. Il composait les sept nouvelles *Messeniennes* et les petits courtisans applaudissaient. Les feuilles quotidiennes annoncèrent aussi son retour; l'ouvrage parut; il fut loué, mais aussi critiqué par les petits journaux, il est vrai, et l'on ne put mettre cette fois leurs critiques sur le compte de leur malice habituelle. Comment l'auteur y a-t-il répondu? Il a donné la *Princesse Aurélie*, qui a prouvé qu'ils avaient raison, que le temps des succès était passé pour lui, qu'il s'éloignait chaque jour de la route qui y conduit. Sous tous les rapports, excepté la pureté et l'élégance du style, jamais ouvrage ne mérita mieux le sort qu'il a éprouvé à la première représentation.

M. Casimir Delavigne n'est cependant pas un auteur dont il faille désespérer. Les fautes peuvent l'avoir instruit et le ramener dans la bonne route. Mais qu'il se hâte, la vogue est à Paris est plus inconstante que partout ailleurs, et, si avant peu de mois un bon ouvrage ne rétablit sa réputation, bien des gens qui ne réflechissent point, se seront formé de lui une opinion toute opposée à celles qu'ils avaient précédemment, et bien plus injuste. Que M. Delavigne étudie, qu'il n'essaye plus des improvisations comme celle qu'il s'est commandée pour la réception de M. Royer Collard à l'Académie. S'il fait encore des *Messéniennes*, qu'il se rappelle que dans les dernières, le morceau qui a obtenu le plus de succès est en quelque sorte cette romance du *Départ de la Brigantine*, qu'il avait reléguée dans les notes, et cela parce que tout y est vrai, naturel et senti. Qu'il travaille son *Louis XI*, sa comédie en trois actes, et nous applaudirons de nouveau à ses triomphes. Il méritait depuis long-temps le titre de chevalier de la Légion-d'Honneur, qu'il vient de recevoir en même temps que l'honorable M. Cousin ; cette rencontre sera comptée sans doute, par M. Casimir Delavigne, au nombre de ses bonnes fortunes.

Melle DUCHÉNOIS.

DUCHÉNOIS (Joséphine-Raphin,) née à Saint-Saulve, département du Nord, le 25 décembre 1786, fut appelée dès l'âge de 3 ans, dans le sein de la capitale, sous les auspices de sa sœur ainée qui présida à son enfance, et lui prodigua l'affection et les soins les plus tendres. Ses premières années ne furent point consacrées aux amusements des enfants de son sexe ; une imagination précoce, une sensibilité exquise, le besoin d'émotions profondes révélèrent de bonne heure les germes d'un talent dont l'ascendant irrésistible se développait de plus en plus, et luttait avec énergie contre les obstacles que lui opposaient ses parents. Ainsi que le premier de nos auteurs comiques, elle eut à vaincre leurs préjugés. Elle était à peine agée de 8 ans, lorsqu'elle fut conduite à une représentation de *Médée* ; son ardente imagination s'empara avec avidité des tableaux dramatiques que renferme cette tragédie ; l'impression qu'elle en reçut fut tellement vive et tellement profonde que plusieurs scènes se gravèrent dans sa mémoire, et que, sans cesse tourmentée par l'instinct de son talent, elle reproduisait parmi les compagnes de ses jeux les tableaux de terreur ou de pitié qui l'avaient frappée. Sa sœur en fut alarmée, et craignant que cette passion ne jetât de plus profondes racines, elle l'éloigna de Paris, et la plaça, à l'âge de 12 ans, dans une maison de commerce à Valenciennes ; elle croyait ainsi faire diversion à ses penchans, et pensait que les occupations actives et variées du commerce donneraient un autre cours à ses idées; mais cette précaution fut inutile. Une occasion se présenta bientôt : des jeunes gens jouaient à Valenciennes des tragédies au bénéfice des pauvres; Mlle. Duchénois assistait à leurs représentations : elle conçut le désir d'y prendre une part active, et ses instances furent si pressantes, ses désirs si prononcés, que les personnes à qui elle était confiée y consentirent. Le premier rôle qu'elle accepta fut celui de Palmyre dans *Mahomet*; elle en comprit toute l'étendue; la nature et le génie suppléèrent à l'expérience. Ses premiers pas furent couronnés d'un succès éclatant, et les applaudissements dont elle fut couverte ne furent pas sans influence sur une détermination qui, dès-lors, devint irrévocable. Elle s'échappa [de Valenciennes, vint à Paris à l'insçu de sa sœur, obtint le pardon de cette faute, et rentra dans la pension où elle avait été élevée. Le spirituel auteur du *Mérite des Femmes*, Legouvé, entendit parler de Mlle. Duchénois; on lui vanta ses précoces dispositions, on lui annonça les succès qu'elle avait obtenus; il résolut de cultiver les heureux germes d'un talent naissant encore, mais qui faisait entrevoir de si brillantes espérances. Dès-lors guidée par les conseils de M. Legouvé, et sous la protection de Mlle. Demontesson, elle consacra tous ses instants à l'étude de l'art théâtral, et, six mois à peine écoulés, sa protectrice déjouant les obstacles de la famille te les intrigues de l'envie, la fit admettre au Théâtre-Français, où elle parut le 21 juillet 1802.

Arrêtons-nous un instant pour examiner ce que la nature et l'art ont fait en faveur de l'une de nos premières tragédiennes : ses traits sont peu réguliers, et l'ensemble n'en est point agréable, mais sa physionomie est mobile, ses regards sont expressifs, sa voix est pure, mais elle en force quelquefois les accents qui retentissent avec trop d'éclat, et présentent le spectacle malheureusement trop commun de ces cris peu flatteurs à l'oreille, et qui semblent ne point appartenir à l'art dramatique et aux habitudes du sexe dont elle accepte les rôles. Elle médite et approfondit ses rôles, et il n'est point de passions que son âme ardente, sa vive imagination ne lui permettent de reproduire. Son début aux Français, s'il fut heureux, n'en fut pas moins téméraire ; elle eut à rendre les tourments, les remords, les passions de *Phèdre*, le plus beau, le plus admirablement tracé des caractères de notre scène. Elle excita l'enthousiasme, et une couronne jetée sur le théâtre, fut la première et la plus belle récompense de son beau talent. Mais le talent a des envieux, il a aussi des rivaux, une discorde s'éleva bientôt ; Mlle. Georges vit avec peine les succès de sa rivale, elle en conçut dès-lors un vif ressentiment qui se manifesta par une guerre de critique dont les journaux d'alors furent les échos. Mlle. Georges fut mieux servie par eux, elle remporta la victoire dans leurs feuilles ; mais, sans établir de parallèle, nous pourrons dire que sur le théâtre, Mlle. Duchénois ne fut pas vaincue. C'est ainsi que Lafont, à la même époque, apprenait périodiquement par des journalistes dévoués, qu'il était supérieur à Talma : il faut toutefois rendre justice à Mlle. Duchénois, aux qualités de son cœur et à son caractère ; elle n'était point faite pour ces intrigues et ces rivalités dont elle fut forcée de se servir pour repousser les attaques de Mlle. Georges. Nous ne suivrons pas Mlle. Duchénois dans tous ses rôles, tels que ceux de Marie Stuart et Jeanne d'Arc, etc., qu'elle a rendu avec un beau talent, malheureusement, ce talent, dans ces derniers temps, semblerait décroître et nous faire craindre que le premier des théâtres de l'Europe ne fût bientôt privé d'une excellente tragédienne. La fatalité qui semble poursuivre les académiciens, et l'influence somnifère des fauteuils des quarante immortels, viennent encore de conspirer contre Mademoiselle Duchénois. Chargée du rôle d'*Élisabeth de France* dans la tragédie de M. Soumet, elle a eu à lutter contre un rôle ingrat pendant les premiers actes; ce n'est qu'aux dernières scènes du drame qu'il lui a en quelque sorte été permis de retrouver ses moyens, qu'elle a pu rappeler aux spectateurs le talent qui lui a valu jadis tant de couronnes et d'applaudissements. Une régénération se prépare dans la tragédie; on parle même de changer son théâtre, et du Palais-Royal il se trouverait transporté auprès du passage Choiseul. D'un autre côté, l'érection prochaine d'un théâtre français à Londres, où les spéculateurs appellent nos premiers talents en leur offrant la perspective d'appointements considérables, établira une concurrence qui ne manquera pas de tourner au profit de l'art. La place de Mademoiselle Duchénois est à la tête de ce mouvement général; mais qu'elle demeure à Paris, et que, laissant sa rivale exploiter la province et l'étranger, elle dévoile à la capitale le secret de ses sublimes inspirations

PARIS. — IMPRIMERIE DE [illegible],
RUE PALATINE, N° 5.

Raimond Desèze

premier président de la Cour de Cassation.

L'Oracle Europé

M. DESÈZE. [1]

DESÈZE (Raymond), d'une famille honorable de Guienne, fils d'un avocat célèbre au parlement de Bordeaux, y naquit en 1750. De brillants succès, qu'il avait obtenus au barreau avant vingt-cinq ans, le firent choisir par le maréchal de Mouchy, commandant de la Guienne, pour présenter ses lettres; ils lui méritaient l'honneur de briller sur un plus grand théâtre : mais lors d'un voyage à Paris que lui fit entreprendre le désir de connaître toutes les célébrités, il résista aux instances de Gerbier qui voulut le retenir. Le souvenir du sol natal le rendait sourd à l'amitié; Desèze s'empressa de quitter Paris, où le ciel avait pourtant marqué sa place, et, passant par Fernay, il y reçut de Voltaire un accueil aussi flatteur que mérité. De retour à Bordeaux, il illustrait sa profession par ses talents et ses vertus; déjà se développait le germe de ces actions honorables, de ces pensées généreuses, de ces pieux sacrifices qui plus tard commandèrent l'admiration; chaque jour ajoutait à ses moyens oratoires; et, chargé en 1782 de soutenir devant le parlement de Bordeaux la légitimité de la jeune marquise d'Anglure, il se distingua tellement par la force de sa dialectique et la noblesse de sa diction, que le comte de Vergenne le fit engager, par le célèbre Élie de Beaumont, à quitter Bordeaux pour se fixer au sein de la capitale. Une invitation semblable était une récompense; Desèze abandonna sa clientèle et ses amis. Target, honoré du fauteuil académique, lui céda sa place au barreau en lui confiant la cause des filles d'Helvétius.

---

[1] Cet article était composé, avant que la mort de M. Desèze ne nous fût connue; en le laissant dans une *Biographie* exclusivement consacrée aux hommes vivants, nous faisons une exception qui est un nouvel hommage rendu à sa mémoire.

Homme privé, Desèze retrouva à Paris des amis qui le consolèrent d'une séparation douloureuse. Marmontel dit dans ses *Mémoires* : « Desèze vint bientôt donner à nos entretiens encore plus d'essor et de charmes.... Une gaîté naïve, piquante, ingénieuse ; une éloquence naturelle qui, dans la conversation même la plus familière, coule de source avec abondance ; une prestesse, une justesse de pensée et d'expression qui, à tout moment, semble inspirée ; et mieux que tout cela, un cœur ouvert, plein de droiture, de sensibilité, de bonté, de candeur ; tel était l'ami que l'abbé Maury me faisait désirer depuis long-temps, et que me procura le voisinage de de nos campagnes. » Pour apprécier un homme dans les honorables exercices du barreau, nous avons préféré peindre son caractère, sans trop insister sur l'éclat de ses talents : aussi n'est-ce qu'en passant que nous rappelons le triomphe de Desèze dans la cause du baron de Bezenval, accusé de haute trahison. Le roi de Pologne, en reconnaissance d'un acquittement obtenu pour son allié, fit remettre à Desèze une médaille d'or. (1789). Conseil de la reine depuis 1787, il plaida en 1790 pour le comte de Provence, la veille du jour où les portes du parlement furent fermées pour ne plus se rouvrir ; mais d'autres honneurs l'attendaient, c'est en 1793, que Desèze déploya tout son courage et toute son éloquence.

On voudrait jeter un voile sur les sanglantes proscriptions qui frappèrent jusqu'à la tête du roi ; mais ce voile, derrière lequel le repentir des coupables et la douleur des hommes de bien prétendraient dérober nos fatales erreurs, la reconnaissance viendrait le soulever, pour prouver à l'Europe et à nos neveux que la vertu se trouvait à côté du crime. Éternel honneur du barreau de Paris, Desèze est inscrit sur le *Testament du roi-martyr*. Son image demeurera gravée dans nos âmes. Malesherbes et Tronchet le demandèrent comme un secours nécessaire ; on l'autorisa à être le troisième conseil de Louis XVI ; la rédaction de la défense lui fut confiée ; il eut encore mission de la faire entendre. Un critique, en avouant que ce plaidoyer contient de belles parties, qu'il est animé d'heureux mouvements, remarqua qu'il pouvait être plus fortement conçu, et que Desèze l'aurait amélioré en se restreignant aux principes. Qu'il nous soit permis de protester contre cette opinion, de regretter même que le roi, ainsi que le rapporte M. Hue, ait paralysé peut-être quelques moyens de son défenseur, en lui disant : « Retranchez votre péroraison, tout éloquente qu'elle est; il n'est pas de ma dignité d'apitoyer ainsi sur mon sort : je ne veux d'autre intérêt que celui qui doit naître du simple énoncé de mes moyens justificatifs. Ce que vous retrancherez, mon cher Desèze, *me ferait moins de bien qu'il ne vous ferait de mal.* » Comme le soutint Desèze, nulle condamnation ne pouvait intervenir : « Citoyens, ajoutait-il en s'adressant à la convention, je vous parlerai avec la franchise d'un homme libre : *je cherche parmi vous des juges, et je ne vois que des accusateurs.* » Interrompu trois fois par les féroces vociférations des tribunes, il termina par dire : « *Le peuple voulut la liberté; Louis la lui donna.* Il vint même au-devant de lui par ses sacrifices : et cependant c'est au nom de ce même peuple qu'on demande aujourd'hui.....! Citoyens! je n'achève pas..... Je m'arrête devant l'histoire : songez qu'elle jugera votre jugement, et que le sien sera celui des siècles. » Le malheur avait agrandi le roi; l'amitié fit descendre Louis à de minutieuses attentions pour son défenseur épuisé de fatigue : arrivé dans une pièce voisine, le roi, prenant Desèze entre ses bras, le tint étroitement embrassé, demanda ensuite une chemise, et la chauffa lui-même avant de la lui remettre.

On établit des *catégories de suspects ;* la conséquence de cette mesure pour Desèze fut son emprisonnement à la *Force*, où il donna sa chambre au maréchal de Mouchy, l'un de ses premiers clients, et qu'il quitta au 9 thermidor. Sous le directoire, sous le consulat, sous l'empire, Desèze n'accepta aucun emploi, refusant même d'être membre d'un conseil de discipline que son caractère et ses talents lui eussent donné droit de présider, mais où il se fût trouvé dans la dépendance du procureur-général. Le défenseur de Louis XVI ne voulut jamais, dans une consultation, associer sa signature à celle d'un régicide, et son inflexibilité bien connue empêcha Buonaparte de lui offrir l'entrée du sénat. En 1814, Napoléon voulant frapper M. Laîné d'une accusation de trahison, s'écriait devant toute sa cour : « M. Laîné est un méchant homme, qui correspond avec le prince-régent, par l'entremise de l'avocat Desèze ». Buonaparte avait bien jugé du dévouement de cet avocat, objet de sa haine, mais auquel sa chute préparait l'honneur de présider la première cour du royaume.

Lorsque Louis XVIII remonta sur le trône en 1815, Desèze recueillit l'héritage des récompenses qu'il eût partagées avec Malesherbes et Tronchet. L'histoire, impartiale dans ses arrêts, proclamera la communauté de leurs efforts, l'égalité de leurs droits; elle dira que Malesherbes, vieux ministre de Louis XVI, se constitua l'appui du roi détrôné, que Tronchet embrassa avec ardeur une défense dont Target répudia l'honneur, et dont Desèze, à son défaut, courut tous les dangers; mais, dans l'impuissance de témoigner à Tronchet et à Malesherbes sa royale gratitude, Louis XVIII dut réunir toutes ses faveur sur la tête de Desèze. En février 1815, il fut nommé premier président de la cour de cassation, grand trésorier des ordres du Roi, chevalier du Saint-Esprit. On rapporte, à la louange de Tronchet, qu'en se chargeant de sa mission, il avait fait le serment public que, quel que fût l'événement, il n'accepterait aucun témoignage de reconnaissance de qui que ce fût sur la terre : nous rappellerons, à la louange de Desèze, que la fierté de son désintéressement était convenable sous l'empire, mais qu'un refus opposé à un Bourbon aurait été une insulte.

L'événement des cent jours força Desèze à quitter Paris, pour se rendre à Bordeaux, puis en Angleterre, où le régent l'accueillit avec estime, et enfin en Belgique, près du roi, avec lequel il revint en France.

Nommé pair de France en août 1815, chevalier de Malte et membre de l'Académie française l'année suivante, replacé, après la seconde restauration, à la tête de la cour de cassation, Desèze, dans ce haut rang et au milieu de l'illustration qui l'environnait, demeura sujet fidèle, législateur éclairé, magistrat irréprochable, ami des lettres sans leur vouer un culte exclusif. Ses *Plaidoyers*, ses *Mémoires* judiciaires, ses *Discours* à la tribune, son *Discours* de réception à l'Académie, voilà ses titres littéraires : on leur a attribué un *succès d'estime;* mais le suffrage de Voltaire, la liaison de Desèze avec Marmontel, la correspondance littéraire et philosophique qu'il entretint avec Gaillard, prouvent qu'il faut prendre au sérieux une dénomination dont la critique a souvent abusé. On a blâmé dans Desèze son affectation, dans ses harangues et ses mercuriales, à improuver la conduite de sa compagnie, qui ne crut pas devoir déserter ses fonctions à l'époque des cent jours. On lui a reproché de n'avoir jamais rendu hommage, dans ses discours, à la charte constitutionnelle ; comme si le serment de lui rester fidèle, qu'il prêta en qualité de magistrat, n'attestait pas son attachement. On a critiqué ses votes à la chambre des pairs ; mais toujours ses discours, remplis d'une éloquence persuasive, furent prononcés sous l'inspiration de son cœur. Il était membre, en 1815, de la commission chargée d'examiner la loi qui rétablit les juridictions prévôtales; il proposa, au nom d'une autre commission, de consacrer l'abolition du divorce ; il s'expliqua ensuite sur la loi des élections de février 1817.

Aujourd'hui que la mort vient de ravir Desèze, l'histoire a commencé pour sa vie privée : elle fut sans reproche, de même que sa vie publique. Il est allé rejoindre le juste couronné dont il entreprit la défense ; mais, homme de probité habile à bien dire, sa mémoire ne périra point, et son nom, répété tous les ans avec celui de la victime qu'il ne put arracher aux bourreaux, provoquera de nouvelles bénédictions. Turenne, après sa mort, eut les honneurs d'une tombe royale; Desèze, déposé dans la chapelle expiatoire consacrée à des mânes augustes, sera pour le barreau un modèle qu'il se glorifiera d'imiter, pour la France entière un exemple de consolation. La reconnaissance du Roi nous assure que ce vœu sera réalisé : le doute serait-il encore permis, quand on a vu un prince, déposant les insignes de la majesté souveraine à la nouvelle de cette mort inattendue, se dérober aux regards sous un vêtement modeste, aller s'agenouiller aux pieds du courageux défenseur, et supplier le ciel de rendre *la terre légère à celui qui n'a donné que des exemples de dévouement et de vertu* [1] ?

[1] *Projet d'inscription tumulaire à la mémoire de feu M. le comte Desèze;* par M. Belloc, auteur des Inscriptions monumentales consacrées à la mémoire des membres de la Famille royale moissonnés par la révolution, et des éloges en style lapidaire de Louis XVIII et du duc de Berry.

RAIMONDO **DESÈZE**

QUI

LUDOVICI XVI

DEFENSORIBUS ULTRO ADSCRIPTUS

DIE XXVI DECEMBRIS ANNO MDCCXCII

PECTORE ET VOCE IMPERTERRITUS

PRO SACRO

OPTIMI ET INFELICISSIMI PRINCIPIS

CAPITE

ANIMAM DEVOVIT

VIXIT ANNIS LXXX DECESSIT DIE II MAII

ANNO MDCCCXXVIII

. . . .

MONUMENTUM POSUERUNT.

N. B. La ligne marquée par des points est destinée à faire connaître par qui le monument aura été élevé. L'auteur a cru ne devoir rien préjuger à cet égard.

M. FRAYSSINOUS.

Frayssinous (Denis), est né à Curière, département de l'Aveyron, en 1765. Les recherches auxquelles nous nous sommes livrés ne nous ont fait connaître ni ses parents, ni leur état, ni le rang qu'ils occupaient dans la société.

Le jeune Frayssinous venait de terminer ses études théologiques, et il sortait à peine du séminaire, quand il fut nommé vicaire et envoyé dans une petite paroissse voisine de celle qu'habitaient ses parents et où il avait reçu le jour. Il y remplit avec zèle ses fonctions jusqu'à l'époque de la révolution, qui le força à chercher un asyle dans les montagnes de l'Aveyron, ou à suivre tant de Français sur une plage étrangère.

Lorsque la tourmente révolutionnaire fut enfin apaisée, que le grand-homme d'alors eut arrêté avec la cour de Rome les articles du concordat de 1801, qu'il eut rouvert les temples et rappelé les ministres cachés dans leur patrie ou errants à l'étranger, l'abbé Frayssinous vint à Paris, et y commença, dans l'église des Carmes, avec l'abbé Royer, ces conférences qui, continuées à St-Sulpice, obtinrent un si brillant succès. Le nouveau prédicateur, emporté sans doute par l'excès de son zèle, et trouvant peut-être qu'on avait trop peu fait pour le culte catholique, laissa échapper quelques expressions qui déplurent au pouvoir. Un gouvernement qui avait rétabli la religion depuis long-temps proscrite, et fait cesser la retraite ou l'exil de ses ministres et de l'abbé Frayssinous en particulier, méritait peut-être de sa part quelques égards, quelques ménagements, et lui commandait quelque réserve. Il fut mandé à la police, et là on lui prescrivit de ne prendre pour style et pour objets de ses discours que le dogme et la morale; de combattre, si cela lui convenait, les opinions des philosophes, mais de se garder de toute excursion dans le champ de la politique. Docile à cet avis, l'abbé Frayssinous ne remonta en chaire que pour *remercier l'Éternel d'avoir employé une main puissante à redresser les autels.*

Les réunions à l'église des Carmes se composaient de quelques fidèles, et les conférences peu suivies de l'abbé Frayssinous n'avaient point encore cet éclat qui devait les environner plus tard à St-Sulpice ; cependant elles avaient déjà fait remarquer le talent du prédicateur. À cette époque l'Université fut créée ; il fut appelé à en faire partie et attaché à la Facultée de théologie. Bientôt après, M. de Fontanes, qui ne se doutait guère alors qu'un jour il l'aurait pour successeur, le nomma Inspecteur-général de l'Académie de Paris. Ce fut à peu près dans le même temps qu'un canonicat, devenu vacant à Notre-Dame, fut accordé par l'archevêque à ses sollicitations.

Ces titres et ces fonctions ne ralentirent pas le zèle évangélique de l'abbé Frayssinous ; il continua ses conférences, et les transféra de l'église des Carmes, devenue trop petite et trop mesquine pour son nombreux auditoire, dans l'immense édifice de St-Sulpice. Ce fut alors l'époque la plus brillante de la célébrité du prédicateur et de la vogue de ses discours ; chaque jour de conférence, les portes de St-Sulpice étaient assiégées d'une longue file de voitures et d'équipages ; sa vaste enceinte pouvait à peine contenir le grand nombre d'auditeurs qui se pressaient autour de la chaire ; les jeunes et jolies femmes y couraient par bon ton, les jeunes gens par curiosité, et le lendemain l'on ne parlait que de la conférence de la veille ; les feuilles publiques ne manquaient pas d'en donner à leurs lecteurs l'analyse et même des fragments entiers ; enfin l'on ne s'abordait plus qu'avec cette question : « Avez-vous hier entendu l'abbé ?... »

Ce succès toujours croissant dura jusqu'en 1809, où le prédicateur, qui peut-être avait oublié l'avertissement que lui avait donné la police quelques années auparavant, reçut du gouvernement l'invitation de se reposer de ses travaux au sein.

de son chapitre et de l'Université impériale. Il se résigna,
quoiqu'à regret, et se renferma dans un prudent silence ;
mais la restauration vint ranimer ses espérances, et ramener
les beaux jours de St-Sulpice. Il remonta dans cette chaire
qui lui avait été interdite, attaqua de nouveau l'incrédulité, et se
permit, comme dans ses débuts à l'église des Carmes, d'a-
border quelques questions politiques, et de combattre ces principes constitutionnels qui alors, mal compris par des hommes
vieillis sous le sceptre d'un despote, sont aujourd'hui la base de
notre gouvernement représentatif. Ces opinions étaient celles
de la *chambre introuvable*; leur interprète devait en recevoir
la récompense ; aussi une ordonnance du 24 octobre 1814 le
nomma-t-elle censeur royal, et une seconde ordonnance du
17 février 1815 lui conserva-t-elle la place d'inspecteur-général des études.

La carrière des emplois publics venait de s'ouvrir devant
son ambition ; déjà il pouvait en mesurer l'étendue, lorsque
le retour subit de Napoléon à Paris arrêta momentanément ses
projets d'élévation. L'abbé Frayssinous se retira au sein de sa
famille, dans le département de l'Aveyron, et y passa les cent
jours. Le désastre de Waterloo le ramena à Paris, à la suite
des princes et du Roi Louis XVIII. Il reprit ses conférences
plusieurs fois interrompues, soit par l'intervention du pouvoir,
soit par la force des événements, et fut appelé à faire partie
de la commission d'instruction publique, composée de cinq
membres ; mais un an après, des motifs qui nous sont inconnus,
et que nous pourrions seulement soupçonner, le for-
cèrent à donner sa démission ; elle fut acceptée, et on lui
assura, comme indemnité, une pension de 6,000 f.

Dix-huit cent dix-sept fut pour l'abbé Frayssinous l'aurore
de sa fortune politique. Depuis cette époque, les honneurs et
les dignités n'ont cessé de s'accumuler sur sa tête. Nommé
presqu'en même temps aumônier, prédicateur ordinaire du
Roi et évêque d'Hermopolis ; la dignité de grand-maître de

l'Université, éteinte avec M. de Fontanes, fut rétablie pour lui. Enfin, en 1823, le gouvernement ayant réuni l'instruction publique et les affaires ecclésiastiques, pour en faire un ministère distinct et indépendant de l'intérieur, en confia le portefeuille au nouvel évêque d'Hermopolis. Le titre de pair suivit de près sa nomination au ministère.

L'Académie française venait de perdre le respectable abbé Sicard. Le fauteuil que cette mort laissait vacant était ambitionné par une foule de réputations littéraires; mais le docte aréopage, cédant aux volontés du ministère Corbière et à l'influence toute puissante alors de M. Royer, qui plus d'une fois a semblé craindre pour sa nullité le voisinage du talent, appela dans son sein l'abbé d'Hermopolis. Ses titres à cette faveur étaient peu nombreux, son bagage littéraire mince et léger. Ils se composaient en effet de quelques notes et commentaires ajoutés au *Génie du Christianisme*; 2° d'une brochure sur *les vrais Principes de l'Église Gallicane*, dans laquelle l'auteur est quelquefois en contradiction avec Bossuet; 3° d'un panégyrique de Saint-Louis, peu connu, et de quelques oraisons funèbres. Nous ne parlons pas de ses conférences; elles étaient encore inédites. Ce n'est que depuis son élection que, croyant peut être justifier par cette publication le choix de l'Académie, il a livré au public, sous le titre de *Défense du christianisme*, les discours qu'il avait prononcés à Saint-Sulpice. Ils n'ont pas répondu à l'impatience que leur publication avait fait naître parmi les admirateurs du talent de M. de Frayssinous, et à la réputation qui les avait environnés à leur naissance. Ils sont loin sans doute d'être sans mérite : en général même le style en est clair, pur et correct, mais trop souvent traînant et sans couleur; les pensées vraies, mais communes et mieux exprimées par ceux auxquels le prédicateur les a empruntées que par lui; le raisonnement bien suivi, mais parfois trop délayé et un peu lâche. Ne demandez point à l'abbé Frayssinous cette force de logique, cette puissance de raison, cette variété et cette clarté de divisions que l'on rencontre dans Bourdaloue, ce coloris enchanteur, cette richesse et cette harmonie de style, ces peintures brillantes et animées, ces images vivantes que présentent les nombreux chefs-d'œuvre de Massillon. L'abbé Frayssinous, malgré quelques défauts et les qualités qui manquent à ses compositions, doit cependant occuper un rang distingué parmi nos orateurs modernes, et si nous ne l'avons pas jugé aussi favorablement que ses auditeurs de Saint-Sulpice, c'est que nous avons jugé froidement l'écrivain qui ne peut pas, comme autrefois l'orateur, nous séduire par les grâce de son débit et le charme de son action.

Comme ministre, l'évêque d'Hermopolis, qui avait, nous aimons à le croire, de bonnes intentions, a montré trop peu d'énergie et de fermeté. Il a cédé trop facilement aux volontés du triumvirat ministériel. La France n'oubliera pas que c'est sous son administration que l'enseignement mutuel, qui commençait à porter dans tous les rangs de la société le bienfait de l'instruction, a été proscrit. On a fait un crime à M. Frayssinous de ce que les communautés, les églises, les fabriques ont été dotées de tant de legs pieux, de ce que les jésuites, qui déjà s'étaient montrés sous son prédécesseur, ont levé fièrement la tête. M. Frayssinous n'a paru à la tribune nationale que lors de la discussion de son budget, et l'on se souvient encore des deux discours qu'il prononça à l'occasion de celui de 1826 : dans cette circonstance remarquable, il avoua l'existence de cette congrégation qu'un parti voulait faire regarder comme imaginaire, et dont M. de Montlosier a prétendu dévoiler la marche et les desseins.

Sa puissance ministérielle a survécu quelques mois à celle de M. de Villèle ; mais il avait pris part au *déplorable système*, et la chute du président du conseil devait entraîner la sienne. Il a quitté le ministère en même temps que M. de Chabrol et a été remplacé par MM. Feutrier et de Vatisménil.

M. ANDRIEUX.

Andrieux (François-Guillaume-Jean-Stanislas), membre de l'Académie Française et de la Légion-d'Honneur, lecteur royal et professeur de littérature au Collége de France, est né à Melun, le 6 mai 1759. Sa vie toute entière est celle d'un homme de bien; sa place, comme littérateur, est au premier rang; comme citoyen, il a des droits à l'estime de tous, puisque dans sa carrière politique il n'a jamais consulté que les inspirations de sa conscience, et que sa conscience était libre et pure : c'est en un mot le *vir bonus dicendi peritus*. En esquissant les principaux traits de son existence, nous nous estimons heureux de n'avoir point à exercer le rigoureux et pénible ministère de critiques; ministère que l'*impartialité* nous impose, mais qui répugne à nos habitudes.

A peine arrivé au terme de ses études, M. Andrieux se rangea sous les bannières de Thémis; il suivit les cours de l'École, et en même temps cléricatura chez un procureur. Pour qui connaît M. Andrieux, il n'est guère besoin de dire que la langue du grimoire sonnait mal à son oreille, et que si l'ardente envie de s'instruire lui fit sentir le besoin de connaître la pratique, il ne négligea pas pour cela l'étude de la théorie; il y prit goût, et, animé d'une louable ambition, il franchit rapidement les grades de bachelier et de licencié, aspira à celui de docteur, décidé qu'il était à descendre dans les concours. Nous ne savons si cette carrière eût convenu à M. Andrieux; si son esprit pénétrant, son goût exquis, son amour pour la littérature, son penchant pour la poésie, se seraient bien trouvés des arguties de l'école, où même encore de nos jours la pureté du langage n'est point en honneur, et où bien dire est chose que l'on espère. Quoiqu'il en soit, une place de secrétaire chez M. le duc d'Uzès lui fut offerte par M. le président de Lamoignon ; il l'accepta : mais ce poste ne convenait guère à ses goûts ; il ne la conserva pas long-temps, et revint à l'étude du droit. Il commença son stage, et en 1789 il allait prendre rang parmi les avocats inscrits an tableau, lorsque le génie de la révolution, qui avait besoin de tout détruire pour tout régénérer, frappa de dissolution l'ordre des avocats. Force fut donc à M. Andrieux de renoncer à son état. Déjà, quelques années auparavant (c'était en 1783), il avait débuté par quelques pièces fugitives et par une petite comédie en vers de dix syllabes , intitulée : *Anaximandre*. Bientôt après il composa *les Étourdis*. Leur succès fixa sa réputation dramatique, et c'est là sans contredit le plus beau titre de gloire de M. Andrieux. En 1790 il composa avec Guillard, le Quinault de l'époque, un grand opéra (*Louis IX*), dont Lemoine fit la musique, et qui obtint un beau succès. Depuis lors M. Andrieux s'adonna tout entier à la littérature et à la poésie, se permettant toutefois une petite digression politico-législative que nous ne passerons pas sous silence. Après une *Épître au Pape*, si vivement critiquée par Fabre-d'Églantine, un petit opéra, intitulé : *l'Enfance de Rousseau*, et plusieurs stances patriotiques sur Barras et Viala (1794), il fut appelé en l'an 6 (1798) à la carrière législative par la portion de l'assemblée électorale du département de la Seine, séant à l'Institut. La révolution du 18 brumaire intervint ; il fut tribun, et se dévoua tout entier pour l'intérêt public. Il s'agissait de former la liste des émigrés ; il dressa un rapport, le 25 février, sur ce projet de loi présenté par le consulat, le fit adopter, et reçut la mission d'aller présenter ce vœu au corps législatif. Secrétaire du tribunat, il le présida en septembre 1800. Mais M. Andrieux était indépendant, le premier consul était despotique, tout devait fléchir sous sa volonté ; malheur à celui qui osait

élever une voix libre et courageuse ! c'était le signal de sa retraite. M. Andrieux fut de ce nombre, et le tribunat cessa
de le compter parmi ses membres : honneur lui en soit rendu ;
de pareilles disgrâces valent bien les faveurs du pouvoir achetées au prix de l'adulation et de la servilité ! Depuis lors
M. Andrieux ne joua plus aucun rôle politique ; car, nous
n'accepterons pas les diatribes insérées dans la *Gazette de
Lyon*, et qui reprochaient à M. Andrieux d'enseigner du libéralisme et non pas de la littérature.

En 1804, M. le comte de Cessac, directeur de l'École Polytechnique, lui offrit la chaire de grammaire et de littérature
qu'on allait y établir ; il accepta, professa avec succès pendant
douze années, et l'on peut dire que dans cette fonction, comme
dans toutes celles qu'a remplies M. Andrieux, chaque moment
de sa vie fut dévoué à l'accomplissement de ses devoirs. En
1815, il fut remplacé par un jeune homme nommé *Aymé Martin*, qui avait alors, (mais depuis...) pour titre de préférence,
le beau privilége de *bien penser*, ce qui, dans les réactions
politiques, vaut mieux que le savoir. Heureusement la chaire
de littérature française qu'occupait M. Andrieux depuis un an
au Collége de France était inamovible, et les *épurations* de
1815, qui n'ont pas toujours respecté le mérite, ont dû forcément respecter l'inamovibilité. Nous avons déjà dit qu'on avait
reproché à M. Andrieux de professer des idées libérales ; il eut
à soutenir une autre polémique assez singulière : on l'accusa
de faire de la philosophie. M. Andrieux accusé de philosophie !
Il faut convenir que l'auteur du libelle savait bien mal connaître son monde, et qu'il n'avait pas rencontré la partie vulnérable de M. Andrieux, qui s'est toujours contenté de faire
de l'esprit sur la philosophie, mais qui n'a jamais eu même la
pensée d'être philosophe. Il répondit cependant par une épître
charmante, pleine de modération et de gaîté ; le libelliste en
fut quitte pour le ridicule, et M. Andrieux continua de faire
de la philosophie à sa manière. Pourquoi ne l'accusait-il pas

en même temps d'être bon, savant, spirituel, gracieux, de *parler avec son cœur,* de dérouler avec un goût exquis les pages de notre littérature, de se faire écouter avec délices, et de transformer son cours en une réunion de famille? de dire aux jeunes gens qu'il faut être bon, de leur apprendre comment on peut l'être, de leur ouvrir son âme avec un abandon plein de charmes? Que ne lui reprochait-il de professer que la liberté de penser rend les esprits plus sérieux et plus élevés, et qu'elle sert à la fois à la pureté du goût et à la dignité du caractère national? Oh! alors nous n'aurions rien à reprendre, et nous nous empresserions de reconnaître que l'accusation a frappé juste; mais elle ne mérite pas réponse.

M. Andrieux, qui depuis long-temps ne s'était fait entendre dans une séance publique de l'Académie, lut un discours en vers sur la perfectibilité humaine lors de l'entrée de M. Casimir Delavigne. Quelle occasion plus favorable pour M. Andrieux de prononcer des vers généreux, que les premiers signes de la convalescence académique qui voyait—*proh! nefas!* — un poëte patriotique prendre place sur le fauteuil, et n'apporter pour bagage qu'un beau talent et un noble caractère!

Les reproches adressés à M. Andrieux ont été dernièrement reproduits dans la *Gazette de Lyon,* dans un article anonyme signé *par un étudiant en droit.* Le *Précurseur* yrépondit, et M. Andrieux, attaqué dans son honneur, dans ses principes religieux et politiques, crut devoir à sa famille, à ses confrères du Collége royale de France et de l'Institut, non pas une justification (il n'en avait pas besoin), mais une solennelle profession de foi. Il publia une courte brochure que nous avons lue avec une vive satisfaction, et dans laquelle il réfute d'une manière spirituelle et pleine de bonhommie l'accusation qui le transformait en hideux conspirateur.

Nous ne parlerons qu'en passant des œuvres de M. Andrieux; elles sont connues de tout le monde, et il les a publiées et réunies en 1818 dans 3 volumes in-8°. Il est une satire qu'on lui attribue; elle fut publiée sous le titre de *saint Roch et saint Thomas*, à l'occasion du refus que fit le curé de Saint-Roch de donner la sépulture à mademoiselle Chaumeroy, danseuse à l'Opéra. Enfin, on attend tous les jours que M. Andrieux livre au public son *Cours de Littérature* qu'il travaille depuis plus de 20 ans. Qui, mieux que lui, peut en France entrenir par ses leçons et ses ouvrages le goût du vrai et du beau? Qui, plus que lui, fut plein de candeur dans sa vertu, de sincérité dans sa conduite politique, de dévouement dans ses devoirs? Personne, sans doute; et si le littérateur a droit à nos hommages, le plus honnête homme des honnêtes gens a droit à notre estime et à nos respects.

IMPRIMERIE DE BÉTHUNE,
rue Palatine, n° 5, à Paris.

Mgr de Quélen.

l'Oracle Européen.

M. DE QUELEN.

Si la modération est une vertu, souvent elle expose à la critique, et déjà nous en avons acquis l'expérience. Des observations nous ont été transmises sur l'indulgence de nos jugements, sur notre réserve dans l'appréciation de la conduite privée : à notre tour, nous ferons observer que, quand des hommes honorables prennent la plume, ils ferment l'oreille à la voix des partis pour n'écouter que celle de l'impartialité ; qu'à leurs yeux, les personnages dont ils retracent la vie ne sont responsables que de leurs actions publiques ; que, suivant eux, violer le secret des familles et profaner les foyers domestiques, c'est commettre tout à la fois une lâcheté et un scandale que des libellistes seuls savent affronter. Le langage de la conscience doit plaire à des lecteurs consciencieux ; il sera toujours le nôtre.

Quelen (Hyacinthe-Louis comte de) est né à Paris le 8 octobre 1778. Son père était chef d'escadre, et sa famille, l'une des plus anciennes de Bretagne, était alliée à la maison d'Aiguillon. Il fit ses humanités au collége de Navarre, dont il fut l'un des élèves les plus distingués. Dès son enfance il montra pour l'état ecclésiastique un goût qui, bien qu'opposé aux vues de sa famille, ne fit qu'augmenter et se développer avec l'âge. Après avoir terminé sa rhétorique et sa philosophie, il se livra à l'étude de la théologie, et reçut la tonsure en 1790.

Les symptômes de la révolution se faisaient déjà sentir, et les événements qui suivirent l'auraient forcé d'interrompre le cours de ses études théologiques, s'il n'eût trouvé dans la maison paternelle les lumières de plusieurs ecclésiastiques que M. le comte de Quelen y avait recueillis, et qui s'empressèrent de donner à son fils des leçons qu'il n'aurait pu recevoir dans les séminaires déjà fermés depuis quelques mois.

Sitôt que la révolution, qui avait fait périr sur l'échafaud plusieurs de ses proches parents, fut terminée, que les ministres du culte catholique purent reprendre leurs fonctions, que les temples furent rouverts et les séminaires réorganisés, le jeune de Quelen entra à Saint-Sulpice, dont il fut l'un des premiers élèves encore peu nombreux.

En 1807, il fut ordonné prêtre, et, peu de temps après, l'évêque de Saint-Brieux, dans le diocèse duquel étaient sa famille et ses biens, l'appela auprès de lui en qualité de grand-vicaire.

Le cardinal Fesch, alors en faveur, ayant fait le voyage de Rennes pour y présider le collége électoral, eut occasion, pendant son séjour en Bretagne, de voir M. de Quelen, qui sut se concilier la bienveillance, plus tard l'estime et l'affection de Son Eminence : elle le chargea du soin de former sa maison, de lui faire connaître les familles nobles qui avaient le plus souffert de la révolution, finit enfin par se l'attacher, et l'emmena avec elle à Paris.

Peu de temps après, le cardinal étant tombé dans la disgrâce de l'empereur, fut obligé d'abandonnner la cour, et de retourner dans son diocèse. M. de Quelen, mu par un sentiment de reconnaissance qui honore son caractère et son cœur, suivit à Lyon son protecteur disgracié, et refusa de le quitter pour revenir à Paris, où l'attendait la place de chapelain de l'impératrice Marie-Louise, que l'archevêque de Malines, l'abbé de Pradt, avait obtenue pour lui.

Jusqu'en 1815, M. de Quelen vécut à peu près ignoré et perdu dans la foule, soit à Saint-Brieux, soit à Lyon, auprès du cardinal Fesch, soit à Paris, où il remplissait à Saint-Sulpice les fonctions de simple prêtre; mais la restauration vint lui préparer un brillant avenir. A cette époque, le cardinal de Talleyrand-Périgord confia à son zèle la direction spirituelle des maisons royales qui se trouvaient dans sa juridiction, et le nomma en même temps vicaire de la grande aumônerie.

Le retour de Napoléon de l'île d'Elbe le rendit à son obscurité première; mais après les cent jours, à la rentrée de la famille royale, il reprit ses fonctions, et depuis cette époque sa fortune et son élévation furent rapides. Le vieux cardinal du Belloy étant venu à mourir, fut remplacé par M. Talleyrand-Périgord. Ce prélat, cassé par les années et les infirmités, demanda, pour l'aider dans l'administration de son diocèse, M. de Quelen, qu'il affectionnait; la demande du cardinal fut octroyée, et M. de Quelen, sacré évêque de Samosate, est nommé coadjuteur de l'archevêque de Paris, le 1er octobre 1817. Enfin, après la mort de M. de Talleyrand, il lui succéda.

Une ordonnance royale l'appela bientôt à siéger à la chambre des pairs. Rarement M. de Quelen s'est montré à la tribune; il s'y est cependant fait remarquer, en 1824, par son opinion noblement exprimée contre le remboursement des rentes; cette courageuse opposition, à laquelle on peut attribuer le rejet de la loi, lui mérita l'affection du peuple, la haine du ministère et la défaveur de la cour. Ce fut à cette époque qu'il s'éloigna de Paris, sous prétexte de visiter l'Italie. Son voyage, auquel on donna plus d'un motif, fut assez court. M. de Quelen, après avoir été rapidement jusqu'à Naples, s'arrêta tout à coup, rebroussa chemin, et revint à Paris. Son vote en faveur du droit d'aînesse lui a fait perdre de sa popularité. Nommé récemment membre *de la commission des petits séminaires*, dont les feuilles publiques viennent de nous apprendre la décision, il paraît qu'il s'est prononcé avec MM. de la Bourdonnaye et de Courville pour la conservation dans l'instruction publique des jésuites, dont on avait cru

jusqu'ici qu'il ne partageait ni les opinions ni les doctrines.....
Si les organes de l'opinion constitutionnelle n'étaient pas eux-
mêmes partagés sur la légalité de leur présence, on aurait pu
douter de l'indépendance de Monseigneur. On parlait beaucoup de la promesse du chapeau de cardinal; mais l'inimitié
de Monseigneur Pacca sera long-temps encore un obstacle
pour M. de Quelen. Il suffit d'annoncer que l'archevêque de
Paris est l'intime ami de M. Feutrier, lequel, à coup sûr, n'est
point partisan des jésuites.

M. de Quelen a hérité à l'Académie du fauteuil de M. de
Beausset. La docte compagnie, qui venait d'appeler dans son
sein l'évêque d'Hermopolis, désirant encore une notabilité
ecclésiastique, jeta les yeux sur M. de Quelen. Ses titres littéraires, moins nombreux encore que ceux de M. de Frayssinous, se bornaient à deux oraisons funèbres, l'une de
Louis XVI, l'autre du duc de Berry, à quelques mandements
et lettres pastorales. Ces titres suffisaient-ils pour justifier le
choix de l'Académie?.... Depuis, elle a admis parmi les membres des *littérateurs-amateurs* qui ne se recommandaient à sa
bienveillance, l'un que par un petit vol. in-18, bien pâle, un
autre, par deux tragédies, dont l'une avait été sifflée et l'autre
avait eu un succès d'estime, un troisième enfin par quelques
articles de journaux lus et oubliés presqu'en même temps...
ô tempora inversique mores?!...

M. de Quelen est nourri de la lecture de l'Écriture et des
livres saints; les textes et les citations de ses discours ont toujours le mérite de l'à-propos; son style se fait remarquer par
une grande pureté et beaucoup d'onction.

M. LAINÉ.

Le sénat rampait devant la puissance de l'empire ; le corps législatif n'osait élever la voix : un seul homme en France n'a pas craint de résister à Bonaparte : cet homme est M. Lainé.

A cette époque, l'opposition ne consistait pas à braver une autorité toute paternelle, pour obtenir des sérénades et des couronnes civiques, il fallait attaquer un maître absolu, en‑touré de six cent mille gardes, et qui, sans descendre de son cheval, indiquait du doigt le donjon de Vincennes. Le citoyen dont la vie s'est honorée par cet acte de courage, a conquis la reconnaissance de la nation, qui, de ce moment, dut accorder l'intérêt le plus tendre à toutes les actions de sa vie.

M. Lainé a vu le jour au Cap, et non point à Bordeaux, ainsi que l'ont rapporté plusieurs biographies. Très-jeune en‑core, il vint en France, et retourna dans sa patrie, après avoir terminé ses études de latinité. Les heureuses dispositions qu'il annonçait ayant éveillé les espérances de sa famille, on le décida à revenir à Bordeaux, pour s'y livrer aux études prépa‑ratoires de la profession d'avocat. Admis au barreau, M. Lainé suivit cette carrière jusqu'en 1808, y faisant briller les vertus que l'on se plaît à lui reconnaître aujourd'hui, et les talents qui l'ont placé au rang des orateurs les plus distingués de l'époque. Sa conduite noble et délicate lui avait concilié l'es‑time et l'affection de tous les habitants de Bordeaux, lorsque les électeurs jetèrent les yeux sur lui pour le nommer à la dé‑putation de la Gironde. Envoyé au corps législatif, à l'unani‑mité des suffrages, il parut à la tribune avec cette facilité d'élocution, cette force de logique que la cour de Bordeaux avait admiré tant de fois.

La puissance d'alors évitait au talent les humiliations de l'intrigue ; elle savait le découvrir, le plus souvent elle le récompensa. C'est ainsi que M. Lainé fut décoré de la croix de la Légion-d'Honneur, distinction flatteuse à cette époque. Cependant il avait déjà contrarié le despotisme susceptible de Napoléon, en s'opposant au système des confiscations que cet homme, dont l'orgueil savourait les petites tyrannies de l'absolutisme, voulait introduire dans nos lois criminelles.

Pour alimenter son gouvernement militaire, Bonaparte savait que la guerre était de première nécessité. Les conseils de la prudence n'avaient mérité que ses brusqueries ; et cependant l'Europe, cernant la France, envahissait nos frontières. Une commission fut créée au sein du corps législatif, pour aviser aux moyens de sauver la patrie. M. Lainé en fut nommé rapporteur. Il déclara que la paix était devenue un besoin pour tous les peuples, demanda qu'afin de resserrer les liens qui doivent unir le prince à la nation, afin de tranquilliser les esprits, et d'imposer silence aux reproches de l'ennemi, Napoléon fût supplié de déclarer, en présence des corps constitués de l'état, que l'on faisait la guerre seulement pour l'indépendance du peuple français et pour l'inviolabilité de son territoire ; que Napoléon fût, en outre, supplié de maintenir l'exécution pleine et entière des lois qui assurent aux Français le libre développement de leurs droits politiques. Lorsque Bonaparte eut sous les yeux le rapport de M. Lainé, il ne put commander à sa colère. *Le nommé Lainé*, s'écria-t-il à plusieurs reprises, *s'est vendu aux Anglais.* Il reçut la commission avec tous les témoignages du plus vif mécontentement. S'adressant à son rapporteur, et fixant sur lui des yeux brillants de courroux, il le traita de factieux. Le corps législatif fut ajourné.

M. Lainé quitta Paris pour aller habiter une campagne

située dans le voisinage de Bordeaux, où, débarrassé de tous les tracas politiques, il se livrait en paix aux charmes de l'étude. Sans ambition aucune, il se trouvait heureux ; mais il est des hommes dont la patrie a besoin, et qu'elle vient arracher à leurs habitudes, aux occupations de leur choix. Bonaparte était renversé. Il n'avait trouvé d'énergie que dans son armée ; la nation, fatiguée de batailles, d'impôts et de gloire, l'avait faiblement secondé. Le duc d'Angoulême venait d'entrer à Bordeaux ; il fit proposer la préfecture de la Gironde à M. Lainé, qui la refusa d'abord, et qui, sur les instances du prince, l'accepta provisoirement. Pendant le peu de temps qu'il conserva la préfecture de la Gironde, le général Dejean fut envoyé à Bordeaux, pour mettre en activité dans ce département la perception des impôts indirects. Une émeute s'éleva à cette occasion ; et, sans la sagesse et le courage du préfet, on a lieu de croire que le général Dejean eût été victime des fureurs de la populace.

M. Lainé fut appelé à Paris pour travailler à la rédaction de cette Charte immortelle, le plus beau titre de gloire de la restauration. Nommé à la présidence de la chambre des députés, il en remplit les fonctions jusqu'au 30 décembre de l'année 1814. Tout à coup les foudres de Napoléon grondèrent sur la France : la chambre nouvelle fut convoquée extraordinairement ; le Roi s'y rendit le 16 mars, et y fut reçu par M. Lainé, qui la présidait. Quatre jours plus tard, le vainqueur entrait dans Paris, porté sur les épaules de ses soldats.

Retiré à Bordeaux, le président des mandataires de la nation française publia, en cette qualité, une protestation vigoureuse, dans laquelle, invoquant les droits de la légitimité contre ceux de l'usurpation, il engageait les Français à refuser le paiement des impôts. Aussitôt après, il partit pour Anvers, y demeura jusqu'à l'époque de la bataille de Waterloo, et vint reprendre à Paris la présidence de la chambre. Au mois d'août 1815, des élections nouvelles portèrent une troisième fois M. Lainé à la chambre des députés, qui le nomma son président. C'est alors qu'ayant reçu un démenti de M. Forbin des Issarts, au lieu de mépriser une insulte aussi grossière, il quitta sur le champ le fauteuil, se fit remplacer par M. de Bouville, sortit de la salle, et envoya au Roi sa démission. Le surlendemain le député de la Gironde était au fauteuil, donnant lecture à la chambre d'une lettre de M. le duc de Richelieu ; elle était remplie d'encouragements les plus flatteurs et des plus honorables témoignages donnés par le Roi à la conduite politique de M. Lainé. La modestie du président ne lut que ces mots : *Je vous prie, et au besoin je vous ordonne, au nom du Roi, de continuer à présider la chambre.* Cette lettre explique suffisamment ma présence à ce fauteuil, ajouta M. Lainé. De ce moment, jusqu'au 29 avril, époque de la clôture de la session, il conserva la présidence de la chambre. Quelque temps après, appelé par le Roi à remplacer M. de Vaublanc au ministère de l'intérieur, il exerça cet emploi éminent, à la grande satisfaction des gens de bien, et le conserva jusqu'au moment où M. de Cazes passa du ministère de la police à celui de l'intérieur. Celui-ci fut chargé d'offrir les sceaux à son prédécesseur, qui les refusa, se contentant des fonctions de ministre secrétaire-d'état sans portefeuille.

M. Lainé, tout occupé de bonnes œuvres, s'est tenu à l'écart pendant la durée du ministère Villèle, et n'a révélé son existence politique que par les discours remplis de sagesse dont la chambre des pairs a voté l'impression. A la suite de la pétition du comte de Montlosier, il demanda que, sans préjuger la question des écoles ecclésiastiques, les chambres législatives fussent consultées sur l'admission ou le renvoi des jésuites, qu'il importait de soumettre au régime légal : opinion généreuse, digne d'un homme qui ne fait pas consister la liberté dans le triomphe d'un parti sur un autre parti (1). Depuis

____

(1) Dans la décision que vient de rendre la commission des écoles ecclésiastiques, on assure que M. Lainé faisait partie de la minorité.

la chute du dernier ministère, le vicomte Lainé a refusé successivement les divers portefeuilles. Il est vrai que les moments de cet homme de bien sont remplis par des occupations qui lui laisseraient peu de loisir pour les travaux du ministère. Dirigeant plusieurs sociétés de bienfaisance, il préside en même temps la commission des invalides de la marine. La commission formée pour la révision des écoles ecclésiastiques le regarde comme un de ses collaborateurs les plus éclairés.

Enfin, sans prétendre violer en rien le secret de la vie privée, nous donnerons quelques détails sur la famille honorable à laquelle appartient ce citoyen vertueux. M. Lainé n'est point engagé dans les liens du mariage. Madame Lainé, femme de l'administrateur-général de la loterie, fait avec grâce et dignité les honneurs du salon de son beau-frère. Le plus âgé des fils de madame Lainé a mérité, par ses talents, d'être élevé, très-jeune encore, au grade de capitaine de frégate. Le second, naguère nommé consul, est chargé de protéger nos intérêts commerciaux dans la ville d'Edimbourg. L'un et l'autre trouvent dans le noble vicomte un guide non moins éclairé que tendre, et surtout un bel exemple à suivre.

M. HENRION DE PANSEY.

HENRION DE PANSEY (Pierre-Paul), aujourd'hui âgé de 86 ans, naquit le 28 mars 1742, à Pansey, près Joinville. De sérieuses et fortes études lui donnèrent une maturité précoce; il venait d'achever son droit à Pont-à-Mousson, ville de Lorraine assez célèbre à cette époque, à proximité des parlements de Metz et de Nancy, quand il arriva à Paris au mois de novembre 1762. A peine il s'écoula quelques mois avant que M. Henrion fut reçu avocat : en 1767, on l'inscrivit sur le tableau de l'ordre. M. Henrion, à 25 ans, possédait un rare savoir, il se trouvait admis à une profession honorable ; malheureusement, avant la révolution comme aujourd'hui, il fallait d'autres véhicules pour sortir de l'oubli et se placer en évidence. La faveur lui manquait ; aucune recommandation ne lui avait concilié de protecteurs ; aucun ami n'était là pour encourager ses premiers essais : ignoré au sein de la capitale, rebuté par la nombreuse et redoutable concurrence qu'il rencontrait au barreau, un autre eût fléchi ; M. Henrion, au contraire, en appela des autres à lui-même. Son nom ne pouvait lui servir de passeport ; son mérite servit de base à sa réputation, et le jeune avocat devint l'unique artisan de sa fortune.

De 25 à 35 ans (1762—1773), M. Henrion publia successivement l'*Éloge de Dumoulin*, celui de *Mathieu Molé* et un *Mémoire pour un nègre qui réclamait sa liberté*. De si beaux sujets prêtaient certes à de beaux développements : M. Henrion les traita avec philosophie, avec érudition, avec un talent littéraire remarquable ; mais il ignorait l'intrigue et l'art de se prôner lui-même. Comment s'étonner dès-lors qu'il ait recueilli de la publicité acquise à ses productions autre chose qu'une reconnaissance éphémère et infructueuse de son mérite ? Faute d'encouragements, M. Henrion allait renoncer au barreau ; cependant il tenta un dernier effort : en 1773 parut son *Traité des Fiefs*, qu'il regardait en quelque sorte comme sa planche de salut ; le succès répondit à cette noble confiance, et, parvenu à l'âge de 34 ans, M. Henrion environné d'une nombreuse clientelle, jouissait par une anticipation bien justifiée des honneurs de la haute consultation. A partir de 1775 jusqu'en 1789, il attacha son nom aux affaires les plus épineuses, continua d'approfondir les matières féodales, et concourut d'une manière aussi honorable qu'active, à la rédaction du *Répertoire universel de jurisprudence*. En parcourant même un ouvrage excellent, mais trop oublié, le *Traité des droits, fonctions etc.*, publié par M. Guyot, nous trouvons le nom de M. Henrion uni à ceux des deux Boucher d'Argis, de Garran de Coulon, de Robin de Moras, de Merlin, de Treilhard, de Desèze ; c'est de plus de 40 ans que datait la communauté des travaux de M. Henrion avec Desèze ; mais il était destiné à lui survivre et à hériter de ses honneurs. Tous deux se sont encore trouvés réunis à la cour de cassation, presque sur le même rang ; tous deux maintenant auront rempli les mêmes dignités.

Pour Desèze la révolution fut la source d'une immortelle renommée ; M. Henrion la traversa en homme de bien, en génie réparateur. Lorsqu'elle éclata, il venait de compléter son *Traité des Fiefs* par les *Dissertations féodales* : son livre cessait d'avoir désormais une utilité d'application ; la destruction des fiefs ne lui laissait qu'un intérêt historique. Abandonnant Paris, où la profession d'avocat n'était plus reconnue, M. Henrion se retira à Pansey, dont il devint procureur-syndic en l'an IV ; puis il habita Joinville et Chaumont. Sa réputation le recommandait au directoire ; il nomma M. Henrion prési-

dent de l'administration du département de la Haute-Marne :
le nouvel administrateur remplit cet emploi difficile avec modération et impartialité. Mais il en eût coûté à un savant de se
circonscrire dans le cercle d'attributions qui n'avaient qu'un
rapport éloigné avec l'objet de ses goûts, comme de ses études;
il lui convenait plutôt d'accepter, en l'an vi, la place de professeur de législation à l'école centrale de Chaumont ; car il
renouvelait alors pour ses élèves, parmi lesquels d'anciens
avocats s'honoraient de se ranger, ces conférences si instruc-
tives qu'il avait naguère consacrées aux fils des premiers magistrats de la capitale. Cependant , lors de la révolution du
18 brumaire, M. Henrion était de nouveau administrateur du
département ; et, quand le gouvernement consulaire fut
installé, le sénat jeta les yeux sur lui, l'appelant à siéger avec
les premiers membres du tribunal de cassation. Ses collègues
appréciaient son mérite ; ils applaudirent à la mesure qui l'é-
leva bientôt à l'une des présidences de la cour suprême. De
son côté, M. Henrion avait à cœur de prouver qu'il était digne
d'une estime si noblement accordée : peu de temps après, il
publia le *Traité de la compétence des juges de paix* : cet ouvrage
qui n'a que le défaut d'être trop savant pour un grand nombre
des lecteurs auxquels ils s'adresse , et qui, ainsi que les autres
écrits de M. Henrion, est empreint d'une prodigieuse érudition , méritait un succès de vogue, un succès européen. Sept
éditions en ont été faites; on l'a traduit en allemand et en italien. M. Henrion, après avoir si heureusement caractérisé
cette paternelle magistrature, dont tout homme de bien devrait ambitionner les honneurs, traita de l'*Autorité judiciaire
dans les gouvernements monarchiques;* l'échelle était plus vaste,
mais l'auteur dominait sa matière. La nature du sujet, qui le
désigne aux méditations des hommes d'état, annonçait à Bonaparte que M. Henrion possédait une capacité qu'il devint
jaloux d'utiliser à son profit. M. Henrion, nommé successivement membre de la Légion-d'Honneur et baron de l'empire,

entra au conseil-d'état, y ouvrant des avis souvent sollicités avec déférence, presque toujours hautement appréciés. Mais, suivant la remarque qu'en fit récemment M*. Dupin *aîné* dans la *Gazette des Tribunaux*, ces honneurs, M. Henrion en jouissait avec noblesse et modestie ; le frontispice de ses ouvrages n'en porta jamais la prétentieuse indication : magistrat avant d'être baron, l'auteur ne s'annonçait que comme le président Henrion de Pansey.

C'est là, si nous ne nous trompons, la preuve certaine que, exempt de toute autre ambition que de l'amour de la gloire vraie et solide qui s'attache à la science, M. Henrion n'avait accepté de place que pour faire d'utiles applications de ces théories de droit, devenues pour lui si familières, ou servir encore sa patrie, en faisant entendre au conseil-d'état la voix de la sagesse et de l'expérience. Un jugement moins favorable a été porté : l'homme chez qui et ses études et ses occupations habituelles devaient affermir à la fois des idées de constance et de rectitude, a été représenté par un biographe comme un ambitieux, sacrifiant à la légitimité triomphante la cause de Bonaparte son bienfaiteur, puis, au retour du conquérant, empressé d'apporter à ses pieds un hommage dont les Bourbons venaient d'être l'objet. Avant de flétrir ainsi la carrière d'un homme de bien, peut-être fallait-il interroger les circonstances, examiner son caractère public et les devoirs que lui imposait sa charge. Entre ambitieux et pusillanime il est un terme moyen, que M. Henrion nous semble avoir adopté, au risque sans doute d'encourir d'affligeantes récriminations. Conseil des princes et des administrations générales sous l'ancien régime, comme il le devint ensuite des administrations nouvelles créées par l'assemblée constituante, M. Henrion devait lui être attaché d'intérêt, et néanmoins, professant de conviction des idées libérales, il salua, comme tant d'hommes de bien détrompés par l'événement, une révolution qui lui paraissait le triomphe du bon sens, du bon droit et de la philanthropie ;

conseiller-d'état sous l'empereur, et l'un des premiers magistrats de la cour suprême, M. Henrion, qui voyait réaliser par la légitimité les promesses que la terreur trahit d'une manière si-sanglante, ne dut-il point bénir le retour des Bourbons?

L'histoire dira que M. Henrion adhéra aux actes du sénat qui prononçaient la déchéance de Bonaparte, et, en rappelant qu'il fut nommé le 3 avril 1814 commissaire du gouvernement provisoire au ministère de la justice, dont il obtint ainsi le porte feuille, elle ajoutera que le premier il tint les sceaux pour la royauté; qu'il les apposa le premier à des actes de justice et de clémence. Ses mesures, comme ministre, honorent son caractère : il voulut qu'on ouvrît les prisons et les bagnes aux victimes de l'oppression; ministre-magistrat, il réclamait encore la suppression des cours prévôtales et des tribunaux de douanes illégalement institués; par ses soins, MM. Lecourbe et Clavier, conseillers à la cour impériale, sur lesquels l'intégrité et la noblesse de leur conduite, lors du jugement de Moreau, appelèrent des persécutions et une disgrâce, virent réparer les torts de l'arbitraire, et se trouvèrent réintégrés dans leurs fonctions. M. Henrion ne garda le portefeuille que quarante jours, car il le remit à M. Dambray le 13 mai 1814, pour aller reprendre sa présidence à la cour de cassation; mais au moins cette quarantaine ministérielle que subit M. Henrion a été utile et glorieuse : elle prépara l'amour de la France pour des princes qui lui apportaient la Charte.

Les cent jours arrivèrent, époque de funeste mémoire où tout se trouva confondu : les prestiges d'une gloire récente l'emportèrent sur l'espoir des bienfaits qu'allait procurer une sage indépendance. Au milieu de la confusion générale, la cour de cassation pensa, à la presque unanimité, que son devoir était de rester à son poste pour prêter main forte à la justice; corps constitué, l'activité dans laquelle elle se maintenait lui imposait une démarche de déférence vis-à-vis du chef du gouvernement; le 25 mars 1815 M. Henrion alla, avec ses collégues, féliciter Bonaparte sur les succès qui lui rendaient sa puissance. Elle ne fut qu'éphémère, grâce au ciel, pour le bonheur de la France dont elle étouffait les libertés. Les Bourbons replacés une seconde fois sur le trône, M. Henrion, dont on apprécia la conduite, conserva sa présidence ; seulement, du service ordinaire au conseil-d'état il passa à un service extraordinaire. On satisfaisait par là quelques exigences, et, sans inculper une démarche que faisait excuser un sentiment de reconnaissance, si toutefois elle ne fut pas commandée par la nécessité ; on se gardait au moins de la consacrer en laissant croire qu'elle avait passé inaperçue. Ce que nous avons dit de M. Henrion a fait pressentir ses opinions politiques : l'espèce de disgrâce qu'il éprouva confirme notre jugement ; mais, s'il cessa de concourir d'une manière active et suivie aux travaux du conseil-d'état, il ne tarda pas à diriger le conseil privé du premier prince du sang. A sa rentrée en France, le duc d'Orléans, que frappaient les hautes lumières de M. Henrion, autant que ses opinions lui semblaient cadrer avec les siennes, lui en offrit la présidence ; le vieux magistrat en accepta la responsabilité, et nous avons à nous féliciter d'un choix d'où dépendait peut-être le sort de graves intérêts.

L'âge n'a point glacé l'ardeur de M. Henrion ; on pourrait s'étonner même de lui voir une vieillesse si verte et si fructueuse, qu'à cinquante ans (1792), il ait pris avec le libraire Panckouke des engagements immenses, dont le résultat était, pour ainsi dire, la refonte de l'ancienne législation au moyen de recueils méthodiques de jurisprudence. Ce projet, presqu'effrayant par son audace, s'explique et se comprend ; mais on admire le savant, dont la vertueuse obstination brave les glaces de l'âge, qui, après la réimpression d'écrits si profonds sur le *jury* et sur la *pairie*, publie un *Traité du pouvoir municipal dans ses rapports avec les tribunaux*, base de la législation qui se prépare sur notre organisation municipale, et qui complète ses œuvres judiciaires par un *Traité des biens commu-*

naux, aussi digne des méditations de nos publicistes qu'il est utile à la magistrature. Terminons ce sujet en rappelant que M. Henrion est une mine inépuisable de connaissances historiques; qu'elles constituent l'essence de la plupart de ses ouvrages ; qu'elles ont déterminé ses principes politiques. L'étude de nos vieilles franchises a décidé sa péférence pour nos libertés modernes.

On appréciait bien cette manière de penser, alors que la voix publique l'invitait naguère à se présenter comme candidat à la députation, soit qu'il voulût servir d'organe à son département, soit qu'il consentît à représenter l'un des arrondissements de la capitale. M. Henrion opposa son grand âge aux sollicitations de ses amis; l'intérêt de son avenir fit admettre cette excuse : on la jugea valable, parce qu'une mission si difficile eût engagé M. Henrion dans de dangereux travaux. Mais la survivance de Desèze lui était acquise sous un prince qui adopte les talents et récompense les services : un nom qui honore la magistrature, un homme dont les ouvrages portent l'empreinte de l'esprit de liberté et d'examen par lequel notre législation a été heureusement rajeunie, un magistrat aussi vénérable par les années que recommandable par ses talents, voilà ce que réclamait la cour suprême des bontés du monarque; c'est en le lui accordant que le roi a répondu.

Le défenseur de Louis XVI succombe, le défenseur de la reine vient siéger à la cour de cassation : un hommage est ainsi rendu au dévouement. M. Henrion monte à la première présidence, M. Favard de Langlade lui succède : une récompense est ainsi accordée au mérite. Puisse M. Henrion en jouir pendant longues années; rien ne lui manque désormais, ni la faveur du prince, ni l'amour de ses concitoyens, ni l'attachement de sa famille : chef de la magistrature, sa place est déjà marquée à la chambre haute.

PARIS, — IMPRIMERIE DE BÉTHUNE,
RUE PALATINE, N° 5.

J. Laffitte.
l'Oracle Euro

M. LAFFITTE.

Laffitte (Jacques), membre de l'ordre royal de la Légion-d'Honneur et de la Chambre des députés, naquit à Bayonne, en 1768, d'une famille peu fortunée. Dès sa jeunesse il embrassa le commerce, vint continuer la même carrière à Paris, et entra à vingt ans, en qualité de teneur de livres, dans la maison de banque Perregaux et Compagnie. Ses talents l'y rendirent nécessaire, sa conduite l'y fit aimer; aussi obtint-il bientôt une forte participation d'intérêt dans les affaires de M. Perregaux : il en consacra le produit à sa famille, composée de dix enfants qu'il appela auprès de lui, et qui tous, prospérant comme leur frère, composent aujourd'hui l'une des maisons les plus estimées et les plus unies du royaume. En 1804, M. Perregaux le choisit pour être son associé, son successeur, son exécuteur testamentaire : à la mort de son père, le fils de M. Perregaux se bornant à la qualité d'associé commanditaire de M. Laffitte, celui-ci dirigea seul les importantes opérations auxquelles il a dû une fortune qu'il accroît encore tous les jours. Quelques circonstances, autant que la justesse de son coup-d'œil, ont sans doute concouru à la former; pourtant il faut convenir que M. Laffitte a fait présider à son commerce de la loyauté, de la franchise; que ses lumières le placent d'ailleurs au rang de nos banquiers les plus instruits. L'utilité du pays, le bien-être des hommes avec lesquels le hasard le mit en rapport, voilà le double but de M. Laffitte; il en a été récompensé par la gratitude de ceux auxquels il rendit service, par les emplois honorables qui lui furent confiés, par les cinq élections successives qui l'appelèrent à l'honneur de la représentation nationale. Mais, de même qu'il nous serait impossible de le suivre dans le cours de ses vastes spéculations de commerce, de même nous ne pourrions, sans nous jeter dans de fastidieux détails, rappeler toutes les circonstances de sa vie publique.

C'est pour nous un devoir de parler de ses opinions et de son caractère. Au zèle le plus actif, M. Laffitte joint une probité rigoureuse : telle est même la confiance qu'il inspire, qu'en 1815, lorsque Louis XVIII se retira à Gand, il déposa chez lui des sommes considérables, et que trois mois après, Buonaparte, fugitif à son tour, lui remit un semblable dépôt. L'une et l'autre somme furent respectées, et le roi n'empêcha point que les fonds de Buonaparte reçussent la destination indiquée par le testament de Sainte-Hélène. Quant à la manière de penser de M. Laffitte, il suffit, pour la connaître, de se rappeler qu'il vota constamment dans le sens de l'opposition de gauche.

Nommé en 1809 régent de la banque de France, il succéda à M. Dupont de Nemours dans la présidence de la chambre de commerce de Paris ; en 1813, il devint juge au tribunal de commerce, et en avril 1814, au départ du comte Jaubert qui suivit à Blois l'impératrice-régente, le gouvernement provisoire l'institua gouverneur de la banque de France. M. Laffitte accepta la place, sans le traitement : la lucidité, la précision de ses comptes annuels prouvent que sa gestion fut dominée par des vues d'intérêt public. Elu, en mai 1815, avec MM. Delessert et Chaptal, membre de la chambre des représentants pour le commerce de la capitale, il ne s'y fit point remarquer. Lors de la seconde capitulation de Paris (juillet 1815), le trésor public ne pouvant subvenir aux frais de la retraite de l'armée française derrière la Loire, il fallait ou provoquer une catastrophe par l'inexécution d'un des principaux articles du traité, ou saper par sa base le crédit public en puisant de force dans les fonds de la banque : M. Laffitte sauva la patrie en présence de cette terrible alternative, il tira de sa propre caisse deux millions qu'il remit au ministre du trésor Mollien ; service capital que l'on confondit à tort, dans la chambre de 1815, avec la vente de trois millions de rentes que Buonaparte avait lui-même ordonnée auparavant, et au sujet de laquelle M. Ouvrard se trouva compromis. En janvier 1816, M. Laffitte fit, sur l'état de la banque de France, un rapport d'où il résultait que, pendant l'exercice de 1815, malgré les désastres de l'invasion et au milieu d'une ville transformée en place d'armes, la banque de France commandait une si haute confiance qu'on préférait ses billets à l'argent, qu'elle alimenta le trésor public, qu'elle escompta plus de 200 millions de valeurs, qu'elle présenta à ses actionnaires un dividende de 6 2/5 pour cent. Le besoin se manifesta de déterminer un système général de finances, après les malheurs de la seconde invasion, pour suffire aux contributions énormes qui allaient surcharger la patrie; une commission consultative s'assembla dans ce but : M. Laffitte appelé par le gouvernement à y siéger, combattant les projets de banqueroute, d'emprunts forcés, de cédules hypothécaires, qui eussent aggravé le sort des citoyens, fit adopter le système de crédit auquel notre agriculture et notre industrie doivent leur prospérité présente. Une ordonnance royale de mai 1816 nomma M. Laffitte membre de la commission de surveillance de la caisse d'amortissement ; en octobre suivant le collége électoral du département de la Seine le porta à la chambre des députés.

Juge compétent des opérations financières, ce fut pendant l'importante discussion de la loi des finances que M. Laffitte monta pour la première fois à la tribune; il y produisit une vive et profonde sensation. Un de ses adversaires, parlant de la partie technique de son discours qui mettait à jour les besoins de l'état et indiquait les moyens d'y subvenir, la qualifia de *discussion admirable sur le crédit ;* tous les députés sans distinction y donnèrent leur assentiment ; mais, dans la partie morale, des idées se rencontrant, qui ne s'accordaient guère avec celles de la majorité et qui blessaient même d'autres systèmes, aux applaudissements se joignirent des murmures. M. Laffitte ne présentait aucune vue nouvelle sur les bases du projet ministériel, modifié par la commission de la chambre ; calculant que le déficit qu'il s'agissait de combler par le crédit jusqu'en 1821 s'élevait à un milliard deux cent neuf millions, il demandait qu'on affectât la totalité des bois de l'état à la caisse d'amortissement, il se refusait à ce qu'une valeur de quatre millions de ces bois fût distraite en faveur du clergé ; l'orateur, oubliant sa détresse présente pour ne songer qu'à son opulence passée, censurait une avarice qui, dans les circonstances actuelles, serait tout au plus le désir de rentrer dans des droits à jamais éteints, dans des possessions pour toujours enlevées. M. Laffitte sanctionnait, au contraire, de son suffrage l'emprunt de trente millions entamé avec des banquiers de Paris, de Londres et d'Amsterdam, ainsi que la réduction des dépenses des différents ministères. La discussion de l'article de l'emprunt donna à M. Laffitte l'occasion d'examiner avec une influence encore plus marquée sur l'opinion de la chambre, et la nécessité de l'opération même et les inconvénients attachés à son mode d'exécution. Nous remarquerons, en outre, que la critique, qui accusait M. Laffitte d'emprunter, pour composer ses discours, le secours d'une main étrangère, se trouva alors singulièrement en défaut, car, des circonstances imprévues soulevant des discussions importantes, M. Laffitte y figurait avec honneur.

En 1817, il fut réélu, au premier tour de scrutin, par le département de la Seine, membre de la chambre des députés. Dans la séance du 16 décembre, il prononça un discours, fort de logique et d'éloquence, sur la liberté de la presse, votant contre le projet du ministère : son opinion d'alors fait pressentir celle qu'il émettra bientôt à la tribune. Quand on discuta l'emprunt des 300 millions, il se distingua par la précision et la netteté de ses raisonnements. En 1819, M. Laffitte se prononça avec vigueur contre les lois d'exception : on le compta aussi parmi les 95 membres qui réunirent leurs efforts pour empêcher que la loi des élections ne reçût une modification si importante. On conçoit d'après cela la mesure qui lui enleva la place de gouverneur de la banque de France, qu'il occupait gratuitement, et que le duc de Gaëte, son successeur, n'accepta qu'avec un traitement considérable. Les troubles de juin éclatèrent : député de Paris, M. Laffitte annonça à la chambre la mort du jeune Lallemand ; il proposa de suspendre les délibérations jusqu'à ce qu'elle eût reçu des éclaircissements sur ces circonstances malheureuses. Ce serait multiplier les détails que de rappeler la part prise par M. Laffitte aux débats de la chambre ; nous avons dû seulement insister sur ses premières tentatives et en signaler le succès.

Depuis, on vit M. Laffitte ne demeurer étranger à la discussion d'aucune de nos grandes opérations politiques et financières ; le zèle ne lui manqua jamais. Sa place dans les rangs de l'opposition lui faisait un devoir de prendre souvent la parole ; mais une timidité mal entendue l'empêcha de le remplir dans toute son étendue. Le 15 avril 1822, il prononça un discours remarquable sur la situation de nos finances, et combattit le ministre qui lui avait répliqué. Une quatrième réélection, une cinquième enfin (en 1827) l'ont maintenu à la chambre des députés, et sa capacité bien reconnue dans le commerce l'a fait également réélire régent de la banque. Le dernier discours de M. Laffitte est présent à la mémoire de tous, la gravité des conjonctures actuelles annonce qu'il n'a fait que préluder à une longue et décisive discussion. Pour l'honneur de M. Laffitte, accusé encore de gratifier ses collègues de l'éloquence d'autrui, remarquons avec un journal, intéressé peut-être à son apologie, qu'il a réellement improvisé une réplique dans l'une des dernières séances.

Heureusement pour notre époque, il y a loin des banquiers de nos jours à ces fermiers-généraux, dont l'ignorance comme

la fortune passèrent en proverbe. Plusieurs des financiers
d'autrefois protégeaient les lettres par ostentation : ceux d'aujourd'hui les cultivent et les protégent par goût. La forme de
l'ancien gouvernement évitait aux fermiers-généraux le danger
de compromettre à la face de la France leur réputation d'hommes d'esprit ; c'est à la chambre que nous jugeons nos banquiers, que nous acquérons toute la mesure de leur capacité.
Sous ce rapport, M. Laffitte est apprécié. A la tête d'une fortune colossale, il concourt aux entreprises les plus utiles ; c'est
à lui qu'on doit l'achèvement des *Classiques latins* dont le feu
roi accepta la dédicace ; dans l'intérêt des lettres il a fourni les
fonds nécessaires pour terminer cette magnifique, mais dis-
pendieuse, collection. Voilà un trait entre mille ; il nous suffit
que M. Laffitte puisse nous lire, pour que nous taisions la protection généreuse qu'il accorde aux lettres, aux sciences et aux
arts.

Toutefois, forcé par les convenances de ne point dévoiler
une conduite et si noble et si généreuse, nous ne saurions nous
dédommager de ce silence en énumérant les aumônes dont il
est prodigue envers le pauvre. Des sommes énormes ont été
répandues ; dix mille francs, par exemple, déposés un jour
dans la caisse du 11e arrondissement : les bénédictions du malheureux soulagé paient seules de semblables bienfaits, l'éloge
deviendrait une offense.

M. Laffitte a marié sa fille au prince de la Moskowa : d'autres verront dans cette union des vues ambitieuses, une sorte
de protestation contre le présent en faveur du passé : nous
avons admiré comment M. Laffitte a su faire tourner encore
cet événement au profit de l'indigence, et, nous rassurant sur
l'avenir, nous nous sommes dit que l'homme qui a tout à
perdre dans une révolution n'en saurait concevoir la coupable
pensée ; que le député, dont les discours respirent la loyauté
et la franchise, doit être tout entier à son Roi comme à sa
patrie.

M. CAPO-D'ISTRIAS.

Capo-d'Istrias (Jean, comte de) naquit à Corfou, vers l'année 1780 ; son père exerçait une profession honorable, celle de médecin, et lui-même, voulant parcourir la même carrière, fit à Venise des études médicales. Telle est l'origine de ce diplomate, tour à tour ministre de Russie et président de la Grèce, dont les talents comme homme d'état s'élèvent au premier rang, mais dont l'événement seul vient expliquer les projets. Quand les troupes russes vinrent occuper les Sept-Iles, son père s'y trouvait à la tête du gouvernement ; le traité de Tilsitt mit fin à ses fonctions, car, en vertu de l'un des articles de cette convention célèbre, la république des Sept-Iles passa sous la protection armée de la France. La Russie servit de refuge à M. Capo-d'Istrias : d'abord employé dans les bureaux du comte Roumientzoff, où il n'occupait qu'un grade subalterne, on l'envoya ensuite près de l'ambassadeur à Vienne. En 1812, sa carrière était frayée ; placé à l'armée du Danube, dont l'amiral Tchitchagoff avait obtenu le commandement, le comte Capo-d'Istrias avait dans ses attributions toute la partie diplomatique. Depuis 1813, sa fortune alla toujours croissant ; l'armée du Danube s'étant réunie à la grande armée russe après la retraite des Français, M. Capo-d'Istrias continuait, au quartier-général et sous les yeux de l'empereur Alexandre, ces fonctions diplomatiques qu'il nous serait impossible de préciser : le mystère environne toujours ces travaux, le mouvement du terrain sur lequel ils s'opèrent en annonce seul l'exécution ; mais, quant au comte Capo-d'Istrias, l'immense faveur que lui accordait Alexandre, l'importance des missions qu'il eut successivement à remplir, attestent qu'il en sortit toujours avec habileté et profit pour son maître.

En 1813, il habita la Suisse en qualité de ministre plénipotentiaire. Quelque temps avant que les troupes alliées n'envahissent ce pays, il présenta au Landamann, conjointement avec le plénipotentiaire autrichien, une déclaration qui annonçait le projet des souverains d'entrer en France par la Suisse, et qui renfermait en outre la promesse de rendre à la confédération helvétique son ancienne indépendance : « Les armées alliées espèrent, en entrant en Suisse, ne trouver que des amis. LL. MM. II. s'engagent formellement à ne poser les armes qu'après avoir assuré à la Suisse les pays que la France lui a enlevés. Elles attendent du patriotisme d'une nation estimable, que, fidèle aux principes qui dans les siècles passés ont fondé sa gloire, elle ne refusera pas son accession aux entreprises grandes et généreuses pour lesquelles tous les souverains et tous les peuples de l'Europe sont réunis. » La même année (31 décembre) une autre note fut présentée au Landamann par les mêmes plénipotentiaires ; ils y engageaient la nation helvétique à se donner une constitution en harmonie avec ses mœurs et ses usages : « LL. MM. II. et RR., portait textuellement cette note, croient devoir recommander à la Suisse, comme un objet qui mérite son attention particulière, la formation d'un *acte constitutionnel* qui renferme les bases et la garantie de sa durée, et qui la préserve de toute influence étrangère, ainsi que de la nécessité d'y avoir jamais recours. » Le 27 septembre 1814, le comte Capo-d'Istrias quitta Zurich pour se rendre au congrès de Vienne, auquel l'empereur Alexandre l'appelait à prendre part : ses instructions contribuèrent singulièrement à terminer les affaires de la Suisse.

Le 30 juin 1815, il suivit Alexandre à Haguenau, où arrivèrent les cinq plénipotentiaires chargés par la France de proposer un armistice aux puissances alliées. Chacun des trois souverains réunis nommèrent un commissaire pour entendre et apprécier cet important message, le comte Capo-d'Istrias fixa le choix d'Alexandre : cette conférence aboutit au renvoi des envoyés français, avec une note où l'on demandait, comme l'une des conditions essentielles de la paix, la remise de Napoléon à la garde des souverains.

Le comte Capo-d'Istrias, qui avait, depuis 1813, attaché son nom aux divers traités d'alliance que la Russie contracta avec tous les cabinets de l'Allemagne, ayant suivi l'empereur Alexandre à Paris, fut l'un de ses plénipotentiaires chargés de conclure le traité de paix définitif avec la France : il y apposa sa signature le 20 novembre 1815.

La guerre terminée, le comte Capo-d'Istrias retourna en Suisse, en qualité de ministre de Russie près la confédération helvétique ; les services qu'avait rendus l'ambassadeur russe à la république commandaient sa gratitude : le grand conseil de Lausanne, dans sa séance du 27 mai 1816, la lui exprima d'une manière aussi flatteuse qu'elle était simple, en le déclarant citoyen du canton de Vaud ; le lendemain, le conseil communal de cette ville vint lui offrir l'hommage de la bourgeoisie, singulier honneur décerné au ministre d'un autocrate. Mais il est dans la destinée du comte Capo-d'Istrias de soutenir la cause des peuples libres, de confirmer leur émancipation politique. Plus tard il devait renouveler à Égine ce qu'il avait fait pour Zurich et Lausanne.

L'ambassade du comte Capo-d'Istrias en Suisse fut de courte durée : Alexandre, comme son redoutable rival, se connaissait en hommes ; il marqua la place de son diplomate favori à St-Pétersbourg, et le comte Capo-d'Istrias, nommé sécrétaire-d'état au département des affaires étrangères, partageait naguère ces fonctions avec le comte de Nesselrode.

Ainsi la faveur d'un autocrate puissant, la possession d'un pouvoir presque illimité, la considération qui s'attache au talent reconnu, rendaient le comte Capo-d'Istrias l'un des plus importants personnages de l'empire. Conseiller, ministre et secrétaire d'état, grand'croix de l'ordre de St-Wladimir de la seconde classe, chevalier de Ste-Anne de la première, grand'croix de l'ordre de St-Léopold d'Autriche et de celui de l'Aigle-Rouge de Prusse, citoyen du canton de Vaud, il avait dans l'Europe entière des relations acquises, des titres honorables : grec, transporté par le hasard de la fortune à St-Pétersbourg, il ne lui manquait qu'une dignité qui le naturalisât une seconde fois dans sa patrie. La Grèce réclama sa présence, la Russie permit son départ, et les rois chrétiens, en confirmant par leur suffrage l'acte qui l'appelait à la présidence de la Grèce régénérée, prouvèrent que l'humanité retrouve tôt ou tard ses droits, alors même que la voix de la religion outragée ne peut se faire entendre.

Le choix du comte Capo-d'Istrias (dit **M. R.** dont nous empruntons les paroles) pour diriger son gouvernement provisoire, au moins jusqu'à l'époque où les puissances alliées auront définitivement arraché la terre classique des beaux-arts aux barbares qui achèvent de la dévaster, et auront rendu aux Grecs le droit de se constituer en corps de nation ; ce choix, qui a reçu la sanction générale des peuples constitutionnels, a vivement frappé la Porte ottomane. Dès qu'on fut certain à Constantinople de l'arrivée de M. Capo-d'Istrias en Morée, l'esprit cauteleux du divan changea sur le champ de direction. On renonça à l'attitude calme que l'on avait conservée jusqu'à ce moment; le sultan ordonna un armement général, le Bosphore fut fermé, la persécution des catholiques arméniens commença, les hordes de l'Asie mineure furent convoquées, et le manifeste de la Porte vint apprendre aux Européens ce que c'était que la foi musulmane dans les conférences diplomatiques.

M. Capo-d'Istrias arriva en Grèce au commencement de *février*. Il prit les rênes du gouvernement, et s'occupa, après avoir supprimé la commission permanente et dissous le corps législatif, de former un sénat qu'il composa de vingt-sept personnes, et qu'il divisa en trois sections de neuf membres chacune, présidées par *Sesini*, *Conduriotis* et *Mavromichalis*. La proclamation par laquelle il annonçait au peuple les mesures qu'il avait prises commençait par ces mots : « Si Dieu est pour nous, personne n'est contre nous. » Il remerciait les Grecs de la vive satisfaction qu'on lui avait témoignée en le recevant. Il annonçait que son but était de faire jouir sa patrie de tous les bienfaits qui lui étaient garantis par le traité de Londres du 6 juillet, de lui procurer des secours pécuniaires par la protection des puissances, et surtout de la délivrer de l'anarchie, de la rendre forte par ses propres lois, et de la préserver des funestes conséquences d'un gouvernement arbitraire.

Vers le 15 du même mois, il rendit compte de ses efforts pour rétablir l'ordre dans toute la contrée. Il défendit la piraterie, annonça que trois bâtiments de guerre sous pavillon grec avaient été mis à sa disposition par les puissances, et qu'elles le seconderaient énergiquement. Il recommanda de nouveau l'union et l'obéissance aux lois, déclara qu'il avait sous ses ordres des forces suffisantes pour se faire obéir, et que, s'il le fallait, il saurait faire le sacrifice de son existence pour le bonheur de sa patrie.

Les premiers jours de *mars* furent consacrés par le président Capo-d'Istrias à préparer l'organisation de la Grèce. Il s'occupa spécialement du renouvellement de l'armée navale, de la discipline des troupes de terre permanentes, qu'il ordonna d'instruire à l'européenne ; de la création d'une commission d'éducation et d'enseignement mutuel ; d'une commission de crédit public, et de l'établissement d'une banque nationale. La nation manquait d'argent ; un emprunt fut arrêté, et proposé aux spéculateurs, à l'intérêt de 8 p. o/o, et sous la garantie hypothécaire des domaines nationaux. Enfin, le mois ne s'était pas écoulé qu'une ordonnance contre la piraterie avait été rendue. Entre autres dispositions, elle ordonna la formation d'une commission mixte, composée de Grecs et d'Européens, chargée d'estimer la valeur des prises et de réviser les jugements déjà portés.

Nous ne devons pas omettre, parmi les travaux du nouveau président, une proclamation adressée à tous les chefs militaires, afin de leur tracer leurs devoirs et de les rappeler aux principes d'un sage gouvernement.

La Porte ottomane a pressenti toute la force qu'apporteraient à la cause des Grecs des mesures aussi judicieuses et un gouvernement aussi énergique; elle s'est hâtée d'adresser un *hatti-scherif* au patriarche grec, qu'elle a chargé d'offrir à ses concitoyens une amnistie générale, s'ils consentent à se soumettre et à rentrer dans leur devoir, promettant de confier la Morée à un pacha juste et vigilant, et de faire grâce d'une année entière de capitation. Le nouveau gouvernement a refusé d'écouter ces honteuses propositions et a renvoyé le *hatti-scherif* aux puissances alliées.

Ces premiers pas du gouvernement de M. Capo-d'Istrias font présager pour la Grèce un avenir qui sans doute ne sera point compromis par les chances de la guerre.

Une proclamation récente du comte Capo-d'Istrias confirme nos espérances : le vœu de tous les Français comme de tous les chrétiens, est que l'événement les réalise ; une grande part de gloire sera toujours assurée au président de la Grèce.

M. CAMPENON.

CAMPENON (Vincent), né à Grenoble en 1775, débuta fort jeune dans la carrière poétique que Léonard, son oncle, avait parcourue avec succès. Il n'avait guère que dix-huit ans, quand il publia son *Voyage de Grenoble à Chambéry*, mélange de prose et de vers, imité du fameux voyage de Chapelle et Bachaumont. La copie fut jugée digne de l'original; des plaisanteries de bon goût, des observations fines et vraies, des descriptions gracieuses et variées méritèrent à cet ouvrage, début d'un jeune homme à peine échappé des bancs du collége, le suffrage des connaisseurs.

Comme les auteurs les plus connus du temps, il enrichit l'*Almanach des muses* de quelques pièces fugitives, facilement versifiées, d'où l'esprit n'exclut pas le sentiment. Son nom se trouva associé aux noms de Chénier, de Delille, de Lebrun, de Legouvé, de Parny, de Millevoye, et de tant d'autres poètes qu'il a vus disparaître et auxquels, seul avec M. Andrieux, il a survécu.

Au milieu d'une foule de pièces légères, telles que l'*Attente*, l'*Insomnie*, les *Elysées*, on remarqua l'*Epitre aux Femmes*; dans cette pièce, de 150 vers environ, l'auteur a peint tour à tour les qualités et les défauts, les grâces et les travers d'un sexe qui l'a si bien inspiré.

Après avoir, sans amertume, reproché aux femmes cette inconstance, cette légèreté en amour, cette coquetterie dont il leur est si difficile de se défendre, cette pédanterie qui n'est plus de notre siècle, et dont Molière, avec ses *précieuses*, a guéri ses contemporains, l'auteur passe à l'éloge de cette constance héroïque, de ce courage à toute épreuve qui sait résister à l'adversité, de ce dévouement que nous avons tant de fois admiré dans des temps encore peu éloignés de nous. Ses derniers vers, dont plusieurs se gravent dans la mémoire à une première lecture, sont un hommage payé à la beauté dont l'empire est de tous les lieux et de tous les temps. Car, comme le dit le poëte, en s'adressant aux femmes :

« Ce n'est pas seulement aux lieux où la nature
D'incarnat et d'albâtre a pétri vos minois,
C'est à tout l'univers que vous dictez des lois.
Aux murs où des soudans la majesté respire,
Pour un nez retroussé, je vois trembler l'empire ;
Sur les bords du Kiang, je vois le mandarin
Tomber aux pieds pointus des dames de Pékin :
Le Lapon, tout transi, sur son traîneau s'élance
Pour plaire à deux gros yeux qui déplairaient en France,
Et le roi de Pégu ne s'avance aux combats,
Qu'enflammé par l'objet dont les mornes appas
S'embellissent pour lui d'un noir luisant d'ébène.
Hé bien ! dans ces climats, comme aux bords de la Seine,
A Paris, à Pékin, votre empire est si doux,
Que lorsqu'on suit vos lois, on croit suivre ses goûts. »

A cette épître, qui étendit sa réputation littéraire, M. Campenon fit succéder *la Maison des Champs,* poème didactique qui rappelle la manière du traducteur des Géorgiques; le talent de l'auteur sut éviter l'écueil que présentait naturellement le sujet, et déguiser la sécheresse et l'aridité des préceptes par la richesse et l'heureuse variété des couleurs. *L'Enfant Prodigue* mit le sceau à sa réputation, et lui mérita l'honneur d'être appelé par l'Académie à remplacer l'abbé Delille, que la mort venait de frapper. Cette élection, justifiée par le mérite du candidat, et par des titres peu nombreux à la vérité, mais approuvés des gens de goût, donna lieu à cette épigramme qui, malgré sa médiocrité courut alors tout Paris ;

« Au fauteuil de Delille aspire Campenon,
Son talent suffit-il pour qu'il s'y campe ? Non. »

quoiqu'il en soit de ce méchant jeu de mots, M. Campenon l'emporta sur ses concurrents ; mais ce ne fut que deux ans après, c'est-à-dire en 1814, qu'il fut admis par la docte compagnie. Il paya au poète, dont il venait occuper la place, un juste tribut d'éloges, et des applaudissements unanimes accueillirent le passage de son discours, où rappelant le noble refus de l'abbé Delille d'asservir sa muse aux caprices du pouvoir impérial, il s'écria : « Pourquoi craindre de répéter ce que toute la France a dit ? On a employé tous les moyens de séduction pour obtenir quelques vers du Virgile français, tout a échoué ; il est resté fidèle à l'inflexibilité de l'honneur, et rien n'a pu interrompre le cours de son silence courageux ; silence que les plus beaux vers n'auraient jamais pu égaler. » On ne peut que regretter que M. Campenon se soit borné à admirer cette noble fermeté de Delille, et ne l'ait pas imitée. *Sa requête des Rosières de Salency, à S. M. l'impératrice Marie-Louise* est sans doute ingénieuse et spirituelle ; mais un silence courageux, pour nous servir de ses propres expressions, eût honoré davantage le caractère de l'auteur.

L'Enfant Prodigue est le dernier ouvrage publié par M. Campenon ; le délabrement de sa santé l'a forcé à interrompre ses travaux littéraires, on dit cependant qu'il s'occupe à terminer un poème dont le Tasse est le héros.

Sous l'empire, M. Campenon était chef adjoint de la première division de l'Université impériale, et commissaire au théâtre de l'Opéra-Comique.

A la restauration, il opta pour la première de ces deux places. En 1814, la bonté royale lui accorda la décoration de l

Légion-d'Honneur, et quelques mois après, il fut nommé censeur. Le duc de Duras, son patron, l'attacha en qualité de secrétaire au cabinet du Roi et aux Menus. Ces nouvelles fonctions lui attirèrent une épigramme assez piquante, et de meilleur goût que celle qui avait suivi sa candidature à l'Académie :

« Ses petits vers sont exigus,
Mais du pouvoir il obtient les suffrages ;
Pour le placer dans les menus
On a consulté ses ouvrages. »

Tout en rendant hommage au talent de M. Campenon, nous ne pouvons nous empêcher de lui reprocher la faiblesse de son caractère, la versatilité de ses opinions politiques et la crainte de déplaire au pouvoir. Nous ne pouvons oublier que, lorsque la loi Peyronnet, qui souleva tant de haines contre le triumvirat ministériel, et hâta peut-être sa chûte, vint menacer la presse et la liberté d'écrire ; lorsque les voix éloquentes des Villemain, Châteaubriand, Michaud et Lacretelle, protestèrent, au nom des lettres, contre ce projet vandale, et que l'Académie arrêta qu'une adresse respectueuse serait présentée au Roi, M. Campenon vota contre cette résolution courageuse, dont les *Mémoires* de l'Académie conserveront et transmettront d'âge en âge à la postérité le glorieux souvenir.

PARIS. — IMPRIMERIE DE BELLUNE,
rue Palatine, n° 5.

Jacqut
Mr. Victor Hugo
l'Oracle Européen.

M. VICTOR HUGO.

Hugo (Victor-Marie, baron) est né à Besançon, le 26 février 1802, d'une famille de Lorraine, anoblie en 1535 dans la personne de Georges Hugo, capitaine des gardes du duc de Lorraine. Pendant les premières années de sa vie, il voyagea à la suite de nos armées où son père servait. Son éducation fut toute militaire. Lui-même, dans une de ses odes, fait une poétique peinture de ses premières années :

> Enfant, sur un tambour ma crèche fut posée ;
> Dans un casque, pour moi, l'eau sainte fut puisée.
> Un soldat, m'ombrageant d'un belliqueux faisceau,
> De quelque vieux lambeau d'une bannière usée,
>   Fit les langes de mon berceau.
>
> . . . .
>
> Avec nos camps vainqueurs dans l'Europe asservie,
> J'errai, je parcourus la terre avant la vie,
> Et tout enfant encor, les vieillards recueillis
> M'écoutaient racontant, d'une bouche ravie,
> Mes jours si peu nombreux et déjà si remplis.
> Chez dix peuples vaincus je passai sans défense,
> Et leur respect craintif étonnait mon enfance ;
> Dans l'âge où l'on est plaint, je semblais protéger ;
> Quand je balbutiais le nom chéri de France,
>   Je faisais pâlir l'étranger.

Le jeune Victor Hugo alla successivement en Corse, à l'île d'Elbe, à Genève, à Rome, à Naples, à Florence. De l'Italie il passa en Espagne, où son père était gouverneur de deux provinces, et resta dix-huit mois à Madrid au séminaire des nobles, en attendant l'âge d'entrer au collége des pages du roi : de là il revint en France achever ses études. Le début du jeune poète dans les lettres fut une première mention honorable qu'il remporta à l'Académie, dans un concours de l'A-

8

cadémie française, où débutèrent également MM. Lebrun et Saintine, qui partagèrent le prix : Charles Loyson, qui eut l'accessit, et Casimir Delavigne, qui eut une mention particulière. Du reste, la pièce de M. Victor Hugo, quoique fort digne des couronnes de l'Académie, ne l'était pas de ce qu'il a fait depuis. En 1819 et 1820, il remporta trois prix à l'Académie des Jeux Floraux, avec *Moise sur le Nil*, les *Vierges de Verdun* et le *Rétablissement de la statue de Henri IV*, qui eut un prix particulier. *Moise sur le Nil* est un chef-d'œuvre. Les deux autres odes sont un peu déclamatoires, mais belles cependant, et renfermant un avenir plus grand qu'elles. A 18 ans, le jeune auteur reçut le titre antique de docteur de la gaie science, et lors de la mort de M. de Fontanes, ce fut lui que l'Académie choisit pour remettre à M. de Châteaubriand, qui remplaçait le noble défunt, ses lettres de nomination. En 1822, M. Victor Hugo réunit en un volume les odes dont nous avons parlé, plusieurs qu'il avait publiées depuis séparément, telles que *la Vendée, Bonaparte*, qui eut un succès grand et mérité, et un grand nombre qu'il avait en porte-feuilles. Ce recueil obtint beaucoup de succès. Sans doute le talent de M. Victor Hugo a beaucoup grandi depuis. Toutefois les productions de la première jeunesse ont toujours un parfum, une fraîcheur que les qualités d'un âge plus avancé font plus que compenser, mais ne remplacent pas. Il y a dans ces premières odes une puissance d'entraînement, un enthousiasme qui font oublier tout ce qui manque à la facture des vers. Nous citerons particulièrement *le Poëte dans les Révolutions, la Lyre et la Harpe, le Vallon de Chergi, la Fille d'Otaïti, la Chauvesouris*. En 1823 parut *Han d'Islande* ; il se vendit douze mille exemplaires de cet ouvrage extraordinaire, dès sa publication. Quoi que fasse M. Victor Hugo, il ne surpassera pas *Han d'Islande*. Un intérêt d'effroi qui ne laisse pas un instant le lecteur tranquille, une description de mœurs, de lieux, qui met les pays perdus de la Norwége aussi près de nous que les environs

de Paris ; une justesse d'expressions rare , un talent inconce-
vable pour ramener au même point mille routes toutes différentes ; le tout enveloppé , pour ainsi dire, dans un tourbillon
d'une verve étincelante de style : voilà ce qui met *Han d'Islande* à côté de *Cinq-Mars* et d'*Invanhoé*. Depuis le 1ᵉʳ juillet
de cette même année 1823 jusqu'au 1ᵉʳ juillet 1824, M. Victor
Hugo coopéra à la rédaction d'un recueil périodique, intitulé :
La Muse Française, entreprise défectueuse par la dissidence
d'opinions littéraires des hommes de lettres qui y contri-
buaient. Elle obtint cependant un assez grand succès, grâce à
d'excellentes parties, dont plusieurs sont dues à M. Victor
Hugo, qui, par un rare assemblage des talents de poète et de
critique, sait aussi bien décomposer que produire. Ce fut vers
la même époque que parvint au ministère M. de Châteaubriand, qui honore M. Victor Hugo d'une amitié de sympathie, et qui lui a donné ce surnom d'*enfant sublime,* surnom
qui lui restera jusqu'en ses dernières années, et qui rappellera
encore au vieux triomphateur le jeune lauréat. M. Victor
Hugo ne resta pas étranger aux actes honorables du ministère
de son illustre ami, dont il voulait sans doute partager toutes
les gloires. Il nous suffira de citer cette note que M. Magalon
ajouta au recueil de ses poésies, à propos d'une petite pièce ,
intitulée : *Évan.* « Cette pièce insérée, j'ignore à quel sujet,
dans *le Conservateur littéraire,* y reçut de M. Victor Hugo,
rédacteur en chef du journal (1), des éloges que certes elle
est loin de mériter. Plus tard, j'eus occasion de juger à mon
tour, dans l'*Album,* les odes de M. Victor Hugo, et je le fis
peut-être avec une malveillance que l'esprit de parti ne peut

---

(1) Nous n'avons pas parlé de ce journal, non plus que de quelques pièces de la jeunesse de l'auteur, qui ne sont pas comprises
dans ses recueils, quoique rien de tout cela ne soit dépourvu de mérite. Quand on possède des ducats, on ne compte plus les mara-
védis.

même pas justifier. Lors de ma translation à Poissy, M. Victor Hugo s'est vengé d'une manière digne de son noble caractère, soit en sollicitant pour moi auprès des ministres, soit en me faisant l'objet de recommandations pressantes qui ont adouci l'horreur de ma situation. Je le prie de recevoir ici l'expression de ma vive reconnaissance. » En 1824 parut le deuxième recueil d'odes, recueil admirable, mais où l'on trouve peut-être un peu d'indécision entre le génie jeune et ardent aux formes encore classiques, qui anime ses premières compositions, et l'inspiration mûre et originale qui préside aux dernières. Toutefois, M. Victor Hugo n'a rien fait de supérieur, soit dans le genre terrible, soit dans le genre gracieux, à la *Bande Noire*, aux trois *Chants du Cirque, de l'Arène et du Tournoi*, au *Sylphe*, à la *Grand'Mère*, à *Encore à Toi*, à *Mes Amis*, à l'*Antechrist*.

En 1825, il fut décoré de la croix de la Légion-d'Honneur, avec son ami M. de Lamartine, et fut invité par le Roi à assister au sacre, sur lequel les deux poètes firent deux compositions remarquables, surtout celle de M. de Lamartine. L'ode de M. Victor Hugo se recommande néanmoins par une belle couleur.

Bug Jargal suivit l'ode du *Sacre*. Ce roman offre les mêmes qualités que *Han d'Islande;* toutefois à un degré moins prononcé. L'intérêt y est moins vif, l'originalité moins saisissante; mais ce n'en est pas moins un ouvrage plein de vie et de talent. Il précéda le troisième recueil, intitulé : *Odes et Ballades*, peut-être le plus beau trophée littéraire du siècle, qui ne peut offrir du moins rien de supérieur. Certes, on ne sait ce que l'on doit le plus admirer, ou de l'incroyable énergie des odes politiques, ou de la délicieuse originalité des ballades. Dans les compositions graves, le vers de M. Hugo semble avoir vingt pieds; il est large, plein, retentissant; il marche majestueusement, pour ainsi dire, devant l'auditeur : dans es ballades, il s'allonge, se raccourcit, se replie ; mais il ne

perd jamais sa perfection, comme une figure si belle que tous
les sentiments qui viennent s'y peindre, en changeant la physionomie, n'altèrent jamais la pureté des traits. Nous citerons
au hasard (c'est la seule manière de choisir parmi des chefs-
d'œuvre), les *Deux-Iles*, les odes à *M. de Lamartine*, au colonel *Gustaffson*, le *Chant de Fête de Néron*, les *Deux Ar-
chers*, la *Ronde du Sabbat*, la *Fée et la Péri*, *Trilby*. L'insulte
faite par M. le comte d'Appony aux généraux de France, en
leur refusant les titres dus à leurs conquêtes, donna lieu à un
glorieux supplément au troisième recueil. M. Victor Hugo
improvisa, pour ainsi dire, une ode adressée *A la Colonne de
la Place Vendôme*. L'on a droit de s'étonner que, dans cette
brillante production, l'indignation ait laissé tant de place au
génie, et qu'une plainte où l'on ne demanderait qu'un accent,
s'exhale en même temps en de si sublimes paroles. Cette ode
obtint un succès prodigieux : un long cri ou plutôt un long
écho éclata dans toute la France.

Il nous reste à parler du dernier ouvrage de M. Victor
Hugo, et de son plus important, puisqu'il complète la réforme qu'il a introduite dans tous les genres de littérature, de
Cromwell. Toutes les espèces de poésies sont réunies dans ce
drame étonnant, qui, tel qu'il est, ne pourrait sans doute
être joué, mais qui, réduit de moitié, opérerait peut-être
une révolution sur la scène française. Tour à tour sublime,
gracieux, grotesque, sérieux, le *Cromwell* est toujours original, et au moins amusant. Il est précédé d'une préface qui
a porté le dernier coup aux vieux préjugés de l'ancienne école,
en disant nettement et sans ménagement ce que tout ce qu'il y a
de poétique en France murmurait depuis long-temps. Il aurait
été à désirer, pour la plus grande gloire de M. Victor Hugo,
qu'il eût à prouver des choses moins incontestables; car nous
croyons qu'avec un style aussi énergique, et en même temps
aussi spirituel, des arguments aussi mordants, une logique
aussi franche et aussi vigoureuse, il nous aurait prouvé même
le contraire de ce qu'il avançait. Prouver qu'il n'y a pas de

talent dans *Cromwell* et dans les *Odes*, nous semble le seul prodige impossible à une pareille prose.

A la mort de son père, brave militaire et homme de lettres distingué, qui avait raconté dans des mémoires pleins d'intérêt des campagnes pleines de belles actions, M. Victor Hugo a hérité du titre de baron. Avant de terminer cet article sur l'illustre poëte, examinons un peu à quels moyens il doit la belle position où il est arrivé. Il n'est pas de génie qui ait été en butte à plus d'injures, de criailleries, de persécutions, de plaisanteries, que celui de M. Victor Hugo. Son nom a été long-temps le point de mire des attaques des grands journaux et des insultes des petits journaux classiques. Ces envieuses clameurs n'ont pas été encore couvertes par le bruit du triomphe de *Cromwell*. Eh bien ! M. Victor Hugo, ne pouvant leur imposer silence, a pris le parti de ne point les écouter. Il a travaillé sans s'inquiéter de l'approbation ou des critiques d'une multitude qui trouve extraordinaire ce qui est nouveau, et qui admirera dans quelques années ce qu'elle repousse maintenant, et n'a voulu abandonner à ses censeurs que ses défauts. Les outrages prodigués à la *Chauve-Souris* ne l'ont pas empêché de faire la *Ronde du Sabbat* (1). Il a persévéré dans une route dont tous les pédants classiques ne l'ont pas détourné, et, qu'ils se le persuadent bien, ne le détourneront jamais. Dédaignant de faire attention à ces préceptes donnés d'en bas, et ne se croyant pas plus grand, parce que quelques-unes de ses poésies avaient sympathisé avec ces juges routiniers, maintenant ce nom proscrit est le cri de ralliement de tout ce qu'il y a de libre et par conséquent de beau dans la poésie en France. Le monde littéraire attend avec la plus vive impatience la nouvelle édition des *Odes et Ballades*, et surtout la publication d'un recueil inédit, intitulé : *Orientales*.

---

(1) On peut citer comme un exemple de courage littéraire la lettre qu'il écrivit, lors de la représentation d'*Amy Robsart*, pour réclamer sa part dans la chute de son jeune beau-frère

LE COLONEL FABVIER.

Fabvier (Charles - Nicolas) est né à Pont-à-Mousson én Lorraine, le 15 décembre 1783. Si la France peut s'énorgueillir d'avoir donné le jour à un militaire d'un courage à toute épreuve, elle n'a point autant à se louer de ses vertus comme citoyen. Un caractère ardent, une tête vive, entraînèrent souvent le colonel Fabvier dans des écarts condamnables. Nous le verrons tour à tour se signaler en Allemagne, en Italie, en Russie et en Espagne, par des actions éclatantes. Nous le suivrons une seconde fois dans ce dernier pays où, loin de se faire remarquer par les mêmes hauts faits, il figura dans les rangs de cette légion étrangère que *le canon de la fidélité* dispersa sur les bords de la Bidassoa au cri de *vive le Roi;* Nous arriverons enfin à l'époque la plus honorable de sa carrière; nous voulons parler de ses combats pour la cause sacrée des Grecs.

Elève de la célèbre Ecole polytechnique, Fabvier entra au service en 1804, dans le premier régiment d'artillerie, alors en garnison à Boulogne, fit la campagne d'Ulm ; et, dès son début dans la carrière militaire, il fut blessé au combat de Crems. Le sort paraissait vouloir l'aguerrir contre ses vicissitudes Nommé légionnaire, en récompense de sa valeur, il était le plus jeune officier décoré de l'armée. Ainsi, à peine sorti de l'adolescence, il brillait au milieu d'une réunion innombrable de braves. Bientôt après il fut envoyé en Italie, où il se distingua par de nouveaux exploits Proposait-on une expédition qui promettait à la fois et des dangers et de la gloire? Fabvier était le premier à briguer l'honneur d'en faire partie. Il fut choisi pour aller à Constantinople défendre cette

place contre les Anglais. Avide de renommée, il s'offrit ensuite
à aller en Perse avec le général Gardanne, ministre plénipotentiaire près cette cour. Ce général avait voulu emmener avec
lui plusieurs officiers de toute arme, pour organiser l'armée
persane à l'européenne. Pressentant les services que pouvait
lui rendre le jeune Fabvier, il accueillit son offre avec satisfaction. Désigné par Gardanne pour établir le personnel et le
matériel de l'artillerie, il se dirigea vers Ispahan, où, dé-
ployant la plus grande activité, il bâtit un arsenal et fit fondre
cinquante pièces de canon, qu'il présenta au roi de Perse.

Après avoir profité de son séjour en Perse pour acquérir de
nouvelles connaissances, il revint en Europe par la Russie en
1809. Toujours ennemi du repos, il servit quelque temps, en
qualité de volontaire, à l'armée polonaise, sous les ordres du
général Poniatowski. Là, comme partout ailleurs, son poste
était aux premiers rangs. Il revint à Vienne, et son droit d'an-
cienneté, sa réputation de courage, lui valurent le grade de
capitaine et son incorporation dans la garde impériale. A son
retour en France en 1811, il devint aide-de-camp du duc de
Raguse, avec lequel il fit la guerre d'Espagne. Après la bataille
de Salamanque, il fut envoyé en mission près de Napoléon en
Russie. Il arriva sur le champ de bataille de la Moskowa, le 6
septembre 1812, et le lendemain, prenant du service comme
simple volontaire, il fut grièvement blessé à l'assaut de la
grande redoute. M. de Ségur, dans son histoire de la désas-
treuse campagne de Russie, signale en ces termes l'intrépidité
de l'aide-de-camp du maréchal Marmont: « Ce fut au premier
rang qu'on remarqua Fabvier, arrivé la veille du fond de l'Espagne; il s'était jeté en volontaire et à pied à la tête des ti-
railleurs les plus avancés, comme s'il fût venu représenter
l'armée d'Espagne au milieu de la grande armée, et, qu'animé
de cette rivalité de gloire qui fait les héros, il voulût la montrer en tête et la première au danger. » Nommé chef d'escadron
par l'empereur sur ce même champ de bataille arrosé de son

sang, il brava les fatigues et l'intempérie d'une saison rigoureuse. La France ne le revit qu'un instant ; il s'en éloigna de
nouveau pour faire avec le sixième corps la campagne de Saxe
en 1813. Nommé officier de la Légion-d'Honneur et colonel
d'état-major, il se signala pendant toute la campagne de
France en 1814.

Apprenant bientôt après que les cosaques ravageaient les
frontières de la Lorraine, son pays natal, il y vole avec empressement, et simple volontaire il défend le sol qui l'a vu
naître. Le duc de Raguse, qui n'avait eu qu'à se louer du dévoûment du colonel Fabvier, le choisit pour commander son
état-major, lors de l'importante mission qui l'appelait à Lyon.
On se rappelle que les événements désastreux de Lyon en
1817 obligèrent le gouvernement à y envoyer une autorité
supérieure, qui pût rendre un compte exact de l'état réel des
choses et de tout ce qui s'était passé, afin de fixer l'opinion
publique sur des faits présentés d'une manière contradictoire
par les autorités locales. Il est de notre devoir de signaler la
part que le colonel Fabvier prit à ces événements. Aussi actif
pendant la paix qu'il avait été terrible sur le champ de bataille,
il aida de ses conseils le duc de Raguse : on dit qu'il contribua
par ses soins à arrêter, selon l'expression énergique de Camille-Jordan, la marche du *tombereau fatal*. Après avoir arraché aux poursuites judiciaires un grand nombre d'accusés,
l'administration du maréchal fut attaquée : on répandit des
bruits injurieux, accrédités par l'esprit de parti. Fabvier, in-
digné, prit la plume ; et dans un écrit, intitulé : *Lyon en* 1817,
il raconta à sa manière tout ce qui s'était passé depuis le mois
de juillet 1816 jusqu'en septembre 1817 ; il prétendit faire
connaître la vérité. La franchise un peu acerbe du colonel fut
louée par les uns, blâmée par les autres ; mais on doit néanmoins lui savoir gré de la générosité avec laquelle il éleva la
voix en faveur de son chef, en butte aux accusations suscitées
par l'envie. On répondit aux faits présentés par le colonel ; les

autorités avaient été décriées par lui, excepté M. Charrier-Senneville, lieutenant de police à Lyon, qui fit aussi paraître un écrit, intitulé : *Compte rendu des événements de Lyon en 1816 et 1817.* Les assertions du colonel furent, dans ce nouvel exposé, appuyées de pièces justificatives. Les deux écrivains, attaqués en calomnie par le général Canuel, cherchèrent à fournir, dans le cours d'un procès remarquable, de nouvelles preuves de la vérité des faits qu'ils avaient signalés. Il parut, entre autres pièces, une lettre par laquelle le maréchal duc de Raguse, rendant hommage à la franchise de son colonel d'état-major, affirmait à M. de Richelieu, alors président du conseil des ministres, que tout ce qu'avait écrit son ancien aide-de-camp portait le caractère de la vérité. Une déclaration de ce genre, fournie comme moyen justificatif par le commissaire du Roi, envoyé sur les lieux pour constater les événements, semblerait ne laisser aucune incertitude.

Cependant le tribunal de première instance ne crut pas devoir se déclarer compétent pour juger le fond du procès, et mit par sa décision les parties hors de cause. Le général Canuel interjeta appel devant la cour royale : celle-ci, d'après une loi rendue sous l'empire, décida que les pièces exhibées par les parties n'étaient pas légales, attendu que les tribunaux ne pourraient reconnaître comme telles que celles qui résultaient d'un jugement. En conséquence, Fabvier et Senneville furent condamnés. Le colonel fut défendu dans cette cause par son frère aîné, avocat à Nancy, qui fit preuve d'un beau talent et d'une grande énergie. Après le jugement de son procès, le colonel Fabvier fut mis à la réforme en 1818, et l'année suivante en disponibilité : le commerce devint dèslors l'objet de toutes ses occupations.

Vers le mois d'août 1820, Fabvier, qui devait éprouver toutes les rigueurs de la fortune, fut arrêté prévenu d'avoir pris part aux événements de cette époque ; mais la chambre des pairs, rassemblée en haute cour criminelle, proclama cette fois son innocence, et le rendit à la liberté. Il reprit alors le cours de ses affaires commerciales, jusqu'à ce qu'égaré par un funeste aveuglement, il se rendit en Espagne. Biographes impartiaux, nous devons dire la vérité.

Au moment où l'avant-garde de l'armée française, sous les ordres du général Vallin, passait la Bidassoa, un grand nombre de Français mécontents ou proscrits, avaient grossi les bataillons de ceux qui combattaient pour la constitution : c'était particulièrement sur eux que comptaient les cortès pour jeter la division dans l'armée française. Ces hommes, aigris par le malheur ou aveuglés par l'espoir du succès, formaient une légion qui avait pris le titre de *Légion étrangère;* leur uniforme était celui de l'ancienne garde impériale, et ils avaient arboré le drapeau tricolore. Déjà plusieurs régiments de l'armée française avaient traversé la Bidassoa, lorsque la légion étrangère parut tout à coup. Les hommes qui la composaient firent retentir l'air des cris : *Vivent nos frères d'armes ! vive l'armée française !* On fit aussitôt avancer plusieurs pièces de canon, et le général Vallin ayant ordonné de faire feu, quelques décharges de mitraille mirent le désordre dans les rangs de la légion étrangère. Au même instant, ces transfuges furent chargés avec impétuosité par le neuvième léger, qui acheva leur déroute. Ils prirent la fuite, laissant sur le champ de bataille quelques morts et plusieurs blessés : Fabvier était du nombre de ceux qui s'échappèrent. Aigri par la persécution, il trahit son serment de citoyen, porta les armes contre son Roi légitime. Combien il faut de hauts faits, d'actions éclatantes, pour pallier ce crime, que l'égarement et de pernicieuses suggestions ne peuvent même pas atténuer ! C'est sans doute dans le noble but d'expier sa faute, qu'il prit la louable résolution de se diriger vers les champs de l'Hellade : c'est ici qu'une nouvelle carrière de périls et de gloire s'ouvre pour son génie actif et entreprenant.

Les Grecs, lassés d'un long esclavage, s'étaient affranchis par un mouvement spontané de la servitude des Turcs ; et ils commençaient à lever la tête trop long-temps courbée sous un joug honteux. Fabvier, entrevoyant les services qu'il pouvait rendre à un peuple indiscipliné, qui ne connaissait d'autre tactique militaire que l'impétuosité de l'attaque, s'embarqua pour l'Orient. C'est sur un théâtre digne de sa valeur que se montre tout entier le véritable héros. Surmontant tous les obstacles, il assura le premier succès avec des corps réguliers. Il instruisit les Grecs à se ranger en bataillons, à se retirer en bon ordre. On le vit chaque jour au milieu d'un peuple brave, mais refoulé vers la barbarie, encourager les uns, calmer la valeur inconsidérée des autres. Tantôt abandonné de ses soldats peu habitués à la discipline européenne, tantôt obligé de vendre les provisions que le comité philhellénique lui envoie pour solder ses nouveaux miliciens, aucune difficulté ne l'arrête. La trahison n'altère point son front aussi calme un jour de révolte qu'un jour de bataille.

Il apprend que la citadelle d'Athènes, réduite aux dernières extrémités, tient à peine contre les attaques de Reschid-Pacha ; il s'y introduit à travers mille dangers, y conduit un renfort d'hommes et de munitions, ranime le courage des assiégés, établit de nouvelles fortifications, endure la faim, la fatigue comme un simple soldat. Faut-il hasarder une sortie pour se procurer des vivres ? Fabvier est le premier à se mettre à la tête des assaillants, repousse les Turcs, rentre dans la ville et s'occupe de nouveaux travaux.

Enfin après avoir retardé de cinq ou six mois la reddition d'une place importante, il signe une capitulation honorable et se retire à Mégare, où, toujours infatigable, il organise un corps de mille soldats. Aujourd'hui, délaissé, trahi par les siens, il est recueilli sur un rocher par un navire français. Le lendemain il se voit à la tête de 2000 hommes, dirige une expédition contre Chio, extermine 500 Turcs, et force la garnison à capituler. C'est par de pareils exploits qu'il illustre son nom. Tour à tour chef et soldat, il est cité partout comme un mo-dèle d'expérience et de bravoure ; on peut lui appliquer cette mémorable réponse d'Agésilas roi de Sparte : « Ce n'est point le poste qui honore l'homme, mais l'homme qui honore le poste ». La victoire de Navarin, l'intervention des trois puis-sances alliées, vont permettre à Fabvier de déployer ses ta-lents sur une plus vaste scène. Tout récemment le comte Capo-d'Istrias lui a accordé le grade de général. Un comman-dement nouveau lui a été en même temps confié : opérant dans les champs de la Grèce une diversion favorable aux mou-vements de l'armée russe qui franchit le Danube, il cernera en quelque sorte les troupes du sultan. Il ne sera pas dit que les Francçais auront vu d'un œil impassible le combat de la civilisation renaissante contre une oppressive barbarie. Les héros de Candie ont trouvé des successeurs, et si le camp formé près de Toulon, si les armements de nos ports, aux-quels la voix publique attribuait une destination généreuse, demeurent inefficaces pour la cause des Grecs, du moins la France se glorifiera un jour d'avoir eu un représentant dans un combat dont la liberté est le but, et les efforts de Fabvier absoudront l'honneur national au tribunal de l'histoire. Puisse ce brave militaire obtenir la récompense de ses nobles efforts, de ses louables travaux, en voyant le jour où l'orgueilleux croissant s'inclinera sous la croix triomphante, et l'instant où mille voix réunies proclameront l'affranchissement de ses nouveaux frères d'armes.

MISS H. C. SMITHSON.

La galanterie française nous fait un devoir de parler de l'une des actrices qui ont recueilli le plus d'applaudissements sur le théâtre vraiment cosmopolite, où les tragédies de Shakespear succèdent aux libretto italien. Nous parlerons aujourd'hui de Miss Smithson : quoique peu célèbre en Angleterre, elle y a déjà provoqué les recherches des biographes ; cette courte notice aura donc le mérite de l'authenticité.

Miss Smithson est fille de M. William - Joseph Smithson, d'une famille très-recommandable du comté de Glocester, qui fut, pendant environ trente ans, directeur de l'arrondissement théâtral de Waterford et Kilkenny en Irlande. Elle est née à Ennis, comté de Clare, le 18 mars 1800, fut, à l'âge de deux ans, confiée aux soins du révérend docteur James Barrett, d'Ennis, et vécut avec lui jusqu'à sa mort, arrivée en 1809 ; ses parents la placèrent alors dans la maison d'éducation de Mme Tournier, à Waterford, où rien ne fut négligé de ce qui pouvait former son esprit et lui assurer une place honorable dans le monde. Miss Smithson ayant passé les premières années de sa vie dans la retraite et contracté des habitudes religieuses auprès de l'homme pieux qui s'était chargé d'elle, n'avait que peu de penchant pour le théâtre ; mais son père, que l'état de sa santé obligeait à quitter l'entreprise qu'il avait si long-temps dirigée, témoigna le désir de lui voir embrasser une profession pour laquelle il se flattait qu'elle possédait les plus heureuses dispositions : elle déféra à ce vœu, et sans doute elle ne pouvait adopter un parti plus heureux. Sa figur est noble, belle, gracieuse ; ses yeux sont pleins d'expression et d'âme ; ses manières sont pleines de grâce et de charmes. On attribue cette aisance et cet agrément à la bonne compaguie où elle a toujours vécu : très-jeune encore elle avait attiré l'attention et mérité l'amitié de lord et lady Castle Coote : un grand nombre d'autres personnages de distinction avaient recherché sa société et ont dû la mettre à même d'acquérir cette politesse des manières, ces habitudes de convenances qu'on trouve dans le grand monde.

Lord et lady Castle Coote la recommandèrent à M. Jones, directeur privilégié du théâtre de Dublin. Elle débuta peu après dans le rôle de lady Teazle de l'*École du Scandale*. Ses succès furent tels que plusieurs directeurs de spectacle s'empressèrent de lui faire des offres ; elle accepta un engagement dans la troupe de M. Talbot, directeur privilégié des théâtres royaux de Belfast, Limerick et Cosk ; cette troupe était la plus renommée de l'Irlande après le théâtre de la Métropole, à la tête duquel se trouvait alors miss O'Neill. Jamais actrice n'obtint plus de succès dans ce royaume. M. Talbot lui permit deux années de jouer pendant l'été avec la troupe de Dublin, et elle excita une admiration générale dans les principaux rôles de la comédie et de la tragédie.

En 1817, miss Smithson parut pour la première fois en Angleterre au théâtre de Birmingham et fut aussitôt engagée pour toute l'année théâtrale. Tandis qu'elle se trouvait à Birmingham, lord et lady Castle Coote la présentèrent à Elliston, qui, étant chargé en partie de la direction du théâtre de Drury-Lane, à Londres, l'y engagea, et elle y fit son premier début le 20 janvier 1818.

Lord et lady Castle Coote présentèrent miss Smithson dans les premières sociétés de Londres. Grâce à ce puissant patronage, aux qualités personnelles et au caractère distingué de miss Smithson, les représentations données à son bénéfice attirent toujours ce que Londres a de plus élevé par le rang, de plus recherché par la faveur publique.

Depuis cette époque miss Smithson est toujours restée attachée à Drury-Lane, excepté pendant les vacances d'été, où elle a parcouru la province et paru tour à tour à Manchester, Liverpool, Glocester, Cheltenham, etc.

Elle est venue ensuite en France et a joué d'abord sur les théâtres anglais de Boulogne et de Calais. Enfin nous l'avons vue à Paris où les rôles d'*Ophélie* et de *Jane Shore* ont commencé une réputation dont les Anglais eux-mêmes se sont montrés étonnés et qui se consolide tous les jours.

On a déjà beaucoup parlé du talent de cette jeune actrice : son organe, sans être très-puissant, a de la mélodie et du timbre ; son jeu est naturellement gracieux, son attitude plutôt timide que confiante, mais toujours exempte d'affectation. Il paraît qu'en Angleterre on l'a vue principalement dans des rôles de comédie ; mais on avait déjà remarqué en elle cette énergie, cette sensibilité qui ont produit de si grands effets sur le public français. Malgré tout son talent, elle n'avait pas encore dans son pays cette haute réputation qui appartient seulement à quelques artistes d'un mérite supérieur : mais Kean avait prédit le bel avenir qui s'ouvrait devant elle, et l'admiration de notre parterre a confirmé ce présage. Ce serait rentrer dans des détails que réclament un feuilleton, plutôt que décrire la vie de miss Smithson, que d'analyser et les rôles qu'elle a remplis et les nuances d'un talent prodigieux par sa variété.

On sait qu'à Paris M\u1d49\u1d49 Mars a entouré de toute sa protection la jeune actrice anglaise ; on a vu souvent miss Smithson dans la même loge que notre première comédienne, et l'on n'a pas été surpris que celle-ci l'eût jugée digne de ce patronage, et eût accueilli avec joie un grand talent qui ne pouvait jamais obscurcir ni faire oublier le sien.

Imprimerie de Béthune, rue Palatine, n° 5, à Paris.

Jacquet
Lith. de Chéyere.
Casimir Perier.
l'Oracle Eur

M. CASIMIR PÉRIER.

Sous le triple rapport de la bonne foi, de la science financière, du talent oratoire, l'un des membres les plus recommandables de la chambre actuelle des députés, est M. Casimir Périer.

Périer (Casimir) est né à Grenoble le 12 octobre 1777. Son père, Claude Périer, négociant, était propriétaire du château de Vezille près de Grenoble; là se tinrent pour la dernière fois, en 1789, les états du Dauphiné, c'est l'un des berceaux de la révolution. Cette révolution devait singulièrement profiter à la nombreuse famille de son propriétaire, car tous ses fils, Casimir, Augustin, Camille, Scipion, etc., etc., dans les emplois publics comme dans le haut commerce, ont constamment occupé un rang honorable.

C'est à Lyon, au collége de l'Oratoire, que le jeune Casimir fut élevé; des succès flatteurs signalèrent ses études : son éducation terminée, il se voua d'abord à la carrière des armes. Quoiqu'il ait servi avec distinction, cette vocation n'était pas la sienne. En 1799 et 1800, M. Casimir Périer fit les campagnes d'Italie; on le nomma adjoint du génie militaire; il était attaché à l'état-major de cette arme, lorsque les dernières volontés d'un père mourant le décidant à renoncer à l'état militaire pour embrasser le commerce, il vint y perpétuer les souvenirs que son père avait laissés dans cette profession.

En 1802, M. Casimir Périer, avec son frère Scipion, établit à Paris une maison de banque; la fortune actuelle de son fondateur annonce que l'exploitation en fut lucrative, et la nature de ce commerce qu'il dut y acquérir des connaissances financières qui trouvent aujourd'hui une si heureuse application dans nos discussions politiques.

9

Comme homme privé, dans le cercle de ses opérations commerciales, M. Casimir Périer a bien mérité de l'estime publique, car, concurrement avec la banque, il cultivait d'autres branches d'industrie; il contribuait à la création d'utiles établissements; il s'occupait surtout de la cristallerie, de la filature du coton, du rafinage des sucres, entreprises dont les résultats sont sans nombre, qui se compliquent par la multitude des travaux préparatoires, qui supposent, par conséquent, le concours simultané d'une foule de bras. Sous ce dernier rapport le commerce est un bienfait; en l'exerçant, on recueille, de la part d'ouvriers que l'on fait vivre, des bénédictions dont bientôt la patrie devient l'écho : c'est ainsi que s'explique la popularité des Ternaux, des Laffitte, des Casimir Périer. Sous un autre rapport, plus vaste, parce qu'il a trait à l'intérêt public, le commerce est encore un bienfait; en l'exerçant, on multiplie les ressources de l'état, les éléments de la prospérité commune. Pour ne citer que deux exemples relatifs à M. Casimir Périer, les soins et la surveillance qu'il donna à la fonderie que son frère Scipion rétablit à Chaillot, lui ont assuré une réputation sans rivale; or, cette usine livre annuellement une masse considérable de machines à l'industrie. Tout récemment, en 1825, M. Casimir Périer, utilisant les bâtiments de l'ancien couvent des Bons-Hommes à Passy, y a formé un établissement de moulins à blé mus par la vapeur; or, à proximité de Paris, une spéculation semblable n'est-elle pas un véritable service rendu à la chose publique? Par là un million d'habitants est assuré en quelque sorte contre la famine; ni la sécheresse qui tarirait les eaux, ni l'absence du vent n'empêcheront désormais d'alimenter cette population immense, et ne provoqueront ni plaintes ni révoltes. Ce n'est qu'en s'élevant à cette hauteur de vues que l'on apprécie à quel point le commerce est honorable, et combien son exercice, d'ailleurs utile pour les intérêts privés, l'est bien plus encore à l'ensemble des intérêts généraux.

Si M. Casimir Périer, à part ses opérations commerciales

qui établissent ses droits à l'estime plutôt qu'à la gloire, nous offre cependant une vie publique assez belle, assez pure, pour que nous la proposions comme un modèle à suivre ; il faut convenir que les actions de l'homme privé ont préparé celles de l'homme public. L'habitude des spéculations de banque le conduisit à apprécier le système financier de l'état ; en cette matière il était juge compétent. Seulement il n'avait pas encore, en 1816, caractère pour prononcer : la critique et le conseil lui étaient permis comme à tout écrivain ; plus tard ses concitoyens, éclairés sur sa capacité, devait lui donner le droit d'une intervention plus active. A cette époque, la question du crédit public préoccupait les esprits ; les années se sont depuis lors rapidement succédées, et l'on attend encore une solution satisfaisante : mais M. Casimir Périer y voulut concourir en apportant à la masse le tribut de ses lumières ; il publia un écrit contre le système d'emprunt à l'étranger. Sa manière d'envisager la question était nationale ; sa manière de la traiter, tout à la fois juste, claire, élégante pour le style, nerveuse pour les pensées. La France avait ainsi la mesure de son talent, l'opposition celle de ses opinions politiques ; il n'en fallut pas davantage pour qu'on désirât voir M. Casimir Périer dans l'arène ouverte aux hautes discussions : il y avait chez lui de l'étoffe pour former un député instruit et loyal ; il y en aurait au besoin pour former un ministre. En 1817, le jour même où il atteignit sa quarantième année, les électeurs du département de la Seine, jaloux de saisir l'occasion que leur présentait le hasard, portèrent leurs votes sur M. Casimir Périer : il semble que cette consécration ait confié au député un caractère indélébile, car il n'a pas quitté depuis les honneurs de la représentation nationale.

Ce que nous avons dit jusqu'à présent fait supposer qu'il était surtout l'appréciateur né des lois de finances et du budget ; rien cependant de ce qui se rattachait aux libertés publiques ne lui demeura étranger, ni les discussions relatives aux projets de loi sur la presse, ni celles que souleva le projet de loi sur les élections, ni les réclamations auxquelles donnèrent lieu tant d'événements divers. Avec un esprit droit, avec des saillies piquantes, M. Casimir Périer a une conviction profonde de la bonté des opinions qu'il professe : telle est même sa loyauté que, dans une circonstance critique, un député de l'opposition dépassant les bornes qu'imposent et le respect et les convenances : Encore un mot comme celui-là, dit M. Casimir Périer, et de l'extrême gauche je passe à l'extrême droite !

Sous le ministère de M. Corvetto, il employa toute la puissance de son talent pour empêcher qu'on ne consacrât le système des emprunts à l'étranger, si fatal suivant lui dans ses conséquences, tandisque d'autres mesures pouvaient procurer à la fois honneur et profit. A l'occasion de l'ancien projet de loi sur la presse, M. Casimir Périer, blâmant son inconstitutionnalité, disait : « Les ministres, en cherchant à réprimer les abus, ont voulu les prévenir ; ils sont allés si loin en se livrant à ce désir que, si la loi passait telle qu'elle est, il n'y aurait ni abus, ni répression possible, puisque l'usage en serait détruit ». Le souvenir des murmures qui accueillirent ce passage s'est probablement reproduit à l'imagination de M. Casimir Périer, en paralysant son opposition contre le nouveau projet de loi, ou bien, son opinion s'est, depuis 1818, singulièrement modifiée, puisque sa logique a fait place au silence. Quand le budget de cette époque fut mis en discussion, M. Casimir Périer en donna une définition piquante : « Rien de plus uniforme que le style des budgets, on y trouve toujours un intérêt affectueux pour les souffrances des contribuables, un magnifique éloge de leur patience.... Si l'on éprouve quelqu'embarras à nous dévoiler des difficultés imprévues, une heureuse transition le fait bientôt disparaître ; on passe rapidement à l'apologie des dépenses qui ont excédé les approximations déterminées par le budget précédent..... Tel est, Messieurs, si je ne me trompe, le moule dans lequel sont

coulés tous les budgets ». Nous ajournons M. Casimir Périer
à l'époque où il sera ministre du commerce, pour contrôler à
notre tour celui qu'il ne manquera pas de calquer sur les budgets précédents. Dans toutes les parties de la discussion où
M. Casimir Périer crut devoir entrer, il commanda toujours
l'attention, parce qu'il parlait en connaissance de cause. toutefois, quand après avoir rappelé, au sujet des dépenses de la
Guerre, le dévouement des Suisses à la journée du 10 août,
il s'écrie : « Dans l'état de détresse de la France, ne pouvait-
on pas obéir à un généreux souvenir, en ménageant davantage
ses intérêts et son amour-propre ? », des murmures vinrent
encore improuver l'à propos de cette question. Aux mois de
juin 1820, de février 1821, en présence d'une administration
faible, des désordres qu'elle avait laissé commettre, des sanglantes journées qui avaient affligé la capitale, de ces mêlées
où le caractère de quelques députés se trouva compromis d'une
manière si indécente, M. Casimir Périer, interprétant les
événements dans le sens des agresseurs, parce que sa conviction lui en faisait un devoir, déploya une éloquence dont l'emploi l'honore d'autant plus qu'il n'était point calculé. Nous
citerons comme un modèle, digne de figurer à côté des plus
belles harangues de l'antiquité, des plus fortes allocutions de
Mirabeau, cette réponse adressée le 21 février 1821 à M. de
Serre, garde-des-sceaux, qui, signalant chez les députés de
l'opposition une coupable provocation à la révolte, une basse
et lâche complaisance pour la multitude dont ils autorisaient
les crimes par leurs déclamations concertées ; leur reprochait
d'avoir attiré la sédition du mois de juin 1820 : « Non, Messieurs,
il n'y a point de coupables de conspiration ; les seuls, les vrais
coupables sont ceux qui ont attenté à la représentation nationale ; si nous avons conspiré, pourquoi ne sommes-nous pas
en jugement ? Quant à moi, je me dépouille du caractère de
député, je repousse un odieux privilège, et vous, ministres,
avant que nous quittions cette enceinte, ordonnez à vos lic-

teurs de se saisir de notre personne : il faut en finir avec tant d'accusations : avez-vous besoin de nos têtes ? faites-les tomber, mais que ce soit devant la loi ». Les élections de 1824 privèrent le côté gauche de ses députés ; pendant les sessions suivantes, M. Casimir Périer suppléa à leurs efforts en redoublant les siens, à leurs censures en multipliant ses observations ; les projets de loi de réduction, de conversion, d'indemnité furent tour à tour attaqués par lui, tour à tour aussi il s'attacha à réfuter les apologies que M. de Villèle faisait de ses mesures administratives et politiques. On se rappellera long-temps la manière dont M. Casimir Périer combattit le projet de loi sur l'indemnité des émigrés, qu'il regardait comme inconciliable avec la Charte.

Le ministère de M. de Villèle est tombé sous le coup des dernières élections, et, avec elles, M. Casimir Périer est revenu à la chambre. Un ministère nouveau s'est formé, l'opinion publique y assignait une place à M. Casimir Périer : le Commerce ou les Finances semblaient lui devoir être dévolus. M. Roy dirige les Finances ; une démission qui n'est point désirable pourrait seule lui enlever son portefeuille. Antagoniste de M. Roy, en 1821, M. Casimir Périer combattit son projet de loi sur les annuités, dont il regardait la création comme une très-mauvaise opération financièr : mais cette dissidence sur une question dont la solution est déjà éloignée de de nous n'entraîne, au préjudice de M. Roy, aucune présomption fâcheuse. Il ne reste donc que le ministère du Commerce dont M. Casimir Périer puisse prendre la direction. Dans un état de crise, comment répondre des événements ? Député aujourd'hui, demain peut-être il sera ministre.

Nous avons examiné M. Casimir Périer, sous les trois rapports que nous avions d'abord signalés : finissons en annonçant qu'au mérite d'un homme de bonne foi et de talent il joint celui d'un homme d'esprit. C'est lui qui a dit, du dernier discours où M. Ternaux faisait une sorte de palinodie de sa velléité ministérielle : *Il est de race pure.*

M. L'ABBÉ DE PRADT.

Il est des hommes qui, dans leur carrière politique, n'ont pu avancer d'un pas sans donner un démenti aux doctrines dont tout à l'heure encore ils se rendaient l'écho, et qui, par amour-propre autant que par ambition, se sont tour à tour prosternés devant les autels où figurait le veau d'or. Royalistes et chrétiens dévoués sous l'ancien régime, flatteurs en titre de l'usurpation, organes intéressés de l'opposition actuelle, ces hommes font hausser les épaules de pitié à quiconque les apprécie de sang-froid ; leurs ennemis les méprisent, sans daigner les combattre ; leurs amis prétendus, contents d'avoir utilisé leur nom pour leurs propres projets, les abandonnent après la victoire, et au besoin rient à leurs dépens. Honteux de l'aventure, ces hommes ne se doutent pas quelquefois qu'il leur reste un beau parti à prendre, celui de la retraite ; ou bien, s'ils l'embrassent, ils ont la maladresse d'afficher une défaite, quand ils pourraient se donner les faciles honneurs d'une abnégation surhumaine. Leur exemple du moins instruira quiconque voudrait les imiter : qu'eux-mêmes, dans le silence de leur retraite, remercient le ciel dont ils furent l'instrument, et qui s'en servit pour prouver qu'avec beaucoup d'esprit on peut n'être qu'une dupe.

Quoique cette réflexion se trouve directement placée au-dessous du nom de l'abbé de Pradt, on nous fera la grâce de ne pas la regarder comme une épigramme.

Pradt (l'abbé Dominique Dufour de), qui touche à sa soixante-dixième année, naquit le 23 avril 1759, à Allanches en Auvergne. Il paraît que son esprit se décéla de bonne heure, mais qu'on ne remarqua guère sa nature légère et caustique, puisqu'on destina le jeune de Pradt aux fonctions graves et imposantes du sacerdoce. Peut-être aussi les circonstances seules ont-elles trahi ce vice ou cette qualité ; car, si l'abbé de Pradt passait déjà en 1789 pour un homme éminemment spirituel, cependant il jouissait dans le clergé d'une assez grande considération. Ses talents, non moins sans doute qu'une parenté éloignée avec le cardinal de La Rochefoucauld, lui frayèrent la route des emplois ecclésiastiques ; à l'époque de la révolution, le cardinal, archevêque de Rouen, l'avait choisi pour grand-vicaire.

Le crédit de son protecteur lui servit d'échelon : on connaissait son esprit, on croyait connaître ses opinions, on pensait d'ailleurs être agréable à l'archevêque en distinguant son cousin ; c'en fut assez pour que le clergé de Normandie le nommât député aux États-Généraux de Normandie. L'histoire ne nous a, il est vrai, transmis aucune de ces harangues éloquentes qui devaient alors coûter si peu à l'abbé de Pradt, à en juger par l'effrayante fécondité d'un âge plus mûr ; la tribune nationale ne retentit point de ses philippiques, et pourtant M. de Pradt, enchérissant sur l'abbé Maury et sur Cazalès, savait, de sa place, lancer à travers les plus sérieuses discussions ou d'amers sarcasmes ou de véhémentes protestations de son dévoûment à la monarchie. A ses yeux, nulle amélioration possible, ni désirable dans l'état social ; aussi le vit-on siéger parmi les députés qui conjuraient le plus les orages révolutionnaires, signer les différentes protestations du côté droit de l'assemblée constituante, puis, quand l'inutilité de son active résistance devint manifeste pour lui, quand le danger qui menaçait la minorité devint imminent, il songea à émigrer, et alla, après la session, s'établir à Hambourg.

Les principes de l'abbé de Pradt l'accompagnèrent en Allemagne ; nous ajouterons, pour rendre hommage à la vérité, qu'il fut le plus redoutable antagoniste du nouvel ordre de choses; que chaque mouvement politique provoquait de sa part une censure; que tous les efforts du publiciste tendirent à soulever contre la république naissante les ressentiments des souverains. Il est bon de noter l'attitude que prit l'abbé de Pradt à cette époque; elle forme contraste avec son orthodoxie constitutionnelle. Son premier ouvrage, publié en 1798, portait le titre d'*Antidote au Congrès de Rastadt;* il attaquait à la fois et le gouvernement républicain constitué en France et les gouvernements étrangers qui traitaient avec lui; plusieurs éditions successives dans la même année, et la sensation que cet ouvrage fit en Europe, prouvent que la logique anti-révolutionnaire de M. de Pradt était de bon aloi. Encouragé par le succès, il fit paraître en 1800 une brochure, intitulée : *la Prusse et sa neutralité,* aussi véhémente que la première, et dont le résultat ne fut pas moins satisfaisant pour l'auteur : le prêtre - guerrier prêchait la croisade; mais, si ses énergiques conseils ne déterminèrent point la coalition qui menaça la France, du moins ses raisonnements justifièrent-ils cette formidable entreprise. On doit savoir gré à M. de Pradt d'avoir emprunté dans ces deux écrits le voile de l'anonyme : cette prévoyante mesure fait honneur à sa modestie.

La révolution du 18 brumaire changea pour lui la face des choses. Plus de véritable république, partant plus d'obstacle à son retour; M. de Pradt, comme on voit, était conséquent. La forme d'un gouvernement détesté subsistait, il est vrai ; mais les rênes de l'état étaient confiées à un premier consul : en faveur de l'un, M. de Pradt ferma les yeux sur l'autre. D'ailleurs, M. de Pradt était un peu prophète; témoin ses *Trois âges des Colonies,* ou *De leur État, passé, présent et à venir,* écrit dans lequel il s'expliquait sur leur majorité et leur indubitable émancipation. Quoi qu'ait dit un critique malveillant, qui assure que l'ouvrage fut peu lu, que son exagération lui fit tort, que ses paradoxes restèrent sans conséquence, il est certain que l'événement justifia les prédictions de l'abbé de

Pradt, et que, si M. de Lafayette est le libérateur du Nouveau-Monde, M. de Pradt peut au moins s'en proclamer le prophète. Or, puisque le talent divinatoire de l'abbé de Pradt le servit si bien pour les colonies, pourquoi voudrait-on qu'il lui eût manqué quand il s'agissait de la France ? Disons donc que, dans Buonaparte consul, il voyait l'empereur ; que, dans l'abbé de Pradt converti, il voyait l'aumônier du dieu Mars, l'archevêque de Malines, l'ambassadeur en Pologne.

Quoi qu'il en soit, à son retour, M. de Pradt se trouvait à peu près sans ressources; son attachement à la cause royale ne lui avait valu, comme à tant d'autres, que l'honneur d'un dévouement inefficace : force lui fut, pour se procurer quelque chose de plus positif, de s'adresser au général Duroc (depuis maréchal du palais de Napoléon), qui, fort heureusement, était son cousin, et qui le présenta au premier consul en se portant caution de sa sincérité. Avec l'esprit de M. de Pradt, le consul devait être séduit : mille éloges adroits, mille protestations empressées achevant l'illusion, le cousin de Duroc ne tarda pas être nommé premier aumônier de Buonaparte. Rappelons ici que M. de Pradt a bien des grâces à rendre aux liens de famille : ils lui ont procuré une aumônerie de cour et un grand-vicariat; preuve nouvelle qu'il est bon d'avoir des amis partout. Toutefois l'ambition ne préoccupait pas M. de Pradt au point de négliger de sérieuses études; en 1802, il publia 2 vol. in-8° sur l'*État de la culture en France, et les améliorations dont elle est susceptible;* en 1803, un *Voyage agronomique en Auvergne.* Ce n'étaient là que des délassements champêtres dont sa prochaine élévation devait interrompre le cours. En décembre 1804, il assista, comme premier aumônier, au couronnement de l'empereur, reçut le titre de baron avec une gratification de 40,000 fr., fut élevé au siége épiscopal de Poitiers et sacré à Paris le 2 février 1805 par le pape Pie VII en personne. Son nouveau caractère ne lui parut pas incompatible avec son ancienne charge ; *aumônier du dieu*

Mars, comme il se plaisait à le dire quand on le félicitait sur ses dignités, il accompagna son maître à Milan et officia pontificalement à la cérémonie où Napoléon fut couronné roi d'Italie.

M. de Pradt a beaucoup parlé de son dévouement aux Bourbons, il y a mieux : ce dévoûment décida son émigration. Mais la Providence voulait qu'il leur vît épuiser le calice jusqu'à la lie : témoin naguère de leurs désastres en Allemagne, il devint en 1808, par une fatalité bien affligeante pour son cœur, l'un des négociateurs des conférences de Bayonne, dont le résultat priva du trône d'Espagne une branche de cette maison. Nous pensons qu'il ignorait le but véritable de cette discussion avec les ministres espagnols, car, prêtre et écrivain royaliste, il n'eût jamais consenti à négocier la ruine et l'emprisonnement de Charles IV, ainsi que de sa famille : une gratification de 50000 fr. lui fut allouée; Buonaparte, satisfait de ses services, lui donna l'archevêché de Malines en février 1809, puis il le nomma officier de la Légion d'Honneur, enfin, il lui accorda une troisième gratification de 30000 fr. : voilà des faits, mais balancent-ils des conjectures? On se prononce difficillement sur le compte d'un prince de l'Eglise.

En 1811, M. de Pradt fut envoyé a Savone auprès du Pape, dans le but de faire ouvrir un concile; il a parlé de son zèle dans cette importante négociation; nous pouvons encore, sur sa parole, dire qu'il y fit preuve de talent. Cependant, le souvenir de ce service semble s'être assez promptement refroidi, car sa faveur décrut au point qu'il alla passer quelques mois dans son diocèse; il y eut la mortification de n'être point reconnu par les chanoines en qualité d'archevêque, parce qu'il ne put leur produire ses lettres d'institution, signées par le pape et expédiées par la chancellerie romaine; elles parvinrent à Paris, mais Napoléon, y rencontrant quelque clause contraire aux libertés de l'Eglise gallicane, ou mécontent de leur forme inusitée, les renvoya à Rome, d'où elles ne revinrent plus.

Voilà pourquoi des canonistes rigoureux ont mis en question la validité des droits de M. l'abbé de Pradt à l'archevêché de Malines.

En 1812, M. de Pradt se releva de sa disgrâce ; il eut ordre de suivre Buonaparte à Dresde ; la guerre de Russie était résolue, et, pendant toute cette campagne de funeste mémoire, il occupait le poste d'ambassadeur de France dans le grand-duché de Varsovie. C'est à coup sûr le plus beau rôle que M. de Pradt ait joué, c'est celui dont il s'est tiré le plus mal. Probablement il le remplissait à contre-cœur ; telle est du moins l'excuse qu'il allègue dans son *Histoire de l'ambassade dans le Grand duché de Varsovie en 1812*, histoire que, par parenthèse, il eut la prudence de ne publier qu'en 1815. « La foudre fût tombée à mes pieds, dit-il, que je n'eûsse pas senti un froid plus mortel courir dans mes veines, que ne fut celui dont je fus saisi par l'annonce de ma nomination. J'avais toujours eu en horreur l'expédition de Pologne.... Tout Dresde me crut aux anges, j'étais au désespoir...; le sommeil et le repos avaient fui loin de moi, etc, etc, etc. » Remarquons que, probablement aussi, les mêmes scrupules s'élevèrent dans l'âme du négociateur de Bayonne ; les faveurs enivrantes dont le combla Buonaparte les lui firent oublier. Mais cette fois M. de Pradt, avec les mêmes inquiétudes, nous allions dire les mêmes remords, n'obtint pas les mêmes récompenses. Il est vrai que les Polonais portèrent des plaintes amères contre l'ambassadeur ; il est vrai que les militaires français n'eurent point à s'en louer ; il est vrai, M. de Pradt l'affirme, que Buonaparte dit à cette occasion : *que, sans un homme* (cet homme était l'archevêque de Malines), *il eût fait la conquête du monde.* Or, comment ne pas garder rancune à qui mécontente les vaincus, néglige les vainqueurs, et vous enlève une couronne ornée de tous les fleurons de l'univers ? On concevrait la vengeance, on excuse aisément le dépit. Des écrivains qui se prétendent instruits annoncent qu'après la retraite de Moscou, Napoléon, passant par Varsovie, ne maltraita point son ambassadeur : c'est qu'il ne savait pas tout, ou qu'il se promettait de prendre bientôt sa revanche. L'entrevue, racontée par M. de Pradt, est l'un des morceaux les plus piquants de son *Histoire*, car il y met à nu les défauts que jusqu'alors le costume impérial avait dérobés à sa pénétration. Nous ne connaissons de pendant à ce morceau qu'un passage du *Voyage en Allemagne de M. Gley*, où l'auteur, rappelant le départ de M. de Pradt au moment où les Russes s'approchaient de Varsovie, raconte fort plaisamment qu'il réalisa à son profit le mobilier de l'ambassade. La colère de Buonaparte servit merveilleusement les projets de M. de Pradt ; arrivé à Varsovie par pure obéissance, il y a mille à parier contre un qu'il aurait bientôt offert sa démission pour ne point prolonger une fausse position. Au lieu de la donner, il la reçut ; mais, ce à quoi il était loin de s'attendre, c'est que la grande aumônerie l'avait quitté comme l'ambassade, et que Buonaparte avait à cœur qu'il remplît désormais le devoir pastoral de la résidence dans son diocèse. A défaut de philosophie, M. l'abbé de Pradt s'était sans doute muni de religion, il partit résigné pour Malines, et ne revint à Paris qu'au commencement de 1814. De grands événements se préparaient, et M. de Pradt avait le pressentiment de n'y pas demeurer étranger.

Les journaux, qui exploitent la médisance, alors qu'ils renoncent à la calomnie, prétendirent que les variations de succès et de revers qu'éprouvèrent les armes de Buonaparte, placèrent son ex-aumônier dans une cruelle perplexité, et lui firent souvent changer de langage dans une même journée ; mais, au 31 mars, les Russes une fois maîtres de Paris, M. de Pradt n'hésita plus à faire connaître une opinion trop longtemps comprimée dans son cœur ; comme M. de Talleyrand Périgord, dans l'intimité duquel il était admis, il se prononça pour le rétablissement du gouvernement royal et le rappel immédiat des Bourbons. Dans une *Histoire de l'ambassadeur de Pologne*, publiée en 1815, il fait profession ouverte, non pas

de haine, mais de son mépris pour l'homme qui l'avait fait
évêque et ambasseur, et dont lui-même s'était constitué l'a-
dulateur pendant sa prospérité : « Le génie de Napoléon, fait
à la fois pour la scène du monde et pour les tréteaux, représentait un manteau royal joint à un habit d'Arlequin. Le dieu
Mars n'était plus qu'une espèce de *Jupiter Scapin*, tel qu'il
n'en avait point encore paru sur la scène du monde. » Voilà
comment un prélat et un historien parle de la puissance tombée. Veut-on savoir maintenant ce qu'il dit du pouvoir qui
prédomine ? Ouvrons le *Récit historique sur la restauration de
la royauté en France*, le 31 mars 1814, in-8° (1817), là point
de traits de satire, point d'injures qui puissent compromettre,
de ridicules à faire ressortir : M. de Pradt, dans le dessein de
se concilier l'avenir, y affirme « que ce fut par ses avis que les
souverains alliés se déterminèrent à rompre entièrement avec
Napoléon et sa dynastie, et à rétablir les Bourbons, et que
l'empereur de Russie fit à l'instant publier la fameuse déclaration où étaient annoncés les grands événements qui chan-
geaient la face de la France. » Malheureusement pour l'ex-
aumônier de Buonaparte, cette déclaration, qu'il dit avoir dé-
terminée dans une conférence qui eut lieu à trois heures après
midi, était imprimée à deux heures ; d'où il résulte qu'il faut
attribuer à tout autre le bienfait de la restauration. Mais,
comme effectivement il se prononça alors avec quelque éclat,
on ne doit pas s'étonner de ce que le gouvernement provisoire
lui ait conféré la charge de chancelier de la Légion-d'Honneur : place, dont le cumul avec la dignité épiscopale était
aussi burlesque qu'inconvenant. A peine l'eût-on conçu, si
M. l'abbé de Pradt avait changé sa crosse contre le bâton de
maréchal de France. Une décision brusque et sévère, adoptée
par le chancelier relativement à l'établissement de Saint-Cyr,
le fit déchoir de son poste ; il alla chercher des consolations
dans ses terres d'Auvergne : c'était dès-lors son refuge de prédilection. Bien lui prit de s'être ainsi mis en garde contre le

ressentiment de Buonaparte, qui peut-être eût dédaigné la vengeance : depuis le retour de l'île d'Elbe jusqu'à l'expiration des *cent jours*, M. de Pradt se tint à l'écart. La rentrée du roi devint pour lui le signal de sa résurrection politique. Le maréchal Macdonald hérita de la chancellerie, si ridiculement confiée à un prélat; M. de Pradt, ensuite, renonçant à des droits singulièrement équivoques, traita avec le roi des Pays-Bas de son archevêché de Malines, moyennant une rente viagère de 10,000 francs; étranger, depuis lors, à toute fonction publique, il se partagea entre l'étude et les devoirs de la représentation nationale.

Dans les écrits de M. de Pradt, on découvre autant d'horreur pour l'arbitraire que sa conduite ferait présumer de sa part d'amour pour le pouvoir absolu : la réflexion, l'expérience, le calme des passions ont probablement amené ce résultat; traduit devant les tribunaux pour son ouvrage *sur l'Affaire de la loi des élections;* M. de Pradt se défendit lui-même avec éloquence, et la justice séculière, par son acquittement honorable, proclama la pureté de ses intentions. A la tribune à laquelle le portèrent plusieurs fois les suffrages des électeurs de son département, il a professé les doctrines de l'opposition; sans remonter aux années antérieures, qui ne nous fourniraient aucun fait intéressant, nous devons dire que telle est aujourd'hui la ferveur patriotique de M. de Pradt, qu'il a jugé la chambre actuelle trop tiède pour s'élever au niveau de sa chaleureuse indignation contre le défunt ministère, et de son zèle pour l'édification d'un régime vraiment constitutionnel. Une démission fièrement signifiée a appris à la France surprise que M. de Pradt, comme soutient des libertés politiques, dépasse de bien loin les Royer-Collard; et, à sa grande mortification, elle s'est même vue privée d'un discours longuement élaboré dans le silence du cabinet... *Quantùm mutatus ab illo !*

Nous ne citerons pas tous les écrits de M. de Pradt : marqués au coin d'un talent remarquable, dus à une plume aussi spirituelle que féconde, et relatifs à la littérature politique, ils ne présentent pas un assez grand intérêt maintenant pour qu'on y attache beaucoup de prix (1). Ce sont des ouvrages de circonstance, ils meurent avec elle, mais la mémoire de leur auteur restera comme celle d'un homme d'esprit qui a fait divorce avec le jugement.

(1) Voici les titres des principaux ouvrages : *Du Congrès de Vienne*, 1815, 2 vol. in-8°, et 2ᵉ édition 1816, 2 vol. in-8°, traduit en Anglais, Londres, 1816, in-8° ; *Mémoires historiques sur la révolution d'Espagne*, 1818, in-8°, traduit en espagnol, Bayonne, 1816 ; *Des Colonies et de la révolution actuelle de l'Amérique*, 1817, 2 vol. in 8° : *Des trois derniers mois de l'Amérique Méridionale et du Brésil*, 1817, in-8° ; *Lettre à un électeur de Paris*, 1817, in-8° ; *Préliminaires de la session de 1817*, in-8°, 1817 ; *Progrès du gouvernement représentatif en France*, 1817 ; *Les six derniers mois de l'Amérique et du Brésil*, 1818, in-8° ; *Pièces relatives à Saint-Domingue et à l'Amérique*, 1818, in-8° ; *Les Quatre Concordats*, 1819, 3 vol. in-8° ; *l'Europe après le congrès d'Aix la Chapelle*, 1819, in-8° ; *Le Congrès de Carlsbad*, 1817, in-8° ; *Suite du Congrès de Carlsbad*, 1820, in-8° ; *État de la culture en France*, 1820, 2 vol. in-8° ; *Suite des Quatre Concordats*, 1820, 1 vol. in-8° ; *De la Belgique depuis 1789 jusqu'à 1794*, 1 vol. in-8° ; *De l'Affaire de la loi des Élections*, 1820, 1 vol. in-8° ; *Procès complet de M. de Pradt, pour son ouvrage sur l'Affaire de la loi des Élections*, 1820, 1 vol. in-8° ; *Parallèles de la puissance Anglaise et Russe, relativement à l'Europe, suivis d'un aperçu sur la Grèce*, 1822, 1 vol. in-8° ; *l'Europe et l'Amérique en 1822 et 1823, publié en 1824*, 2 vol. in-8° ; etc., etc.

IMPRIMERIE DE BÉTHUNE,
rue [illegible], à [illegible].

M. L'ABBEY DE POMPIÈRES.

On parlait de M. de Pompières devant la célèbre lady Morgan, et, dans son erreur justifiée par la ressemblance des mots, elle le qualifiait de *respectable ecclésiastique ;* on en parlait à la tribune, et M. Dupin, dans le transport de sa reconnaissance pour un député accusateur du ministère Villèle, le qualifiait de *respectable vieillard.* Lady Morgan avait tort, très-grand tort ; M. Dupin avait raison, car il faut mesurer le respect d'après le nombre des années : or, M. Labbey de Pompières en compte soixante et dix-sept révolues.

Labbey de Pompières (Guillaume-Xavier), né le 3 mai 1751, entra fort jeune au service (1758), et obtint une lieutenance d'artillerie au régiment de Grenoble. La révolution éclata, il en adopta les principes. A cette époque il se trouvait capitaine dans l'arme dans laquelle il avait servi vingt-quatre ans ; il était d'ailleurs chevalier de Saint-Louis.

Sous le coup d'une dénonciation, dont cependant on reconnut l'injustice, M. Labbey de Pompières fut incarcéré, et son emprisonnement dura dix-huit mois. Libre enfin, il sollicita et remplit successivement divers emplois ; il était, en 1793, administrateur de district ; on lui confia ensuite d'autres fonctions, la présidence des hospices civils du lieu où il avait fixé sa demeure. Après le 18 brumaire, devenu conseiller de préfecture du département de l'Aisne, il occupa long-temps, par intérim, la place de préfet ; en 1813, ce département le nomma membre du corps législatif. C'est vraiment l'époque d'où commence la vie publique de M. Labbey de Pompières ; non pas que nous méconnaissions ses services précédents, mais parce que, placé dès-lors en évidence, remplissant un mandat important, on est plus à même d'apprécier sa conduite. Chevalier de la réunion sous l'empire, il reprit, avec la restauration, les insignes de l'ordre de Saint-Louis, il reçut encore la croix de la Légion-d'Honneur.

Dans la chambre de 1814, M. Labbey de Pompières se prononça avec force sur divers points; ses discours imprimés en font foi. Partisan de la liberté de la presse, il s'en constitua l'apologiste; le 29 août, il critiqua plusieurs articles du projet de loi sur le budget; le 30, il signala l'inexactitude des évaluations de l'arriéré, surtout en ce qui concernait les 50 millions dus à la Hollande; il s'expliqua encore sur le projet de loi relatif à la naturalisation des habitants des départements réunis à la France; le 31 octobre, il parla sur la restitution aux émigrés de leurs biens non vendus, prétendant que des amendements nombreux qui y avaient été proposés ressortait l'impossibilité de prévoir tous les cas et de statuer sur le sort de tant de familles. M. Labbey de Pompières, ne voyant en conséquence d'autre ressource qu'une confiance pleine et entière dans le roi, proposait de lui abandonner la solution de la difficulté par un seul article conçu en ces termes : « Tous les biens immeubles confisqués par les lois sur les émigrés, et dont il n'a pas été disposé par les actes du gouvernement, seront remis entre les mains de S. M. qui est suppliée d'en faire telle distribution qu'elle jugera convenable à ceux qui ont perdu leur fortune en se dévouant à son service. » Le 21 novembre, M. Labbey de Pompières combattit le système de prohibition absolue que contenait le projet de loi sur les douanes, et soumit à la chambre divers amendements en faveur de l'agriculture; le 3 décembre, il parla sur la franchise du port de Marseille : « Je n'examine pas, dit-il, si on accordera ou non la franchise mentionnée dans l'article du projet de loi, puisqu'elle existe déjà, et que mon respect pour l'autorité qui l'a concédée m'interdit toute discussion; mais il n'en est pas de même de l'article que je regarde comme dérogeant à la Charte constitutionnelle, en ce qu'il donne aux ministres la faculté de faire des réglements administratifs, ou plutôt les articles de la loi, dont on ne nous présente que le principe général. » Après avoir développé son opinion, l'orateur demanda communication de l'ordonnance discutée au conseil d'état sur cette matière, le 21 septembre précédent. M. Labbey de Pompières, dans le cours de cette session, parla encore sur les impositions établies par le préfet de la Meurthe, etc., ne manifestant jamais que des principes en harmonie avec ceux de l'opposition.

Élu, en 1815, membre de la chambre des représentants, par le département de l'Aisne, il fut de la commission des cinq inspecteurs de la salle, et garda le silence : lors de la dissolution, il rentra dans la vie privée, d'où cependant les élections de 1819 le firent sortir en le rappelant à la chambre des députés. Pour garantir à ses commettants la manière dont il remplirait ce nouveau mandat, il leur avait promis de siéger sur le banc de MM. Dupont de l'Eure, Lafayette, d'Argenson ; c'était leur annoncer que son opposition ne se démentirait pas, que la cause de la liberté trouverait toujours en lui un défenseur : les droits nationaux, les intérêts du trône constitutionnel, enflammant le zèle de M. Labbey de Pompières, lui semblaient rendre à soixante huit ans la vigueur de la jeunesse, et sa santé, malgré les dangers dont la menaçait une constitution faible, résista à l'épreuve de tant de fatigues. A cette manière d'envisager sa conduite, on reconnaîtra que nous ajoutons foi, les yeux fermés, aux protestations de franchise qui accompagnaient l'opposition de M. Labbey de Pompières; alors même qu'elle outrepasse les bornes légitimes, elle est excusable quand la bonne foi en demeure le principe; mais, dans la même hypothèse et exprimée avec la réserve dont ne s'écartait guères ce député, elle est toujours honorable. Le changement apporté à la loi des élections (session de 1819) donna occasion à M. Labbey de Pompières d'en signaler et l'inconstitutionnalité et les dangers : « Quand la Charte, dit-il, est violée, le pacte social est rompu, le corps politique est dissous, la loi n'est plus qu'un fantôme ; il ne reste que l'arbitraire et la force, précurseurs de l'anarchie. Avec une perspective aussi funeste, dans un péril aussi imminent, nous nous écrions, avec un noble pair : *C'est de cette tribune que doit partir le premier cri d'alarme.* Mais les Français ont entrevu la liberté ; ils la veulent, ils l'auront, dussent-ils briser sur la tête de leurs ennemis les chaînes qu'ils voudraient leur donner. » C'était, ce nous semble, un argument *ad hominem*, qui n'avait que le tort de rappeler une époque de sanglante mémoire : écartons les chaînes, mais respectons les têtes. M. Labbey de Pompières flétrit de son indignation la censure des journaux, dont la magnanimité royale vient de faire l'abandon ; il soutint que la liberté disparaît, alors qu'on ne peut penser ce qu'on veut, et qu'on ne peut plus écrire ce qu'on pense. Relativement aux lois des finances, il critiqua les comptes arriérés dont il contestait la justesse ; il vota des réductions d'une nécessité palpable ; puisque, pour le ministère de la justice, la dépense s'élevait en 1819 à 18 millions, tandis qu'elle n'allait qu'à 10 millions en 1810, époque à laquelle le territoire français embrassait 17 départements de plus. Nous ne nous arrêterons guères sur les sessions suivantes ; M. Labbey de Pompières continua de figurer au premier rang des députés de gauche.

Les 9 mars et 18 avril 1820, il s'éleva contre la proposition de M. Sirieys de Mayrinhac : « Quels sont donc, dit-il, les droits de ceux qui veulent nous imposer silence ? Viennent-ils d'une autre origine que les nôtres ? Alors qu'ils nous montrent leurs pouvoirs. Ainsi que nous, ne les tiennent-ils que du peuple ? Qu'ils daignent aussi nous écouter... qu'on n'étouffe pas nos justes plaintes. Nous sommes envoyés pour exposer les besoins de la nation, pour défendre ses intérêts, peindre ses tourments, exprimer ses desirs... Je le répète, ce n'est pas de vous que je tiens le droit d'émettre ici ma pensée ; la Charte l'a reconnu ce droit, elle me l'assure, comme elle vous fait un devoir de m'entendre. Eh! que n'a-t-on pas le droit de dire à cette tribune, quand on a entendu y proférer, y répéter ce blasphème anti-social, ce blasphème impie, qu'il est une classe que sa naissance met au-dessus des autres, et à qui son rang ne permet pas de réparer par le trafic ou l'industrie les brèches de sa fortune... Ne vous y trompez pas, Messieurs, ce n'est pas le trouble qu'on redoute, c'est la publication de la vérité; c'est le despotisme des ministres qu'on vous propose d'établir. Ils veulent vous ôter la parole, parce qu'ils veulent renverser la liberté, et qu'elle n'a plus d'autre refuge que cette tribune. *Ceux qui veulent renverser la liberté*, dit Montesquieu, *craignent les écrits qui peuvent rappeler l'esprit de la liberté...* Messieurs, à toutes ces prétentions je n'opposerai qu'un mot; je le tirerai de l'histoire, et c'est aux ministres que je l'adresserai : *Tarquin usurpa le pouvoir du peuple; il fit des lois sans lui, il en fit même contre lui : il aurait réuni les trois pouvoirs dans sa personne; mais le peuple se souvint un moment qu'il était législateur, et Tarquin ne le fut plus.* » M. Labbey de Pompières a bien fait d'annoncer que ce sont les ministres qu'il regarde comme des Tarquins; une susceptibilité excusable, rapprochant ces paroles du texte de sa dernière proposition, aurait pu s'affliger d'une coupable application. Croyons que tous les discours de ce député furent sincères : convenons surtout qu'ils sont semés de citations avec tout le mérite de l'à propos. Ainsi, lorsque M. Labbey de Pompières proposa de supprimer l'impôt sur le sel, on l'entendit présenter, d'après Montesquieu, les quatre manières dont l'aristocratie établit ses priviléges par rapport aux subsides : « La première, de n'en point payer; la seconde, de s'en exempter par la fraude; la troisième, de se les faire rendre, sous prétexte de rétributions ou d'appointements pour emplois; la quatrième, de rendre le peuple tributaire, et de partager les impôts levés sur lui. »

Le 8 février 1822, quand s'engagea la discussion du projet de loi relatif aux feuilles périodiques. « Les hommes, disait-il, dont la conscience est pure, bravent la médisance, comme Sully, comme vous, Messieurs, et vous le prouverez en rejetant la loi. Cependant, si elle doit être adoptée, il ne me reste qu'à m'écrier avec douleur : Voyez d'ici ce lieu où des nations étaient enchaînées aux pieds d'un colosse de bronze ! Habitants de la Flandre, de l'Alsace, de la Franche-Comté, elles figuraient vos aïeux ! Tel est le sort réservé à toute nation où les ministres ne savent gouverner qu'avec des milliers de gendarmes pour asservir la patrie, des représentants pour la vendre, et un cachet sur la bouche de quiconque oserait se plaindre. »

Dans les discours qu'il prononça sur le budget, M. Labbey de Pompières renouvela ses justes critiques sur l'impôt du sel, impôt inique parce qu'il écrase la classe indigente, immoral parce qu'il favorise la fraude, nuisible parce qu'il prive les bestiaux d'un aliment productif; il indiqua des réductions désirables sur le ministère des affaires étrangères.

Mais, comme le détail de ces réclamations, louables à coup sûr par la pureté d'intention qui les inspira, nous entraînerait au delà des limites d'une simple biographie, nous préférons franchir l'intervalle pour nous trouver en présence de la chambre actuelle, à laquelle la confiance de ses concitoyens a reporté M. Labbey de Pompières, en présence surtout de cette proposition, toute constitutionnelle, de la mise en accusation des anciens ministres. C'est dans la séance du 30 mai dernier qu'il prit l'engagement de la soumettre à la chambre; il la réalisa dans celle du 14 juin. Voici le texte dont il fit la lecture :

« J'accuse le dernier ministère de trahison envers le Roi qu'il a tenté d'isoler du peuple :

» Je l'accuse de trahison envers le peuple, qu'il a tenté de priver de la confiance du Roi :

« Je l'accuse de trahison, pour avoir attenté à la constitu-tion du pays et aux droits particuliers des citoyens.

» Je l'accuse de concussion, pour avoir perçu des taxes non votées et dissipé les deniers de l'état. »

Mais tel n'était point le texte de la proposition première, dé-posée sur le bureau du président ; ce que M. Labbey de Pom-pières, dans la seconde, s'était borné à signaler comme une *tentative* coupable de la part de l'ancien ministère, il l'y avait énoncé comme un *fait* positif.

Il faut le dire : la première partie de cette proposition a été une grave offense envers le Roi, une insulte envers la patrie qui n'a pas cessé de l'environner de son amour. Qu'on ne re-jette point ces offensantes paroles sur la précipitation d'un discours improvisé ; depuis un an, suivant M. Labbey de Pompières, il avait médité et son discours et sa proposition première. Attribuons plutôt cette erreur à l'excès d'une ani-mosité patriotique chez M. Labbey de Pompières ; il a cru venger la France, il a, sans s'en apercevoir, travesti ses opi-nions. Voici comme M. de Pompières termina son discours :

« Ici, Messieurs, ma tâche est finie et la vôtre commence. Vous avez à vous prononcer entre une chambre des pairs, fidèle à ses serments, des cours royales impassibles dans leurs arrêts, une garde nationale qui, dans sa soumission, a donné la preuve d'un dévoûment sans borne, la France, enfin, qui vient de vous confier ses destinées, et un ministère qui a in-sulté, frappé, licencié tout ce qui lui portait ombrage ; un ministère qui a immolé à son pouvoir nos libertés nationales, nos institutions politiques, nos lois militaires, et jusqu'à l'in-dépendance des cultes ; qui, plus féroce que ces hordes du nord qui naguère innondèrent nos provinces, a lancé sur des citoyens sans armes la force soldée par ces citoyens et destinée à les défendre.

Rappelez-vous les soirées des 19 et 20 novembre, jour de deuil, où l'homme paisible allant à ses affaires, la mère de famille rentrant à son logis, le fils regagnant le toit paternel, l'ouvrier s'approchant de sa modeste demeure, ont reçu de graves blessures, et même la mort, de ceux qui devaient les en garantir. Songez au sang si illégalement, si perfidement versé dans la capitale, et prononcez : la France vous regarde ; l'histoire vous attend. »

Quelque forte que soit l'accusation, on ne peut se dissimuler que, quant à la mesure en elle-même, le côté droit la réclamait de ses vœux ; le défunt ministère l'a saluée d'un cri d'espérance, parce qu'elle le sauve de l'oubli, et que, à part d'éloquentes et énergiques protestations auxquelles il répondra, il ne peut recueillir qu'un verdict d'acquittement. Dans notre conviction, il y a eu maladresse à accuser ; il y a eu inconvenance dans la forme de l'accusation : thèse que nous soutiendrions, alors même que la manière de voir en politique de M. Labbey de Pompières serait entièrement la nôtre. Écrase-t-on ses ennemis, en leur ménageant un triomphe ?

M. Labbey de Pompières, fort de ses talents et de la persuasion qui en dirige l'emploi, réparera avec franchise des torts dont il n'a certes pas soupçonné la gravité.

Fidèles à l'habitude de n'envisager que la vie publique, nous n'entrerons dans aucun détail sur la conduite privée de M. Labbey de Pompières : une alliance honorable, pour M. Odillon-Barrot, avocat aux conseils du Roi et à la cour de cassation, l'a fait entrer dans sa famille ; ce jurisconsulte, l'une des lumières du barreau français, a épousé la petite-fille de M. de Pompières.

IMPRIMERIE DE BÉTHUNE.
rue Palatine. N. 5, à Paris.

M. BAOUR-LORMIAN.

Baour Lormian (Louis-Pierre-Marie-François), naquit à Toulouse, vers l'an 1772. L'état de son père qui était imprimeur lui inspira les premiers désirs de gloire. On dit qu'étant tout petit enfant, son cœur battait à la vue seulement d'une épreuve, et que l'art typographique ne lui plaisait qu'autant qu'il serait un jour employé pour des ouvrages de sa composition. Son caractère vif, joint à un ardent amour de l'étude, lui fit cultiver la poésie, dès l'âge le plus tendre. La délicieuse mélodie du langage italien avait captivé son âme avide de renommée. Trop jeune pour voler de ses propres aîles, il voulut s'introduire dans la république des lettres à la faveur d'un grand nom ; et, à 23 ans, il donna une traduction en vers français de la Jérusalem délivrée, qui troubla sans doute l'ombre indignée du Tasse dans son glorieux repos. L'œil de l'aiglon avait fixé le soleil qui l'avait ébloui. Cette traduction pâle et décolorée fut accueillie comme elle devait l'être. La critique fut amère, avouons aussi qu'elle avait beau jeu, puisque l'auteur lui-même est convenu de son péché envers le goût littéraire. Rien n'empêche de croire que cet échec n'ait beaucoup aidé le développement de son esprit caustique. Encore enfant, personne, mieux que lui, ne saisissait les défauts des autres et ses petites saillies malignes lui attiraient quelquefois des disputes que d'autres saillies arrêtaient bientôt, en mettant les rieurs de son côté. Les *Satires Toulousaines*, où les littérateurs du midi et les membres de l'Athénée de Toulouse, dont M. Baour-Lormian a fait autrefois partie, sont abreuvés de fiel et couverts de ridicule, avaient presque promis un nouveau Despréaux dans le jeune poète. Après la chute de sa traduction, il revint à son genre favori. Une chaude discussion avec un journaliste, comme lui de la Gascogne, ayant aussi un style acre dont les coups portaient souvent très-juste, lui fournit l'occasion de retremper ses armes émoussées. Il s'élança dans l'arène qu'avaient illustrée Horace, Perse, Juvénal et le chantre du lutrin, fit entendre *Trois Mots* qui en valaient bien mille pour le moins, et qui lui procurèrent une certaine célébrité. Il publia le premier et le second mot dans l'année 1797, le troisième au commencement de 1798. Ces trois pièces réunies en 1799 sont comptées parmi les satyriques du 18e siècle. Quelque temps avant sa lutte avec M. Despaze, il se permit d'attaquer un poète, surnommé le Pindarique, qu'il aurait dû respecter et plaindre à la fois, dont la fortune avait été engloutie dans la honteuse banqueroute du prince de Rohan-Guémenée, et qu'ensuite la révolution avait fort maltraité, en le privant de la pension qu'il devait au crédit de M. de Vaudreuil, quoique Lebrun eût peut-être beaucoup trop servi cette révolution par quelques pièces qui se ressentent des fureurs populaires, comme l'avoue un auteur, peu suspect, d'une notice sur sa vie. Leurs combats à coups d'épigrammes excitèrent à plusieurs reprises le *cachinnum* des Parisiens. A peine M. Baour-Lormian a-t-il dit :

> Lebrun de gloire se nourrit :
> Aussi voyez comme il maigrit.

que l'adversaire improvise cette réponse :

> Sottise entretient l'embonpoint ;
> Aussi Baour ne maigrit point.

il la fit encore de cette manière :

> Sottise entretient la santé,
> Baour s'est toujours bien porté.

Ce coup de massue n'étourdit pas cependant le jeune poète, travaillant alors à un ouvrage qui devait contribuer à conserver son *embonpoint*, en lui attirant une gloire que n'eût point méprisé Lebrun dans sa vieillesse, quoi qu'il ait écrit :

> Mes amis, qu'Apollon nous garde
> Et des Fingals et des Oscars,
> Et du sublime ennui d'un Barde
> Qui chante au milieu des brouillards.

Le sublime ennui du Barde sauvage n'était connu en France que par la traduction inexacte de Letourneur et de Hill. Les Italiens goûtaient ses poésies très-élégamment reproduites dans leur langue par Melchior Cesaratti, qui tira de la harpe calédonienne tous les accords qu'elle avait rendus sous les doigts de Malvina. Il nous manquait de les entendre, et M. Baour-Lormian satisfit l'impatience des Français. Il échangea une moisson de fleurs pour une moisson de lauriers. En 1800, parut son *Ossian* en vers, et dès-lors un monument durable fut élevé au fils du héros de Morven, à l'époque où un autre héros, non moins extraordinaire par ses exploits gigantesques, attirait sur lui les regards de l'univers, ébranlé sous ses pas, et s'entourait de ces rayons d'immortalité que ne peuvent éteindre, encore aujourd'hui qu'il ne fatigue plus le monde, les flots de l'immense Océan qui le sépare du pays, théâtre de ses glorieuses conquêtes. Napoléon qui avait dit : « Alexandre a choisi Homère pour son poète, Auguste a choisi Virgile.... Pour moi je n'ai eu qu'Ossian ; les autres étaient pris » donna des encouragements mérités à M. Baour-Lormian, auquel on ne doit reprocher que d'avoir négligé des poèmes intéressants, que M. de Saint-Michel a traduits en partie avec assez de force et d'élégance.

Le Barde français ne resta pas en arrière du mouvement social ; le *Rétablissement du Culte* (1802 poème) dévoila une âme religieuse, et *le Recueil de poésies diverses*, publié en 1803, donna la preuve d'une grande flexibilité de talent, qui devait encore mieux se montrer, en 1807, sur le Théâtre-Français, où tous les amateurs applaudirent sa tragédie d'*Omasis*, œuvre très-remarquable par les beautés d'un style correct et soutenu, et surtout par le rôle de Benjamin, fortement conçu, habilement exécuté, quoique le fond de la pièce soit pauvre d'effets dramatiques. Le luxe des pensées gracieuses et la magie de l'élocution rachetèrent les autres défauts. Plus tard (1811) son *Mahomet II* fit une telle chûte que l'auteur s'empressa de le retirer du théâtre, voyant enfin clairement qu'il fallait autre chose que du style pour mériter l'approbation de cette foule de spectateurs, avides de sensations, que l'on doit ébranler, étourdir, pour en arracher des applaudissements. Le sommeil de M. Baour-Lormian en fut un peu troublé, *il veilla*, et, la même année, livra gaîment à l'impression *ses Veillées poétiques et morales* qui eurent trois éditions successives. Las de veiller, il s'endormit, et fit des songes qu'il publia, l'année suivante, au nombre de trente-huit, précédés *du Géant de la Montagne bleue et de Rustan*. Chaque printemps, la famille de M. Baour-Lormian s'augmentait d'un enfant plus ou moins beau, bienfait et plein de vie. Ainsi la *Jérusalem délivrée*, opéra en 5 actes, l'imitation en vers de l'*Aminthe du Tasse*, et un second opéra en un acte, l'*Oriflamme*, fait conjointement avec M. Etienne, suivirent de près *Mahomet, les Veillées* et *les Songes* qu'avaient précédés deux pièces adressées à son bienfaiteur : *les Fêtes de l'Hymen* et *le Chant nuptial*. Voilà très-certainement une fécondité peu ordinaire, et une très-bonne recommandation pour l'Institut dont les portes lui furent ouvertes, pendant les cent jours, alors qu'au pays de France il y avait une grande confusion de langues. Il est juste de dire que personne ou presque personne ne s'avisa de trouver mal qu'il vînt occuper le fauteuil laissé vacant par le spirituel che-

valier de Boufflers (1). Le Roi confirma sa nomination, et, dans
l'ordonnance du 21 mars 1816, le comprit au nombre des
quarante élus pour l'immortalité, qui ne sourit pas à tous,
on peut l'avancer sans calomnie. L'âme de M. Baour est essentiellement reconnaissante. Il avait chanté Napoléon, son
Mécène, il écrivit une épître au Roi qui le faisait académicien.
Rien de mieux. Les recueils intitulés : *Hommages poétiques*,
l'Hymen et la Naissance, renferment plusieurs de ses pièces
fugitives. En 1825, il a reparu sur la scène littéraire avec
deux petits poèmes, *le Retour à la Religion* et *le Sacre de
Charles X*, ce qui lui a valu de la part du monarque une belle
tabatière en or. Depuis, à ce qu'on rapporte, il a dit encore
trois mots, et ces trois mots étaient contre le génie littéraire
moderne auquel il est beaucoup redevable. Nous ne les connaissons pas ; des malins prétendent qu'ils ne méritent guères
d'être connus. Terminons par où nous avons commencé, c'est-
à-dire par la traduction du poème du Torquato, laquelle, d'après
le conseil de l'abbé Delille, M. Baour remit vingt fois sur le

---

(1) M. Vigée, dans son dialogue si piquant, intitulé *le Pour et le Contre*,
fait dire à M. B :

Lormian, un seul jour, a montré de l'esprit,
En citant un bon vers qu'un autre avait écrit.

M. A. répond :

Je ne vous dirai pas quelle était ma surprise
Quand je vous entendais accuser de bêtise
Lormian qui, *par droit, assis à l'Institut*,
D'un succès au théâtre a marqué son début,
Qui, pour se reposer d'un poëme ou d'un drame,
Sait forger la satyre, aiguiser l'épigramme,
Et, des Muses voulant charmer les entretiens,
Au lieu des vers d'autrui, peut leur citer les siens.

métier, et dont il nous a enrichi depuis quelques années, sans que l'opinion des littérateurs lui ait encore assigné une place favorable ou défavorable. Fatigué sans doute d'un trop long travail, il a déclaré à la tête de sa dernière édition qu'il n'y reviendrait plus à l'avenir. Tant pis; car si l'on ne peut lui refuser le mérite d'une versification habile, on peut du moins lui contester celui de la fidélité qu'il outrage quelquefois d'une manière bien cruelle pour ceux qui goûtent le charme enivrant de la poésie originale, et puis d'ailleurs, avec le talent de M. Baour-Lormian, il n'est jamais permis de désespérer de rien. Faut-il en donner la preuve? Nous citerons sa description des Jardins d'Armide :

.... Soudain voilà que devant eux
S'offrent dans tout l'éclat de leur magnificence
Ces jardins qui d'Armide attestent la puissance.
O quel mélange heureux de mobiles ruisseaux,
De gazons émaillés, de jeunes arbrisseaux !
Ici de frais vallons, là de riants bocages,
Émules de fraîcheur, de verdure et d'ombrages ;
Mille essaims embaumés de plantes et de fleurs
Dont le cristal des eaux voit flotter les couleurs;
Des cavernes, des lacs, des grottes, des fontaines,
Des coteaux, de grands bois, et de fertiles plaines.
L'art, qui de la nature emprunte le pouvoir,
Jamais en l'imitant ne se laisse entrevoir,
D'un aimable larcin déguise l'imposture,
Semble de tous ses droits investir la nature,
Et prête à ce séjour, par lui seul habité,
Un charme de mollesse et de simplicité.
L'air féconde les fleurs ; l'air, à la voix d'Armide,
Encourage l'essor de la sève timide;
Et les fleurs et les fruits, qu'il réchauffe en son cours,
Dans un ordre constant se succèdent toujours.

Sur le même rameau la pomme jaunissante
Voit blanchir le duvet de la pomme naissante.
Plus loin, sur le sommet des coteaux lumineux,
La vigne de son pampre entrelace les nœuds,
Étale ses bourgeons, avec orgueil déploie
De ses grains transparents la fraîcheur et la joie,
Et suspend autour d'elle en un riche appareil
Ses grappes de rubis qu'enflamme le soleil.

Mille oiseaux différents de voix et de plumages
En soupirs amoureux confondent leurs ramages.
Chantent-ils ? le Zéphir s'arrête au même instant :
Qu'ils se taisent, soudain le Zéphir inconstant
Reprend son vol léger, redouble son murmure,
Fait frémir les ruisseaux, les forêts, la verdure ;
Et les ruisseaux, les bois, par des sons ravissants
Des oiseaux attentifs prolongent les accents.
Mais le silence règne. Alors se fait entendre
On ne sait quelle voix harmonieuse, tendre,
Qui, d'un hymne d'amour charmant tous les échos,
Remplace le concert de la terre et des flots :

« Voyez dans nos bosquets la rose, vierge encore,
S'échapper du bouton qu'une nuit fit éclore :
Plus elle s'enveloppe, et plus l'œil enchanté
Devine sa fraîcheur et prévoit sa beauté.
Moins timide, bientôt la rose printannière,
Se dégageant du nœud qui la tient prisonnière,
Aux caresses du jour abandonne son sein :
Hélas ! et son éclat a disparu soudain.
Elle languit et meurt, cette rose si belle
Que brûlait de cueillir plus d'un amant fidèle.
De la jeunesse ainsi la fleur s'épanouit,
Ne brille qu'un moment, tombe et s'évanouit.

De myrtes, de rayons la tête couronnée,
L'aimable et doux printemps ramène chaque année ;
Mais il ne peut, hélas ! ramener dans son cours
La première fraîcheur de nos premiers beaux jours.
Eh bien ! puisque le soir elle sera flétrie,
Cueillons dès le matin la rose de la vie.
Dans l'âge des plaisirs, aimons, lorsque l'amour
Nous promet les douceurs du plus tendre retour. »

Elle dit : les forêts plus mollement gémissent ;
Au chant aérien les oiseaux applaudissent ;
Vous les voyez frémir d'une nouvelle ardeur :
La colombe, oubliant sa plainte et sa pudeur,
Poursuit de ses baisers sa compagne chérie.
Tout s'unit, se confond, s'enlace, se marie.
Une sève d'amour inonde à flots errants
Les prés, les bois, les fleurs, les vallons odorants ;
Le lierre au bras flexible enveloppe le chêne ;
Tout ce peuple d'amants forme une étroite chaîne,
D'un long embrassement savoure le plaisir,
Et tremble, tourmenté des frissons du désir.

Traduction de la Jérusalem délivrée.

Quand on a fait d'aussi beaux vers, on peut rire des mauvais plaisants, alors même qu'ils diraient : il naquit in-12, vécut in-8°, et doit in-4°.

IMPRIMERIE DE BÉTHUNE.
rue Palatine, n. 5, à Paris.

Benjamin Constant.

l'oracle Eur

M. BENJAMIN CONSTANT.

Les vivants ont droit à des égards; nul plus que nous ne reconnaît et ne professe cette réserve dictée par les convenances. Mais, est-ce à dire pour cela qu'il faille taire la vérité? et doit-on attendre la mort du publiciste pour révéler toutes les actions de sa vie politique? Nous ne le croyons pas; et ce serait selon nous une étrange erreur, que d'attendre l'instant où l'homme n'est plus pour donner un libre cours à la critique, et censurer des actions dont l'explication est désormais difficile, pour ne pas dire impossible. Vérité sans amertume et sans passion! telle est, et telle doit être la devise du biographe : que sa réserve soit sage sans être timorée, que sa franchise soit pleine et entière; mais qu'elle ait aussi ses bornes, et s'arrête là où commencent les mœurs privées et le secret des familles. Nous avions besoin d'exprimer ces pensées et de faire cette profession de foi avant de tracer la biographie de M. Benjamin-Constant, et, pour nous disculper avant tout des reproches d'une intrigue amère ou partiale, nous reconnaissons qu'avant de déverser le blâme sur quelques opinions d'un tel homme, il faut y regarder à deux fois, et que tel acte de sa vie, qui semble au premier aspect n'être point en harmonie avec ses principes de tous les jours, peut bien avoir été commandé par les circonstances et n'être qu'une de ces sages concessions exigées par le besoin de l'époque; puisse cette pensée nous servir à expliquer quelques pages, rares à la vérité, de la vie de M. Benjamin-Constant. Nous nous garderons bien de ranger cet honorable publiciste parmi les hommes de parti, libéraux par boutade ou par entêtement, qui n'acceptent le bien, ou ne le reconnaissent pour tel, qu'alors qu'il leur est présenté par une main amie. Tel ne nous apparaît pas celui dont nous retraçons l'histoire. Ses opinions, peut-être, ne sont pas toujours exemptes d'exagération; peut-être aura-t-il varié quelquefois dans les moyens, mais jamais dans le but qu'il se propose. Il aime la liberté, parce qu'il la croit utile au bonheur des hommes. Cette pensée philanthropique est un besoin de sa conscience et de sa conviction, il la soutient et la propage de tous ses efforts. Pour la liberté, il a consacré tous les instants de sa vie, et toute la puissance d'un esprit profond et d'une éloquence entraînante. Certes! ce dévoûment est si grand, si noble et si sublime, qu'il suffirait à lui seul pour désarmer la critique.

Constant, baron de Rebecque (Benjamin), fils de *Constant Samuël*, général au service de la Hollande, et littérateur très-distingué, est né à Genève en 1767; sa famille était d'origine française, mais la révocation de l'édit de Nantes l'avait forcée de fuir, et de chercher sur une terre étrangère la liberté de conscience que le fanatisme proscrivait sous le nom d'une religion de paix et de tolérance. Ce fut à Genève qu'il passa les premières années de sa vie, et qu'il se livra aux études sérieuses qui devaient un jour le placer parmi les publicistes les plus distingués.

En 1795, il quitta Genève pour venir dans l'ancienne patrie de ses pères, qui promettait tant de liberté et de gloire, au prix de tant et de si douloureux sacrifices. Il avait 26 ans, et déjà ses principes politiques et religieux étaient invariablement fixés, moins par des théories stériles et souvent impraticables, que par les utiles leçons de l'expérience, qu'il pouvait puiser dans le sein même de sa famille. Quelle impression profonde et durable, en effet, n'avait pas dû laisser dans son esprit l'intolérance religieuse qui avait frappé d'exil tant de familles! Quel exemple pour lui, en 92, alors que la France menaçait par ses armées l'indépendance de Genève, que de voir son vieux père, se ranimant au nom sacré de liberté, courir à ses armes, se confondre parmi les soldats, et, dans les fossés de la ville, conspirer de tout son courage pour conserver à Genève ses droits et son indépendance.

Liberté ! tolérance ! furent les premiers cris de M. Benjamin Constant. A peine arrivé en France, il embrassa avec ferveur la cause de ses co-religionnaires, et à *la Barre* des Cinq-Cent réclama leur réintégration dans les droits de citoyens français : cette noble cause fut agitée et accueillie avec enthousiasme, elle était digne tout à la fois et de l'orateur et des juges appelés à prononcer. Vers la même époque (1796), M. Benjamin Constant publia une brochure intitulée *De la force du gouvernement en France et de la nécessité de s'y rallier.* Les pensées et le style de cet ouvrage annoncèrent un talent original, habile et profond, une logique tantôt pressente et vigoureuse, tantôt délicate et subtile. Dans cette production, comme dans tout ce que nous avons de l'orateur et de l'écrivain, on remarque une discussion vivante de faits et de principes ; son talent, s'il nous est permis de nous exprimer ainsi, est essentiellement positif, son éloquence est celle de la raison ; son allure est grave, vigoureuse, ses pensées se pressent, ses phrases courtes les peignent et les dessinent avec rapidité et concision ; quelquefois il a recours à l'ironie et au sarcasme ; mais, en habile tacticien qui note son adversaire et les opinions qu'il soutient de ridicule, pour le saisir après corps à corps, l'enlacer d'arguments et le vaincre après l'avoir affaibli.

Deux autres ouvrages parurent en 1797. Le premier a pour objet *les Réactions*, le second est intitulé *des Effets de la terreur.* Dans l'un, l'auteur établit qu'on doit arrêter les réactions sanglantes, contre-coups perpétuels dont tous les partis sont successivement atteints ; c'est la cause de l'humanité. Dans l'autre, M. Benjamin Constant prouve que la terreur n'avait point été nécessaire au salut de la république, et qu'elle n'avait eu que de funestes résultats sans aucune utilité pour la révolution.

Nous arrivons à l'année 1798; ici commencent les difficultés que nous avions prévues; nous ne ferons qu'une seule réflexion. M. Benjamin Constant faisait partie du cercle constitutionnel appelé *Club de salut :* il était l'un des principaux membres de cette opinion qui s'élevait entre le passé et ses traditions, le présent et ses excès. Il fut chargé de prononcer le discours d'ouverture : dans cette occasion, M. Benjamin se montra, comme il l'avait été jusqu'alors, ami sincère de la liberté, il flétrit la licence ; pourquoi donc quelques passages, non loin de ceux où l'orateur exprimait avec tant d'éloquence sa haine contre l'arbitraire et l'absolutisme, et son ardent amour de la vraie liberté, permettent-ils de penser qu'il fut plus que constitutionnel, et moins que royaliste. Quoi qu'il en soit, le tribunat fut formé, M. Benjamin Constant y fut appelé en 1799. Étranger aux événements qui mirent le pouvoir aux mains de Napoléon, il se déclara énergiquement contre les envahissements du despotisme. En 1800 il déploya toutes ses forces contre le projet sur les communications entre les pouvoirs, projet dont le but était de faire passer toutes les lois sans autre formalité qu'une présentation officielle suivie d'une simple lecture. « Le but de ce projet, disait-il, est de dicter nos lois *au vol* afin que nous ne puissions les examiner. » Maintes fois, depuis lors, en voyant M. Benjamin Constant à la tribune, calme, impassible, attendant que les cris, *la clôture,* argument éternel d'une majorité compacte qui n'en avait pas d'autre, lui permissent de continuer, nous nous sommes rappelé ces paroles qui, lors de la présentation des budgets, auraient fort bien pu être de saison.

Au mois de décembre (1800) il combattit tout à la fois et la réduction des justices de paix et la création de ces tribunaux spéciaux si contraires aux principes de la justice et de l'humanité, et qui enlevaient aux accusés les garanties que pré-

sente l'institution du jury, puis le plan d'amortissement de la
dette publique, présenté dans les premiers mois de 1801. Dans
le cours de cette année, il fit entendre ses éloquentes protestations en faveur du droit de pétition, de la liberté de la presse,
de la faculté de tester ; enfin le tribun fut appelé à rendre
hommage à la gloire de nos armées victorieuses, après la bataille de Marengo, et si la victoire eut des trophées les droits
de la liberté ne perdirent rien dans la bouche de l'orateur.
C'est à cette époque qu'il publia un ouvrage remarquable
ayant pour titre *Suite de la Contre-Révolution de 1660 en Angleterre.*

, Cette opposition constante, ferme, courageuse, cet amour
de la liberté, cette guerre ouverte au despotisme, la franchise
et l'énergie avec lesquelles il exprimait ses opinions, ne devaient
ni ne pouvaient trouver grâce auprès de Bonaparte ; aussi
M. Benjamin fut-il compris dans les premières éliminations
du tribunat, qui eurent lieu au mois de mars (1802). Il fut
proscrit, gloire lui en soit rendue ! Les coups du despotisme et
de l'arbitraire honorent qui les reçoit, et flétrissent qui les
porte.

Ici M. Benjamin-Constant disparaît de la scène politique,
un éloquent écrivain est son compagnon d'exil, notre mémoire
nous rappelle l'auteur de *Corinne*, et ce nom seul renferme le
souvenir d'un beau génie, d'une âme ardente et d'une sensibilité profonde. Ces deux illustres proscrits parcoururent ensemble plusieurs contrées de l'Europe. Après leur séparation,
M. Benjamin se fixa à Gottingue, où il s'allia à une famille
distinguée du Hanovre.

Pendant le long séjour qu'il fit à l'étranger, il composa la
tragédie de *Walstein*, précédée d'un discours sur les différents
systèmes du théâtre, et, qui, l'un et l'autre, suffiraient à
M. Benjamin pour s'asseoir avec distinction parmi nos littérateurs. En 1814, il revint à Paris (avril), on prétendit alors

qu'il venait en qualité de secrétaire intime du prince royal de Suède, mais il démentit cette assertion du *Journal des Débats*.

Ici redoublent les difficultés. M. Benjamin ne serait-il plus en 1815 ce qu'il était en 1797, et ce qu'il a été depuis lors, au mois de mars 1815. Sera-t-il tout autre qu'il va être en avril même année? des circonstances politiques, des intérêts à ménager, la puissante influence du géant qui dominait la France et tout ce qui l'approchait, expliqueront-ils cette mobilité? pour nous, nous nous contenterons de raconter.

M. Benjamin Constant parut sincère aux soutiens de la cause royale, il publia quelques opinions énergiques; ce fut, surtout, lorsqu'on apprit le débarquement de Bonaparte, qu'il s'exprima avec plus de vigueur.

« Après avoir versé tous les fléaux sur notre patrie, il a quitté le sol de la France. Qui n'eût pensé qu'il le quittait pour toujours? Tout-à-coup il se présente et promet encore aux Français, la liberté, la victoire et la paix. Auteur de la constitution la plus tyrannique qui ait régi la France, il parle aujourd'hui de liberté! mais c'est lui qui, durant quatorze ans, a miné et détruit la liberté. Il n'avait pas l'excuse des souvenirs, l'habitude du pouvoir; il n'était pas né sous la pourpre. Ce sont ses concitoyens qu'il a asservis, ses égaux qu'il a enchaînés, il n'avait pas hérité de la puissance; il a voulu et médité la tyrannie, quelle liberté peut-il promettre? Ne sommes nous pas mille fois plus libres que sous son empire? il promet la victoire; et trois fois il a laissé ses troupes, en Egypte, en Espagne et en Russie, livrant ses compagnons d'armes à la triple agonie du froid, de la misère et du désespoir. Il a attiré sur la France l'humiliation d'être envahie, etc. »

Le 19 mars, il signa, dans le *Journal des Débats*, un article dont voici la dernière phrase : « Je n'irai pas, misérable transfuge, me traîner d'un pouvoir à l'autre, couvrir l'infamie par le sophisme, et balbutier des mots profanes pour racheter une vie honteuse. »

Le 20 avril, il reçut de Bonaparte le titre de conseiller d'Etat ; il fut l'un des rédacteurs de la constitution, présentée au Champ-de-Mars ; il publia même des réflexions à ce sujet.

Au mois de juin 1815, M. Benjamin éleva encore la voix en faveur de Bonaparte. Mais, ici, nous voyons le citoyen, animé d'un zèle patriotique, qui montre moins de dévoûment pour Bonaparte que de douleur en voyant la France menacée par l'étranger, et qui considère Napoléon moins comme souverain que comme un général dont le puissant génie pouvait sauver la France. Voici ses paroles : « L'étranger nous contemple, il sait qu'à notre tête marche le premier général du siècle ; s'il nous voit ralliés autour de lui, il se croira vaincu d'avance ; mais, divisés, nous périssons. »

Après le retour du Roi M. Benjamin se retira à Bruxelles, où il demeura jusqu'en 1816. Il revint en France et consacra tous ses loisirs à la littérature et à la politique. Il présenta une généreuse défense pour Wilfrid-Regnaulth, et appela sur cette malheureuse victime la clémence du monarque.

En 1819, malgré les efforts du ministère, il fut élu député par le département de la Sarthe, et depuis lors, la France l'a toujours compté parmi ses représentants, la chambre parmi ses plus éloquents orateurs, la liberté parmi ses plus zélés partisans. Nous ne parlerons pas de tous les discours prononcés par cet honorable député, de toutes les opinions par lui émises, il faudrait dérouler toutes les pages de l'histoire de la chambre représentative ; aussi bien d'ailleurs, ces souvenirs sont trop récents, et le caractère de M. Benjamin s'est dessiné avec assez d'uniformité pour qu'on résume sa position dans la chambre par ces paroles : il n'a jamais manqué à la cause de la liberté et de la tolérance.

Les dernières paroles qu'il a prononcées annoncent combien il a compris la gravité et les devoirs de sa mission récente ;

chargé, lui neuvième, de dépouiller les actes de l'ancien ministère, il ne s'est permis, dans son discours sur le budget de 1829, aucune allusion qui trahît une conviction déjà formée.

Nous ne terminerons pas cette biographie sans honorer au moins d'une mention l'ouvrage sur lequel M. Benjamin semble, quoiqu'à tort, baser l'espoir de sa liberté comme philosophe et politique profond : son livre *De la Religion, considérée dans sa source*, etc., a paru en partie ; nous ne prétendons point l'analyser, nous nous bornons à dire qu'il ne fera pas révolution.

Nous avons de M. Benjamin, outre les ouvrages dont nous avons parlé : *De l'Esprit de conquête et de l'Usurpation dans leurs rapports avec la civilisation européenne ; 1814, in-8°, 9° édition. — Réflexions sur les Constitutions, la distribution des pouvoirs et les garanties dans une Monarchie constitutionnelle ; in-8°. — De la Liberté des brochures, des pamphlets et des journaux sous le rapport de l'intérieur du gouvernement ; 1814, in-8°. — Observations sur le discours prononcé par le ministre de l'intérieur en faveur du projet de loi sur la liberté de la presse ; in-8°, 1814. — De la Responsabilité des ministres ; 1815. — Principes de politique applicables à tous les gouvernements représentatifs de 1810. — Principes de Droit public ; 1815. — Adolphe, in-12, 1816. Enfin discours prononcés à la chambre élective.*

IMPRIMERIE DE DÉPONDS,
rue Palatine, n. 5.

M. EUSÈBE SALVERTE.

SALVERTE (Anne-Joseph-Eusèbe Baconnier de), que l'on a mal à propos confondu avec son frère Jean-Marie-Eustache, ancien administrateur des domaines, naquit à Paris le 18 juillet 1771; il fut élevé chez les Pères de Juilly, si renommés par l'excellence de leur méthode et de leur doctrine; reçu en 1789 avocat du Roi au Châtelet de Paris, il y exerça ses fonctions jusqu'à la suppression de ce tribunal. Alors M. de Salverte fut tour-à-tour attaché au ministère des relations extérieures et au bureau du cadastre. Dans la journée du 18 vendémiaire an IV (1795), il présida la section du Mont-Blanc, rebelle à la convention, ce qui provoqua contre lui un arrêt de mort; ayant purgé sa contumace en 1796, la condamnation demeura sans effet. Depuis lors, M. de Salverte ne sollicita et n'occupa aucune place; sa vie publique, pendant long-temps, se borna à quelques apparitions au barreau, où il vint défendre gratuitement les causes de ses amis, et à la publication de plusieurs écrits.

Outre sa coopération à divers recueils périodiques, tels que la *Bibliothèque universelle de Genève*, et la *Bibliothèque française de Ch. Pougens*, M. de Salverte travaillait à des ouvrages sur d'importantes matières. On a de lui : *Journées des 12 et 13 germinal 1895 ; les Premiers Jours de prairial 1795 ; de la Balance du gouvernement et de la législature*, 1798 ; *Romances et Poésies*, 1798 ; *Épîtres de Saluste à César*, traduites du latin, 1798 ; *le Droit des Nations*, ode, 1799 ; *Conjectures sur la cause de la diminution apparente des eaux*, 1799 ; *Notice sur la Vie et les Ouvrages de L. C. Cadet*, 1800 ; *Eloge philosophique de Di-*

derot, 1801 ; *Des Rapports de la Médecine avec la Politique*, 1806 ; *Télémaque*, en vers latins de Viel, avec un *Discours préliminaire*, 1808 ; *Tableau littéraire de la France au 18ᵉ siècle*, 1809 ; *Naila ou les Serments*, 1812, *Phédosie*, tragédie, 1813 ; *De la Civilisation depuis les premiers temps historiques*, etc., 1813 ; *De la Demande du Consulat par L. Cicéron*, et *Fragments du Discours de Cicéron sur sa Candidature*, traduits du latin, 1817 ; *Essai sur la Magie*, etc., Bruxelles, 1817 ; *Notices sur quelques monuments anciens, situés dans les environs de Genève*, 1819 ; *Horace et l'empereur Auguste*, 1823 ; *Essai historique et philosophique snr les noms d'hommes, de peuples et de lieux*, 1824 ; une foule d'autres écrits sont encore dus à la plume féconde de M. de Salverte. Nous ne rappelons que les principaux, parce qu'ils suffisent pour établir ses droits comme érudit et comme penseur, nous pourrions ajouter comme poète, car, outre *Phédosie*, M. de Salverte est l'auteur d'une tragédie sur la *Mort de Jésus-Christ*.

Patriote durant les cent jours, il se retira en Suisse après la seconde invasion des troupes étrangères. Membre de la chambre actuelle des députés, il siège au côté gauche, et souvent sa voix s'y est élevée pour faire l'apologie des opinions libérales, comme pour anathématiser les défenseurs de l'ancien ministére.

Le frère de M. Salverte, ancien administrateur des domaines comme leur père, s'est beaucoup occupé de finances; il a même publié l'*Examen des budgets pour l'année 1818*, ainsi que des considérations remarquables sur *les Directions générales*. A côté de ses travaux scientifiques et littéraires, M. de Salverte a également exploité la mine si féconde de l'économie politique; il nous suffit à cet égard de renvoyer aux titres de quelques ouvrages déjà cités, de rappeler son écrit sur les *Caisses d'épargne*. On n'a point été surpris de l'entendre tout récemment discuter le budget de 1829, avec une pleine connaissance de cette matière à la fois si difficile et si importante.

Il y a de la sévérité dans la manière de voir de M. de Salverte ; mais dans son opinion fortement exprimée sur la nécessité des économies, sur le scandale de secrètes dilapidations, avec la conviction qui sans doute a commandé ses paroles, on doit reconnaître qu'il a rempli le mandat de ses commettants. M. de Salverte a fréquemment paru à la tribune, les murmures du côté droit ont quelquefois accueilli ses discours, les applaudissements du côté gauche ont encouragé ses efforts ; qu'il ne s'aveugle ni sur la justice des uns, ni sur l'injustice des autres ; qu'il ne dévie surtout jamais de la ligne que lui trace la bonne foi. L'homme condamné à mort par la convention a des titres à l'estime des hommes de bien ; quoiqu'il ait fait l'éloge historique de Diderot, il en a aux égards de ceux qui flétrissent de leur indignation et les erreurs et les épouvantables excès de l'école philosophique.

LE LIEUTENANT-COLONEL SÈVE,

Renégat, aujourd'hui Soliman-Bey.

Il y a des hommes que la fatalité s'acharne à poursuivre, et qui semblent n'être doués de qualités brillantes que pour être conduits plus sûrement à leur perte. Tel est l'officier français, connu maintenant sous le nom de Soliman-Bey, et dont les talents militaires, le courage chevaleresque, ont été si funestes aux Grecs dans la dernière campagne.

Peut-être n'est-ce pas la fatalité seule qui arme contre les malheureux Grecs des Français distingués à quelques égards ; les Sève, les Boyer, les marquis de Livron sont là pour l'attester. Pour prendre de pareilles résolutions, et pour y persister, la fatalité ne suffit pas. Dans les uns, on serait en droit de soupçonner de honteuses passions, un vil intérêt ; dans les autres, c'est défaut d'intelligence et habitude du despotisme militaire. Il était naturel, en effet, qu'au milieu des événements si extraordinaires qui ont agité l'Europe, il se formât des hommes pour qui rien ne fût noble que le commandement, légitime ou non. Qu'importe à de tels hommes de combattre pour les Grecs ou pour les Turcs ? Il y a encore une autre cause qui sert à façonner de pareils individus ; c'est cette politique de l'*utile,* autrement dit, de l'intérêt personnel, que repoussa toujours la conscience du genre humain, et que néanmoins les gouvernements se transmettent avec obstination. Quand les nations sont dirigées d'après un tel principe, il est difficile aux individus de ne pas faillir.

SÈVE, fils d'un meûnier des environs de Lyon, s'engagea de bonne heure dans l'artillerie de la marine, déserta, prit le chemin de l'Italie, et s'enrôla de nouveau dans la ligne. Nommé en 1812 adjudant-major dans les chasseurs à cheval de la garde impériale, sa valeur impétueuse le jeta au milieu de la cavalerie anglaise qui venait de débarquer en Espagne, et dont l'inexpérience excitait sa témérité. Après avoir rompu et traversé plusieurs fois les escadrons ennemis, il fut démonté et emmené prisonnier en Angleterre. Il y devint l'âme d'un projet audacieux, qui exigeait le plus froid mépris de la mort. Les obstacles qu'il rencontra irritèrent son humeur naturellement gaie, franche et bienveillante. Il se prit de querelle avec son compagnon d'infortune, et dans leur propre chambre, sans aucun témoin, adossés contre le mur, ils se battirent à outrance. Sève fut traversé de part en part d'un coup d'épée. Huit jours après, il se promenait dans la campagne, et entretenait avec feu un de ses amis de l'effrayante exécution de son plan favori. Pour en assurer le succès, il résolut de se rendre en France sur le champ ; mais il fallait, pour parvenir à déserter, braver la plus horrible captivité, disposer de beaucoup d'argent et trouver le moyen de faire cause commune avec quelque troupe intrépide de contrebandiers du Devonshire. L'amour et l'amitié se dévouèrent pour lui ; une jeune personne qui n'ignorait pas qu'elle allait, en le servant dans ses projets, perdre sans retour celui qu'elle aimait, n'hésita pas à se rendre à minuit, au milieu d'une bruyère, pour conférer avec des brigands, et leur apporter de l'or. On juge bien qu'un tel militaire, méprisant la mort à ce point, avide de dangers, fit avec éclat les dernières campagnes de la vieille armée.

En 1814, il était chef d'escadron et décoré de plusieurs ordres. Le maréchal Ney le choisit pour son aide-de-camp. Il se trouva sur le chemin de Bonaparte qui revenait de l'île d'Elbe, il en reçut une mission pour Toulon, fut nommé lieutenant-colonel, et assista à la bataille de Waterloo. Lors du procès du maréchal Ney, Sève, excité par la violence de ses résolutions et par l'idée peut-être que, comme autrefois, la proscription allait descendre de rang en rang, conçut le projet de se rendre en Egypte; il ne tarda pas à y arriver. Il offrit au pacha de prendre du service dans son armée. D'abord ses offres furent rejetées, et il vécut à Alexandrie dans le dénûment le plus complet. Enfin, il se décida à demander plus instamment un emploi. Interrogé sur ses connaissances, il paya d'audace et accepta la place d'inspecteur des travaux préparatoires pour la découverte d'une mine de charbon de terre. Il fut en même temps chargé de surveiller la conduite d'un certain bey, suspect aux yeux de Méhémet. Comblé de présents par ce dernier, il se mit en route et arriva, après quelques jours de marche, au lieu de sa destination. L'affaire du charbon n'était rien par elle-même : de misérables Napolitains avaient vanté à Méhémet l'importance d'une pareille richesse dans son royaume, et celui-ci avait fait des dépenses tout à fait sans résultat; Sève instruisit le pacha de cette erreur, et reçut néanmoins l'ordre de rester pour le même motif de surveillance. Bientôt après, cependant, il revint à Alexandrie, et décida Méhémet à introduire en Afrique la discipline européenne.

Il forma un bataillon d'Arabes, choisis parmi ceux qui s'offrirent de bonne volonté; le succès répondit à son attente. Pour parvenir à surmonter tous les obstacles, il fut obligé de châtier ses nouveaux soldats à coups de bâton, et afin de faire un exemple sévère, il donna lui-même cinquante coups de bastonnade à un capitaine qui avait insulté un lieutenant-colonel arabe. Deux mois après, Méhémet voulant s'assurer des progrès des conscrits, fut enchanté de cette nouvelle manière de combattre, et dit à Sève de lui présenter un devis des dépenses à faire pour organiser deux régiments. Les armes et les habillements furent en toute hâte demandés aux fournisseurs de

Marseille. L'arrivée de ces effets ne tarda pas, et pour la première fois de sa vie, le pacha vit le singulier spectacle de ses esclaves, armés pour assurer la tranquillité de leur maître. Instructeur de ces hommes, Sève avait l'ambition d'en devenir le chef; mais les lois de l'Orient s'opposent à ce qu'un chrétien exerce la moindre autorité sur les musulmans : de sorte que par le fait, après bien des travaux, il ne pouvait prétendre à aucun avantage. Le pacha d'Egypte l'engagea à quitter sa religion, et pour l'y décider, il lui parla en ces termes : « La France vous a repoussé, vous ne pouvez plus espérer d'y rentrer, le roi d'Egypte vous adopte : croyez-moi, une contrée fertile pour patrie, et un puissant roi pour protecteur valent mieux que tout ce que vous abandonnez. » Le vain éclat des grandeurs, les pressantes sollicitations du pacha vainquirent la répugnance de Sève, et il se fit musulman, à la honte du monde chrétien. Après avoir éprouvé par des ordres sévères la soumission de son nouveau lieutenant, Méhémet, en présence de plusieurs officiers de sa cour, fit jeter sur les épaules de Sève la pelisse, costume de bey : il fut ensuite proclamé par le pacha, en présence de tous les généraux Egyptiens, Soliman-Bey d'Egypte. Depuis cette époque, il adopta les coutumes turques, assista en hypocrite aux cérémonies de la mosquée, but du vin seulement avec ses amis, monta un harem au Caire, épousa trois femmes, dont deux l'ont déjà rendu père.

L'apostasie de Sève est plus méprisable encore que son acharnement contre les malheureux Grecs. L'expédition contre le Péloponèse, dont il a conduit les opérations, lui a donné l'occasion de développer une habileté et une valeur qui lui ont acquis la confiance et la faveur d'Ibrahim. Mais plus il déploie de talents militaires, plus il fait regretter que ses qualités brillantes soient perdues pour son pays, et employées dans une cause qui doit le faire rougir de ses déplorables succès.

Sève est d'une stature au-dessus de la moyenne; sa tête

est grosse, sa figure large, ses yeux sont bleus et perçants ; il porte d'énormes moustaches qu'il relève sans cesse. La petite vérole l'a défiguré ; néanmoins l'ensemble de sa physionomie commande l'obéissance. Il parle très-bien le français et ne manque point de cette érudition superficielle nécessaire dans le monde ; seulement le ton et les manières d'un grenadier ne le quittent jamais. La seule qualité qui brille à travers mille défauts est une valeur à toute épreuve, et lorsqu'il fut promu à la dignité de bey et investi d'un commandement, des rivalités s'élevèrent de toutes parts, et ce ne fut qu'en mettant le sabre à la main pour se battre corps à corps avec chacun de ceux qui voulaient lui résister qu'il obtint obéissance et respect.

Nous terminerons ici la notice biographique d'un homme indigne du nom de Français, et voué, par son apostasie, à l'exécration des siècles à venir.

IMPRIMERIE DE BÉTHUNE.
Rue Palatine, N. 5, à Paris.

M. BIGNON.

Bignon (Louis-Édouard, baron) naquit en 1771, à la Meil-
leraye, département de la Seine-Inférieure ; il fit ses études à
Paris, au collége de Lisieux ; c'est à l'époque de la prise de la
Bastille que commença sa carrière. M. Bignon avait embrassé
avec ardeur les principes de la révolution, seulement il en
répudiait les sanglantes conséquences : formé lui-même à l'é-
cole des proscriptions, dont il subit l'atteinte en 1793, il pouvait alors chérir la liberté, mais il devait haïr et craindre la
licence. Un long intervalle se place entre ces premiers jours
du nouvel ordre de choses et la restauration : Napoléon, avec
toutes ses gloires, mais avec sa verge de fer, dominait alors
la France ; devant lui la liberté se voilait, et grand nombre de
ses plus chauds partisans de 1789, se sacrifiant sans doute aux
exigences du despote qui leur jetait des dotations et des titres,
qui les chamarrait de cordons, jugèrent à propos de ne point
soulever le coin du voile. Par compensation, les Bourbons
n'eurent pas plutôt reparu, que, le charme se brisant, leur
ardeur pour l'indépendance se développa avec toute son inten-
sité, et, quoiqu'ils conservassent et leurs pensions et leurs cra-
chats, ils se constituèrent de rechef partisans de l'égalité,
amis et avocats du peuple, censeurs du pouvoir ; le tout, il
faut le croire, pour l'acquit de leur conscience et pour la plus
grande édification des... *niais*. Nous n'ajouterons pas, demandez plutôt à M. Bignon.

En 1793, M. Bignon chercha un asile à l'ombre de nos drapeaux ; il servit comme simple soldat dans la 128ᵉ demi-bri-
gade ; puis il devint secrétaire du général Huet, et, échan-

geant contre la plume le fusil qu'il avait porté pendant cinq ans, il tenta une nouvelle fortune. Distinguons deux époques : les temps qui précèdent la restauration, les années qui l'ont suivie. Pendant l'une, la physionomie de M. Bignon offre un caractère qui s'est singulièrement modifié dans le cours de la seconde.

Nommé secrétaire de légation près la Confédération helvétique en 1797, près la république cisalpine en 1799, il vit ces états se dissoudre ; il a même publié un mémoire sur le *Système suivi par le Directoire exécutif relativement à la république cisalpine*. Il occupait le même emploi à la cour de Berlin en 1800 et 1801 ; il y fut accrédité en 1802 et 1803, comme chargé d'affaires, recueillant, à cette époque, de la part du roi de Prusse et de sa famille, des marques de bienveillance qui annoncent qu'il les avait su mériter, mais qui durent lui faire dans la suite un devoir bien douloureux des fonctions qu'il eut à remplir. De 1803 à 1806, M. Bignon habita Cassel, en qualité de ministre plénipotentiaire près l'électeur de Hesse. Dans son ouvrage des *Proscriptions*, publié en 1820, M. Bignon annonce qu'un ministre de cet électeur conçut la première idée d'une ligue des princes allemands du second ordre, qu'il voulait placer sous la double égide de la France et de la Russie ; projet que Buonaparte réalisa sous le titre de Confédération germanique qu'il se réserva le droit exclusif de protéger. Le même ouvrage nous apprend que, la veille même de la bataille d'Iéna, le ministre français proposait encore à l'électeur de signer une convention de neutralité, et que le prince, qui s'y refusait alors, ne consentit à y accéder qu'après que l'événement du combat l'eut rendue inutile pour Buonaparte. Quand nos troupes occupèrent Berlin, M. Bignon reçut la mission de commissaire impérial près les autorités prussiennes ; jusqu'en 1808, il se trouva chargé d'administrer les domaines et les finances des pays occupés. L'évacuation du territoire prussien, mit fin à l'exercice de ces importantes fonctions. M. Bi-

gnon était en 1809 ministre plénipotentiaire près le grand-duc
de Bade, lorsqu'il reçut l'ordre d'aller administrer l'Autriche
comme il avait naguère administré la Prusse. On l'envoya
ensuite à Varsovie, où il resta trois ans. A l'ouverture de la
campagne de 1812, M. de Pradt l'ayant remplacé en Pologne,
il fut nommé commissaire impérial près le gouvernement con-
ventionel de Lithuanie, chargé d'insurger les Polonais contre
les Russes : mission demeurée sans beaucoup de succès. Dans
la retraite de Moscou, M. Bignon, remplaçant à son tour
l'abbé de Pradt, avec le titre d'envoyé extraordinaire et ministre plénipotentiare, revint à Varsovie. Est-ce là le motif
de la rancune de l'archevêque de Malines ?

Tant de fiel entre-t-il dans l'âme des dévots?

ou bien, à part toute rancune, l'abbé de Pradt a-t-il dit la vérité en traçant ces paroles dans l'histoire de sa fameuse ambassade ?

« J'avais pour prédécesseur à Varsovie, M. Bignon. Le duc
me l'annonça, à Dresde, comme une merveille. Quel fut mon
étonnement quand, au lieu de la gravité, de la décence, du
soin de l'honneur national, de celui de l'entretien de la bienveillance mutuelle entre les deux nations, qui me paraissaient
devoir composer l'ensemble de la manière d'être et des occupations d'un ministre de France, je trouvai un petit monsieur
uniquement occupé de petits vers, de petites femmes, de
petits caquets, et qui, dans les petits *rebus* dont se composaient
ses petites dépêches, disait familièrement au duc (de Bassano),
en parlant de la certitude d'un éclat entre la France et la Russie:
« La Russie amorcera si souvent, couchera en joue la France
si souvent, que la France sera forcée de faire feu... » (Brunet
n'aurait pas mieux dit); qui, en parlant de la liberté que le
roi de Saxe avait la bonté de permettre dans la société qu'il
admettait auprès de lui, disait qu'il y régnait un *sans-gêne*

bruyant. Toute sa correspondance est sur ce ton, et présente un mélange fatigant d'affaires traitées avec la prétention au bel esprit du plus bas étage. C'est un recueil des plus basses adulations pour l'empereur, des imputations les plus odieuses contre les Russes, des exposés les plus faux de leurs forces : la confiance, la jactance, les excitations, qui en forment la plus grande partie, ne permettent pas de douter que M. Bignon ne doive être considéré comme un des fomentateurs de la guerre de Russie. Cette correspondance paraît évidemment dressée en vue de ce résultat. »

Nous n'entrerons pas dans le triste détail des événements de cette époque ; quoi qu'ait dit M. de Pradt, M. Bignon est beaucoup meilleur diplomate que lui ; ses efforts paralysèrent quelque temps les mouvements des armées ennemies, et lorsqu'en 1813 il rentra en France, il y rapporta la réputation d'un négociateur qui ne manquait pas d'habileté. C'est M. Bignon qui annonça à Buonaparte la défection de Murat.

En 1814, il publia un *Exposé comparatif de l'état financier, militaire et politique de la France et des principales puissances de l'Europe*. On ne s'étonnera point qu'un pareil écrit soit sorti de sa plume : sa participation aux affaires publiques le mettait à même d'approfondir ce sujet.

Napoléon se connaissait en hommes ; il fallait bien que M. Bignon eût du mérite pour qu'il le nommât, pendant les *cent jours*, conjointement avec M. Otto, sous-secrétaire d'état au ministère des affaires étrangères. A son retour en France, M. Bignon s'était retiré à la campagne ; cette nomination lui fit quitter sa retraite. Le département de la Seine-Inférieure le nomma son représentant. Chargé, après la seconde abdication, du portefeuille des affaires étrangères, qu'il conserva jusqu'à l'entrée des alliés dans Paris ; il signa, en cette qualité, la convention du 3 juillet : voilà le dernier acte de sa vie diplomatique.

En 1817, le département de l'Eure porta M. Bignon à la

chambre des députés : il est superflu d'ajouter qu'il a toujours siégé au côté gauche.

M. Bignon s'éleva contre les lois d'exception, réclama la liberté de la presse, combattit pied à pied les envahissements du ministère ; il faudrait reproduire ses discours pour donner la mesure du zèle si libéral d'un homme que l'abbé de Pradt représente comme le vil adulateur de Buonaparte. Heureusement, nous avons la ressource de ne pas croire l'ex-archevêque de Malines, car il nous en coûterait trop de placer au niveau d'un Royer-Collard le complaisant d'un despote. Admettons, par conséquent, la sincérité présente, passée et future de M. Bignon.

En 1817 et 1818, M. Bignon éleva souvent la voix en faveur des bannis ; si nous l'en croyons, il avait même en portefeuille une démonstration catégorique de leurs droits au rappel ; « Il existe encore, disait-il, en faveur des proscrits, un argument particulier dont très-peu de personnes ont eu connaissance, et qu'une déplorable fatalité m'a empêché de produire dans une grande et fatale conjoncture, un argument terrible que je crains de faire retentir du haut de cette tribune, et que je crois bien plutôt devoir taire dans l'intérêt du gouvernement... Je m'arrête ; le trait une fois lancé ne revient point en arrière ». Il paraît que M. Decazes se sentait cuirassé contre ce trait, car il somma, mais en vain, M. Bignon de le faire briller au grand jour : on soupçonne qu'il s'agit d'un article secret de la convention du 3 juillet, dont le maréchal Ney et les bannis auraient pu, suivant M. Bignon, invoquer le bénéfice.

Quoi qu'il en soit, nous voulons bien croire que l'argument du diplomate est plus sérieux que la conspiration dont on signala M. Bignon comme le dangereux moteur. L'indiscrétion de son barbier lui attira, pendant l'intervalle des sessions, une surveillance gênante, dont il se vengea plaisamment en publiant une brochure intitulée : *la Conspiration des barbes.*

Les départements de la Vendée et du Haut-Rhin lui donnèrent à la fois leurs suffrages en 1820; il ne faisait cependant plus partie de la chambre en 1827; mais, la mort de Stanislas-Girardin y laissant un vide, les électeurs de Rouen désignèrent M. Bignon pour lui succéder, à la majorité de 760 voix sur 967 votants. « Appelé dans cette chambre, dit-il, lors de la discussion du budget des affaires étrangères, par une de ces pertes qui sont un deuil pour la patrie, je viens sur les traces de l'illustre citoyen auquel je succède y remplir d'honorables et difficiles devoirs. La loyauté du caractère, la finesse et la grâce de l'esprit qui distinguaient mon prédécesseur, vous avaient, sans acception d'opinions politiques, inspiré pour sa personne une estime et une bienveillance méritées. Héritier de ses sentiments et de son mandat, sans apporter ici les même talents, je n'aurai pour me recommander auprès de vous que la même droiture dans les intentions, la même franchise dans le langage. »

Ce début annonçait suffisamment que le discours de M. Bignon serait hostile contre le ministère. Il lui reprocha en effet de n'avoir point su utiliser la position nouvelle de la France, en lui ralliant les états qui, comme elle et peut-être davantage, devaient rebouter l'excessive prépondérance de quelques cabinets : conduite qui accusait une absence totale de système politique, un manque absolu de prévision. Encore si ce ministère, déjà convaincu d'une faute si capitale, en avait racheté le tort par une généreuse intervention dans la cause des Grecs; l'initiative l'eût honoré; mais, se traînant à la remorque des autres cabinets, il préférait accabler des chrétiens du poids de sa barbare indifférence. Dans un tel état de chose, il fallait chercher un remède; M. Bignon l'indiqua. « Vous avez beau faire, s'écriait-il en s'adressant aux ministres, l'esprit de liberté, combattu partout, partout invincible, brave le sabre des gendarmes, et passe inaperçu à travers le fer croisé des baïonnettes. Plus des gouvernements s'attachent à rendre sensible la ligne de démarcation qui les sépare les uns des autres, plus cette ligne s'efface pour les peuples. »

Nous nous tairons sur les paroles prononcées par M. Bignon dans la chambre actuelle : un mot sorti de sa bouche, celui de *lâcheté*, appliqué à un ministère sous le poids d'une accusation capitale, a semblé peu français aux amis même de M. Bignon. Voici le passage qu'il couronna par cette qualification ; le discours entier date de la séance du 4 juillet 1828 : il s'agissait de la réparation que notre escadre est allée demander à Alger. « L'insulte a-t-elle un tel caractère, que la dignité du gouvernement réclame, à tout prix, une éclatante réparation ? La France dès lors sera prête à faire les plus grands sacrifices pour l'obtenir. L'affront, au contraire, a-t-il été accidentel et sans une véritable gravité ? on sera, dans ce dernier cas, moins disposé à blâmer la condescendance qui mettrait fin à ces débats. Dans ces deux hypothèses, une exposition franche du fait aurait la plus grande utilité pour le ministère, en associant la conviction des chambres à la sienne, soit pour une guerre énergique et vigoureuse, soit pour une négociation indulgente et facile ; mais, dans l'une et l'autre suppositions, toujours le ministère a manqué une occasion heureuse, celle de son immédiat avénement au pouvoir, pour donner à la querelle avec Alger, comme aux affaires d'Espagne et de l'Amérique méridionale, une impulsion toute nouvelle et en sens inverse de la marche que suivait la dernière administration.

» En Europe, une question de blocus doit appeler les regards de notre cabinet. Après des observations, dont quelques-unes auront peut-être paru un peu sévères, il m'est doux de rendre hommage, sous plus d'un rapport, aux nobles sentiments de M. le minitsre qui dirige aujourd'hui nos affaires au dehors. Je lui rends grâce d'avoir, le 12 juin dernier, vengé avec éclat l'honneur de la France, en proclamant qu'il était faux qu'en 1823 « elle eût été placée dans l'alternative d'accepter une guerre au nord ou une guerre au midi. » Cette honte, dont nous avons rougi, Messieurs, n'avait pas de fondement réel. Le ministère d'abord s'était vanté d'un outrage qu'il n'avait pas reçu ; il avait affecté une fausse peur de menaces qu'on ne lui faisait pas : il était plus que lâche, il était fanfaron de lâcheté. »

Outre les ouvrages dus à la plume de M. Bignon, que nous avons déjà cités, nous rappellerons l'écrit intitulé : *Coup d'œil sur les démêlés des cours de Bavière et de Bade*, 1818 ; et un dernier ouvrage qu'il publia en 1821 sur le *Congré de Troppau*. Nous n'ignorons pas qu'en 1815, lorsque l'auguste famille de nos Rois emporta de nouveau sur la terre de l'exil les destinées et le bonheur de la France, un sous-ministre des relations extérieures eut le courage de publier un libelle contre cette famille proscrite ; qu'entre autres invectives contre les fils de Henri IV, on disait dans cette brochure que le roi qui a donné la Charte *était un prince dégénéré* ; que cette famille (qui pendant trente ans sut attendre le triomphe de son droit sans aborder aucune idée de transaction avec des faits qui avaient soumis l'Europe,) *serait prête à sacrifier la moitié du royaume pour régner honteusement sur l'autre ; qu'elle n'appartenait plus à la France ; que tout pacte était rompu entre la France et elle, etc. ; que Napoléon était le plus légitime des monarques, et qu'il était en droit, même après son abdication, le souverain légitime de la France.*

Que de courage il a fallu pour oser imprimer de pareilles choses pendant l'exil des Bourbons et sous les yeux de Buonaparte, alors maître de la France, qu'il opprimait avec cent mille hommes ! Une circonstance donne à ce courage un caractère d'héroïsme : cette brochure, publiée pendant les cent jours, parut sans nom d'auteur ni d'imprimeur !

Loin de nous la pensée d'attribuer à M. Bignon cet infâme libelle ; mais il suffit que la calomnie l'ait osé pour que l'honneur d'un député soit intéressé à la démentir.

Charles Nodier.

l'oracle l

M. CHARLES NODIER.

Nodier (Charles), né à Besançon, le 29 avril 1783, appartient à une famille honorable. Son père particulièrement s'était fait remarquer dans la magistrature et dans l'enseignement. Venu à Paris encore très-jeune, il y publia plusieurs romans dont nous parlerons en leur lieu, et qui portent bien le caractère triste et passionné de la jeunesse. Dès le commencement de sa vie, il avait voué à tout ce qui n'était pas légal et constitutionnel une haine qui ne s'est jamais démentie. La proscription de Pichegru son compatriote, l'ami de sa famille et le bienveillant protecteur de son enfance, ne contribua pas peu à aigrir ses opinions politiques, qu'il exprima bientôt à haute voix. Buonaparte, couvert de gloire, songeait à profiter de l'enthousiasme du peuple français pour s'élever au but qu'il ambitionnait. Des tentatives contre sa vie, découvertes ou échouées, n'avaient fait que garantir l'une et affermir l'autre. Le traité de Thionville avait mis le comble à l'effervescence de la population, qui n'avait point assez de cris, assez d'applaudissements, assez d'amour pour le vainqueur d'Arcole et de Lodi, pour le pacificateur de la France. Ce fut cette époque que Charles Nodier choisit pour publier sa *Napoléone*, qu'il ne faut pas juger comme une production lyrique, quelque remarquable qu'elle soit sous ce rapport, mais comme l'expression vive et spontanée de toutes les âmes généreuses, qui voulaient, comme Charles Nodier, la liberté, mais avec l'ordre légal. Ce n'est pas une suite d'idées resserrées dans des rimes, c'est un cri, cri dans lequel il ne faut pas chercher de mots, mais un accent, et cet accent est sublime. La *Napoléone* arriva à Buonaparte avec toutes les prétendues poésies qui le célébraient, comme pour les démentir, comme pour lui montrer la vraie, la seule poésie au-dessus de la séduction de son pouvoir. Charles Nodier lui rendit son véritable ministère. Buonaparte apprécia lui-même le jeune poète, lui qui accabla d'honneurs, de pensions et d'oubli ses poètes à gages, et qui persécuta Charles Nodier; mais il le relisait à Ste.-Hélène. La *Napoleone* parut dans un journal que publiait, à Londres, sous le titre de *L'Ambigu*, le fameux Peltier. Le ministère français attaqua le journaliste devant les tribunaux anglais, mais, sur la plaidoirie du célèbre Mackintoch, la *Napoléone* fut mise hors de procédure comme écrite sur une inspiration noble et généreuse. Elle fut poursuivie à Paris; les soupçons tombèrent sur plusieurs personnes qui furent jetées en prison. Nulle prévention ne planait sur l'auteur trop jeune alors pour être connu; mais, dès qu'il vit que son silence pouvait livrer des innocents à la vengeance du pouvoir, il se déclara. Il avait pu répudier la gloire, mais non les dangers de son action. Il écrivit à l'autorité supérieure et fut mis le lendemain en prison à Ste.-Pélagie, où il demeura quelques mois. On comprend bien que ce n'est pas là que se bornent les persécutions qu'éprouva M. Nodier. A sa mise en liberté, il fut envoyé en surveillance à Besançon, où il arriva malgré quelques obstacles survenus en route. Il s'échappa et parcourut le Jura, la Suisse, fort malheureux, sans autre refuge que quelques couvents et quelques presbytères. C'est dans ce temps de misère et à l'aide de la bibliothèque des moines et des curés, qu'il reprit son éducation interrompue. Poursuivi, comme il l'avait prévu, sous le ridicule prétexte d'avoir voulu arrêter le premier consul lorsqu'il passerait par le Jura, il fut arrêté, et délivré par les paysans suisses : M. Debry, préfet du Doubs, qui s'intéressait à ses études, réduisit son mandat d'arrêt aux termes d'une simple surveillance, et sur sa demande il obtint pour lui d'être placé sous les yeux de M. de Roujoux, sous-préfet de Dôle, depuis honorablement connu dans les lettres. Ces deux estimables amis mirent une fin à ses plus graves infortunes. M. de Roujoux obtint même pour lui successivement deux chaires de professeur, mais ces nominations ne furent pas ratifiées par le gouvernement. Après quelques années de séjour dans un village du Jura, où il acheva de se perfectionner dans la science de l'entomologie, il fut appelé à Laybach par un parent, et le général Bertrand lui confia des emplois honorables qui s'augmentèrent sous le gouvernement du duc d'Abrantès et du duc d'Otrante, élèves de son père dans la congrégation de l'Oratoire. La direction du journal officiel de la province, intitulé *Télégraphe Illyrien*, était confiée à ses soins ; reculant devant l'invasion ennemie, il fut obligé de revenir à Paris, où il obtint une place dans les journaux, grâce à l'amitié de M. Etienne. En 1814, il appuya ou plutôt continua d'appuyer la restauration, et fit insérer dans *le Nain Jaune, Buonaparte au 4 mai ;* morceau de polémique remarquable et si bien remarqué, que son auteur se retira chez un de ses amis, et ne reparut à Paris qu'après la chute définitive du grand-empire : c'est alors qu'enfin il put lever la tête et respirer : c'est alors qu'il dut triompher du triomphe des principes politiques qu'il avait confessés toute sa vie à Ste.-Pélagie, à Paris, à Besançon, dans les retraites du Jura ; car M. Charles Nodier est du petit nombre de ces hommes qui sont atteints de cette sublime folie qui fait sacrifier une vie toute entière à une seule idée

Toutefois il ne fut pas récompensé seulement par le témoignage de sa conscience, il reçut du Roi des lettres de noblesse, la décoration de la Légion-d'Honneur et la place de bibliothécaire à l'Arsenal : c'est là que vit M. Nodier, dans un coin de Paris qui est le centre de quelques amis. Son caractère est un heureux mélange de bienveillance et d'esprit, c'est, comme Lafontaine, un bonhomme de génie : il a exprimé d'une manière ravissante dans ces vers d'une de ses poésies, ses vœux et son ambition :

> » Ils ne comprennent pas, ces amants de la gloire,
>   » Le bonheur de vivre inconnu ;
> » De passer dans ses jours sans laisser de mémoire ,
> » Sinon un doux penser dans un cœur ingénu
>   » Qui n'en dira rien à l'histoire ,
> » Et de partir après comme l'on est venu.

Pourtant, que M. Nodier nous permette de le dire , ce n'est pas là toute son ambition, ou bien alors, il s'y est bien mal pris pour la satisfaire : quand on veut rester inconnu, on ne publie pas d'aussi remarquables productions ; si cependant sa gloire est involontaire, qu'il ne s'en prenne qu'à lui , ses vers sont trop beaux pour être discrets.

La plupart des ouvrages de M. Nodier sont consacrés à la bibliographie, à la philosophie des langues et à l'histoire naturelle. On y remarque une *Dissertation sur l'usage des antennes et sur l'organe de l'ouïe dans les insectes*, qu'il publia à 16 ans, en société avec M. Luizot, où il démontre que le siége de cet organe est dans les antennes; la *Bibliothèque entomologique ;* le *Dictionnaire raisonné de la Langue française ;* l'*Archéologue ou le système universel et raisonné des langues ;* les *Prolégomènes;* les *Fables de Lafontaine avec un nouveau commentaire ;* la *Bibliothèque sacrée, greeque et latine.* C'est mal à propos qu'on lui a attribué un excellent ouvrage, ou plutôt un excellent spécimen intitulé *Dictionnaire de la langue écrite* et une *Histoire des Sociétés secrètes de l'armée,* roman , suivant quelques uns , monographie un peu poétisée suivant quelques autres, dans laquelle il n'est entré tout au plus que pour un tiers. Les autres auteurs sont connus, mais les plus beaux fleurons de la couronne de M. Nodier sont, selon nous, ses romans et ses poésies ; nous regrettons même, quels que soient l'érudition et le talent dont il ait fait preuve dans les ouvrages que nous avons nommés, qu'il ait sacrifié trop souvent la littérature aux sciences, et qu'il se soit occupé de livres étrangers, quand nous lui demandons des livres de lui. Qui ne connaît pas son *Jean Sbogar* que nous ne nous permettrons pas de louer après Napoléon, qui, se l'étant procuré à Ste.-Hélène, le dévora en une nuit, et témoigna hautement le plaisir qu'il avait ressenti à le lire ; son *Trilby*, prose de la plus éblouissante poésie, jeu d'une imagination exaltée qui, trop originale pour se borner à mettre des événements nouveaux dans un monde connu, se crée un autre monde et s'ouvre un nouveau théâtre ; son *Smarra*, le seul cauchemar qui nous ait laissé une impression agréable ; son *Adèle* et surtout sa *Thérèse Aubert*, drame terrible qui finit par ces mots que dit un jeune officier vendéen, arrêté par un comité révolutionnaire : « On me juge demain. » Nous ne connaissons rien d'aussi triste et d'aussi effrayant que cette fin qui laisse pour ainsi dire le poignard dans la blessure.,. et ses poésies, ses contes surtout, où l'on trouve à chaque instant des traits dignes de notre grand maître en fait de contes et de fables :

Trois hommes, c'est bien peu pour en trouver un bon.

. . . .

J'ai dit que sans chemise on pouvait être heureux,
J'en citais un exemple et j'en connaissais deux.

. . . .

On annonce en outre de M. Nodier, les *Mélanges tirés d'une petite Bibliothèque ; Questions de littérature verbale ou Examen critique des Dictionnaires ;* les *Questions de littérature légale* qui viennent de paraître sont déjà à leur seconde édition. Avant de terminer cet article sur M. Nodier, nous ferons remarquer par quelle haute prévision il s'est toujours trouvé en avant de son siècle, rêvant la monarchie constitutionnelle sous l'empire, et la régénération des lettres sous Delille.

M. DROZ.

Droz (François-Xavier-Joseph) est né à Besançon le 31 octobre 1773.

Issu d'une famille depuis long-temps dans la robe, fils d'un père conseiller au parlement, il fut d'abord destiné à la magistrature, et ses études furent dirigées vers ce but ; mais les troubles révolutionnaires et la suppression des parlements l'éloignèrent du barreau, et lui fermèrent une carrière qu'il commençait à parcourir, et dans laquelle il eût rencontré des souvenirs de famille.

Dès ses premières années M. Droz, loin de se laisser entraîner par cette ardente imagination de la jeunesse, se faisait remarquer par la maturité précoce de sa raison et par une rectitude de jugement qui n'était pas de son âge ; aussi a-t-on dit de lui qu'il ne fut jamais jeune. Le théâtre le séduisit d'abord, et ce goût pour la scène lui fit tenter quelques essais que ses amis seuls ont pu juger : cette vocation, qu'il eut la sagesse de dompter, était peu d'accord avec son genre de talent ; son tact exquis, non moins que les conseils de l'amitié le lui firent promptement sentir, et il avait renoncé aux vers et au théâtre pour s'occuper de travaux plus sérieux et plus appropriés à la tournure de son esprit, lorsque la réquisition vint l'enlever au culte des lettres.

Devenu soldat, il resta trois ans sous le drapeau. Après ce temps de service un congé le ramena à Besançon, où il fut nommé professeur d'éloquence à l'école centrale. Ses leçons, remarquables par la clarté, la méthode, la justesse et quelquefois la nouveauté des aperçus, la sûreté des principes, furent suivies ; elles étaient même devenues le rendez-vous des gens de goût de Besançon, lorsque la suppression de l'école centrale vint y mettre un terme. La place de censeur au lycée fut offerte à M. Droz, comme une espèce de dédommagement ; mais il la refusa pour venir demeurer à Paris, où l'appelaient ses goûts et les vœux de quelques amis.

Le premier ouvrage que M. Droz livra à la publicité, fut un *Essai sur l'art oratoire*, qui parut en 1799. Cet ouvrage, qui n'est pas sans mérite, mais dont la plupart des idées n'appartiennent pas à l'auteur, a eu deux éditions.

En 1801, il fit paraître une espèce de traité ayant pour titre : *Des lois relatives aux progrès de l'industrie, ou Observations sur les maîtrises, les réglements, les priviléges et les prohibitions.*

L'année suivante (1802), il fit imprimer un discours sur le droit public, qu'il avait prononcé à l'école centrale du département du Doubs.

1804 vit éclore *Lina ou les Enfants du Ministre Albert,* roman dans lequel l'auteur s'est efforcé de prouver que l'on peut avoir des vertus et trouver le bonheur dans quelque parti que l'on se soit jeté, quelles que soient les opinions que l'on ait adoptées. Cé roman n'est pas le seul sorti de la plume de M. Droz ; nous avons encore de lui, en communauté avec Picard, son collégue à l'Académie, *Les Mémoires de Jacques Fauvel.* Ces divers ouvrages ne se trouvent pas dans ses œuvres complètes, réunies en deux volumes in-8° et publiées en 1826.

Le principal titre littéraire de M. Droz est son *Essai sur l'Art d'être Heureux*, dont la traduction en plusieurs langues étrangères et quatre éditions successives ont prouvé le mérite. Dans cet ouvrage écrit d'un style simple et naïf, où l'auteur s'est peint lui même, on trouve de sages conseils, fruit d'une longue réflexion, et de cette philosophie douce et persuasive qui distingue toutes les productions de M. Droz. C'est de ce dernier ouvrage que M. Andrieux a dit, en s'adressant à l'auteur :

• Satisfait de ton sort, sans orgueil ; sans détour,

    Ta vie entière enseigne, ainsi que ton ouvrage,
    Que tout l'art d'*être heureux*, c'est d'être bon et sage. »

En 1812, l'Académie française ayant mis au concours l'*Éloge de Montaigne*, M. Droz entra dans la lice ouverte aux concurrents, mais il y rencontra M. Villemain qui lui enleva le prix. L'Académie alors n'avait pas encore pour habitude, comme aujourd'hui, de le partager ; toutefois, le discours de M. Droz lui parut assez remarquable pour accorder à son auteur une médaille d'or d'une valeur égale au prix décerné au candidat couronné. Il fit paraître en 1815 ses *Études sur le beau dans les Arts*, en 1824, la *Philosophie morale ou Différents Systèmes sur la Science de la Vie*, ouvrage qui compte trois éditions, et qui, accueilli, à sa naissance, par les suffrages de l'Académie comme le plus utile aux mœurs, a mérité le prix fondé par M. de Monthyon. Enfin, M. Droz a publié en 1825, l'*Application de la morale à la politique*, nouvelle production qui prouve ses vues philanthropiques, mais dont l'exécution, séduisante en théorie, nous semble impossible à réaliser en pratique. Aux œuvres diverses dont nous avons fait connaître la série il faut joindre encore une notice sur *Michel de l'Hôpital*, et un discours de réception à l'Académie.

Ce fut au mois de juillet 1825, qu'il en devint membre. Il hérita du fauteuil que la mort de Lacretelle aîné avait laissé vacant : il avait sans doute, nous nous plaisons à le reconnaître, quelques titres à cet honneur, mais on ne peut cependant s'empêcher d'être surpris que l'humble nom de M. Droz l'ait emporté sur la brillante réputation poétique de Lamartine. La séance d'admission du nouvel élu fut environnée d'une assez grande solennité. Il fut reçu le même jour que le jeune auteur des Messéniennes, et M. Andrieux lut au milieu d'un nombreux et brillant auditoire, une Épître *sur la Perfectibilité de l'homme*, dans laquelle on retrouva plusieurs de ces inspirations auxquelles nous devons *le Meunier de Sans-Souci* et *la Promenade de Fénelon*.

E

IMPRIMERIE DE DÉCOURCHANT,
rue Palatine . n. 5 . à Paris.

MME LEBRUN.

Encore enfant, Élisabeth-Louise VIGÉE faisait déjà prévoir ce qu'elle serait un jour. Son père, peintre alors estimé et rival de la Tour, voulut de bonne heure lui faire apprendre les éléments d'une première éducation ; il la mit dans un couvent et là souvent, au lieu de copier les exemples d'écriture qu'on lui mettait sous les yeux, Louise faisait avec sa plume les portraits de ses jeunes compagnes, couvrait ses cahiers de têtes et de dessins, et charbonnait même de ses croquis les murs de la classe et des dortoirs. Ses maîtresses avaient beau lui reprocher son peu d'application et la soumettre à quelques pénitences, elle n'en suivait pas moins ce penchant irrésistible. Instruit de ce qui se passait, bien loin de se ranger du parti de ces institutrices et de blâmer comme elles la conduite de sa fille et son genre de travail, M. Vigée se félicita de ses goûts et de sa persévérance, et ne fut pas long-temps à reconnaître en elle cet amour de l'art qui la portait vers le génie de la peinture. Dès ce moment donc, M. Vigée commença à diriger la jeune Louise dans la carrière de Raphaël et du Titien ; il voulut lui en montrer la route, mais son âge était si tendre encore, qu'il eut soin qu'elle-même la cherchât, voulant ainsi que, libre dans la marche de ses études, ses travaux ne devinssent pour elle qu'un jeu et un plaisir. Sans cesse il l'entretenait des objets d'art de l'une et l'autre école ; il offrait à ses regards, à son imagination, les copies nouvelles et exactes de tous les grands maîtres.

Ces exemples de perfection lui inspirèrent l'amour du vrai, la beauté des formes, l'exactitude du dessin, et ses belles proportions, que jusqu'alors on avait trop négligées. Mieux que personne la jeune Louise se sentit organisée pour la peinture; aussi ne voulut-elle pas suivre les vaines routines de l'école alors en faveur. D'un pas ferme et assuré elle marcha vers cet art de prédilection par une route toute nouvelle, ou, pour mieux dire, depuis long-temps perdue. Son guide fut la nature; l'instinct secret du beau idéal et ses belles inspirations furent son maître.

Fière de pouvoir disposer à sa fantaisie des dons qu'elle avait reçus à sa naissance, et d'être maîtresse entière de ses talents, Louise voulut les mettre au grand jour, et montrer ce dont à elle seule elle était capable. Bientôt ses projets furent accomplis; et elle n'avait pas encore atteint sa dixième année, qu'elle avait déjà dessiné à la lampe deux têtes qui devaient lui attirer l'admiration générale. M. Vigée tenait un atelier du soir, plusieurs personnes y venaient étudier sous ses yeux; la jeune Louise désira se joindre à ces élèves et travailler comme eux à la lampe; son père s'y refusa d'abord, mais enfin il céda à ses instances et lui permit de s'associer à leurs travaux. Les élèves et M. Vigée riaient de sa jeune ambition, et attendaient avec impatience le résultat de son travail; mais quelle fut leur surprise! il surpassa tout ce qu'on pouvait espérer de cet âge; elle fit le portrait d'un domestique, dont la ressemblance fut si frappante, qu'en le voyant son père en pleura de joie et que les élèves en restèrent étonnés et confus. Cette tête de profil est dessinée avec naïveté, d'une manière pure et facile. Louise s'aperçut bien de leur étonnement et de sa réussite, et ne voulut pas s'en tenir à un triomphe; elle fit tout de suite et de l'autre côté de la feuille, une tête à longue barbe qui fut aussi bien que la première, qui fut mieux que beaucoup d'autres faites par des élèves qui dessinaient déjà depuis long-temps. On vit bien alors que ce n'était plus le hasard qui avait produit ce double succès; on applaudit à ses précoces dispositions, et l'on parla avec enthousiasme de ces deux têtes à la lampe dans le salon de l'artiste comme aux académies.

Ainsi ses talents furent connus et estimés des grands peintres, avant l'âge où chez d'autres on commence à en prévoir. De ce jour, la rapidité des progrès de cette charmante enfant fut en raison de ses grandes dispositions, des louanges et des encouragements qu'elle reçut pour ses premiers ouvrages. Il était réservé à M. Doyen, peintre alors célèbre et dont le nom est encore dans la mémoire des artistes, de seconder le premier les heureuses dispositions de l'aimable Louise; il venait souvent visiter M. Vigée, et après avoir long-temps examiné les dessins de sa jeune élève, il l'encourageait par quelques éloges et lui achetait presque toujours quelques-uns de ses ouvrages. L'admiration qu'il témoignait et le prix que cet artiste semblait mettre aux dessins de Louise, furent pour elle la douce récompense de son application et de ses travaux, et l'excitèrent à redoubler de zèle et d'ardeur, afin de mériter des honneurs et plus grands et plus durables.

Elle ne fut pas long-temps sans les obtenir et sans se voir assigner un rang parmi les artistes de l'époque. Trois ans à peine s'étaient écoulés depuis ses premiers succès, quand la jeune Louise fixa sur la toile un portrait qui devait lui en valoir encore. Elle n'avait pas seulement reçu de la nature les dons de l'esprit et l'amour des arts, elle était douée des qualités les plus aimables : la noblesse du caractère, l'enthousiasme du sentiment, un bon cœur et une âme aimante, rehaussaient encore ses talents. La jeune Louise ne pouvait certes mieux faire que de consacrer à sa mère les premières couleurs de sa palette; aussi les éloges qu'elle mérita et dont elle fut comblée ne portèrent pas moins sur le choix du sujet, que sur la fraîcheur du coloris et sur le degré de perfection de son tableau. Malgré le jeune âge dans lequel il fut achevé, il peut toujours être mis au rang des beaux portraits. Son ton n'a rien perdu de sa fraîcheur; précieux et rare avantage qu'ont tous les tableaux de Mme Lebrun : le temps améliore ses ouvrages.

Arrivée au plus bel âge de la vie d'une femme, à 16 ans, Mlle Vigée n'entendait résonner à ses oreilles que louanges et qu'applaudissements, et voyait à chaque pas qu'elle faisait dans la carrière, les plus grands peintres de l'époque briguer l'honneur de lui offrir des avis, et d'obtenir son amitié. Greuze et J. Vernet s'empressèrent de se mettre sur les rangs et de faire agréer à cette jeune artiste leurs hommages et leurs conseils : Mlle Vigée accepta avec enthousiasme les offres de ces deux peintres, et reçut avec joie de l'un et de l'autre les avis qu'ils voulurent bien lui donner. Greuze se plut à lui expliquer la magie des couleurs, et lui apprit à ne ressembler qu'à elle-même ; Vernet lui montra à aimer la nature simple et vraie, à composer d'une manière originale, noble et poétique. Bientôt Mlle Vigée n'eut qu'à se féliciter des avis et de l'amitié de tels conseillers, de tels hommes ; et de leur côté Greuze et Vernet se glorifièrent bientôt des soins qu'ils avaient donnés à cette intéressante artiste. Peu de temps après, à l'âge de dix-sept ans, désireuse de répondre à l'attente de ces deux grands peintres, voulant se former à tous les genres d'illustration, et marcher par toutes les routes à la célébrité, Mlle Vigée fit hommage à l'Académie française des portraits de la Bruyère et de l'abbé Fleury. Quoique ces portraits ne fussent que des copies faites d'après des gravures du temps, les quarante, par l'organe de d'Alembert, secrétaire perpétuel, lui firent agréer leurs remercîments et lui donnèrent, pour marque de leur reconnaissance, ses entrées à toutes les séances publiques de leur Académie. Cette distinction, qui l'associait pour ainsi dire à ce corps de savants, enflamma son génie et lui fit bientôt ambitionner de plus grands honneurs. Déjà à cette époque les littérateurs, les peintres, la cour même, recherchaient sa société, briguaient l'avantage de l'avoir à leurs soirées et à leurs concerts. Quelques grands,

épris de ses talents et de ses charmes, se disputaient l'honneur
d'obtenir sa main ; mais il était décidé que tous les genres de
mérite devaient se grouper autour de cette jeune personne.
Un artiste seul devait obtenir la main de Mlle Vigée ; aussi
l'homme de France, de l'Europe même, qui se connaissait le
mieux en peinture, voulut-il concourir à perfectionner ses
talents et la mettre à même d'étudier les chefs-d'œuvre de
toutes les écoles. M. Lebrun, estimé pour ses qualités personnelles comme pour ses connaissances dans les arts,
sollicita la main de Mlle Vigée, et plus heureux que certains
artistes et quelques grands, il ne tarda pas à voir combler
ses vœux : on consentit à leur union, qui fut célébrée
peu de temps après. Ainsi, à dix-huit ans, à cet âge où
souvent pour la première fois on entre dans le monde, cette
jeune femme avait déjà reçu l'encens et les hommages des
littérateurs, des grands de la cour et des artistes. La réputation
colossale de M. Lebrun et son immense commerce favorisèrent
singulièrement les travaux de sa jeune épouse ; les études
des grands maîtres, qui lui firent trouver au sein de Paris les
plus beaux modèles des écoles d'Italie et de Flandre, donnèrent encore à son talent un nouveau degré de hardiesse et de
force. Mais ce n'était point assez pour elle qu'elle fût jetée par
son génie au milieu des maîtres de l'époque, il fallait encore
que, reportée par ses destinées au sein des grands et du palais
des rois, Mme Lebrun reçût des mains de la reine et du monarque le dernier fleuron qui manquait à sa couronne ; il fallait qu'un honneur, qui jusqu'alors n'avait point été décerné,
devînt son partage, et que les portes, qui ne devaient jamais
s'ouvrir à son sexe, s'ouvrissent devant elle : nous voulons
parler de la nomination de Mme Lebrun à l'Académie royale de
peinture, qui eut lieu le 30 mai 1783. Quoi qu'elle ambitionnât
d'admettre dans son sein un membre aussi célèbre, l'Académie, par l'organe de M. Pierre, son directeur, rappela à
M. d'Angivilliers qui demandait, au nom de la reine, l'ad-

mission de Mme Lebrun, que les statuts de cette illustre compagnie défendaient formellement et à jamais d'accueillir dans son sein une femme ou tout commerçant de tableaux, d'une manière directe ou même indirecte, et que, comme Mme Lebrun se trouvait réunir ces deux titres d'exclusion, elle ne pouvait souscrire à sa demande, et répondre aux vœux de Marie-Antoinette. La reine ne fut point choquée de cette réponse; mais, pleine d'amitié pour sa protégée, elle ne persista pas moins dans son projet: elle en parla au roi qui, toujours prêt à se montrer protecteur des arts et du mérite, voulut, par une ordonnance, ouvrir à quelques femmes célèbres ces portes de l'Académie qui jusqu'alors leur avaient été injustement fermées. L'ordonnance du roi parut, et Mme Lebrun fut nommée académicienne.

Aussi, pour prouver que sa confiance dans les talents et le mérite de la récipiendaire égalait sa sévérité dans l'observation de ses statuts, l'Académie de peinture reçut dans son sein Mme Lebrun avant même qu'elle lui eût offert son tableau de réception. Cete résolution prise pour elle, cette distinction dont elle fut la première honorée, et que trois femmes seulement partagèrent après elle, transporta le génie de Mme Lebrun, le poussa à de plus grands travaux, et lui fit produire au salon de la même année des sujets dignes de ses pinceaux et de l'Académie.

Entre tous les tableaux qu'elle avait exposés (1), on distingua *la Paix ramenant l'Alondance*, et comme cette composition avait attiré les regards et les suffrages du public et des connaisseurs, Mme Lebrun crut ne pouvoir mieux té-

---

(1) Ce sont : *Junon venant empruner la ceinture de Vénus* ; *Vénus liant les ailes de l'amour.* (Tableau peintau Pastel et gravé par Schultze.) *La Reine; Monsieur; Madame; la marquise de Guiche; Mme de Grant; Mme Lebrun ; sa fille;* etc. , etc.

moigner sa reconnaissance et son admiration à l'Académie de peinture qu'en lui faisant agréer, pour son morceau de réception, ce tableau allégorique sur lequel l'Académie avait fondé de si justes espérances (1).

Depuis long-temps l'aimable peintre recueillait de flatteuses distinctions, depuis long-temps elle était chérie des artistes, chantée par les poètes, et fêtée dans tous les cercles des grands; mais si Mme Lebrun était connue à la cour et dans la haute société, autant par sa beauté, son esprit et ses charmes, qu'elle l'était par ses talents en peinture; elle n'était encore connue dans le public que par quelques ouvrages qu'elle exposait chaque fois au salon. Il lui fallait donc pour obtenir un succès populaire, pour faire connaître tous les autres dons qu'elle avait reçus de la nature, qu'elle retraçât ses traits et les livrât à l'avidité des curieux. Elle fit son portrait, et recueillit bientôt, pour cette œuvre charmante, exécutée à l'âge de 22 ans, des honneurs et des suffrages universels. Ce portrait de Mme Lebrun, en chapeau de paille et la palette à la main, lui fut inspiré par un tableau de Rubens qu'elle vit à Anvers, et qui est intitulé *le Chapeau de paille;* elle suivit ce maître sans cependant l'imiter. Ce portrait est d'un effet trèspiquant; l'ombre portée du chapeau est transparente comme les ombres du soleil, et fait ressortir le bas du visage qui est éclairé, et du ton le plus fin et le plus vrai; l'ajustement est rempli de goût et de tous les temps, les mains sont bien faites, la figure, pleine de finesse et d'expression, se détache sur un fond de ciel, dont le bas est dans la demi-teinte (2); mais nous ne serons pas moins frappés de la grâce, du jeu habile de ses pinceaux, de cette perfection d'ensemble qui firent ap-

---

(1) Ce tableau, qui est maintenant dans les salons du ministre de l'intérieur, a été gravé par Pierre Viel en 1787.

2.) Ce portrait de Mme Lebrun a été gravé par Muller à Stuttgard.

plaudir aux sujets que trois ans plus tard Mme Lebrun livra à l'admiration publique.

Mme Lebrun qui ne voyait personne pendant son travail, qui s'y abandonnait tout entière tant que durait le jour, le soir du moins se consacrait à la société et se rendait à l'appel flatteur que lui faisaient de tous côtés les gens de lettres et les grands de la capitale, de même que tout ce que Paris avait de plus illustre et de plus lettré répondait à ses aimables invitations. Sa gloire de femme d'esprit et de bon ton était aussi répandue que sa gloire de peintre. Depuis longtemps M. Lebrun en avait la triste et glorieuse expérience; le moindre motif, l'action la plus simple, un souper suffisaient à ses détracteurs et à ses envieux pour lui nuire ou la calomnier; il ne fallait rien de plus pour lui faire à la cour et dans l'Europe entière une réputation presque offensante de luxe et d'enthousiasme. Un exemple fera mieux sentir ce que je cherche à exprimer.

L'abbé Barthélemy venait à peine de publier son *Voyage du jeune Anacharsis*, que Mme. Lebrun en faisait déjà la lecture avec son frère M. Vigée. Aussitôt après la description des festins publics de Sparte et d'Athènes, l'éloge et la courte énumération des mets qu'on y servait, ce littérateur se sent naître l'envie de goûter des sauces grecques et du brouet lacédémonien. Mme Lebrun partage son désir et bientôt sa vive imagination travaille et se met en mouvement. Une fois par semaine Mme Lebrun réunissait chez elle poètes, hommes de cour, peintres, musiciens; ce jour là même, plusieurs amis doivent souper chez cette femme charmante et plusieurs autres assister à sa soirée. Mme Lebrun ne perd pas un instant, veille à tout et se charge elle-même d'embellir et de disposer la salle du festin avec tous les riches ornements que le comte de Perai vient de lui envoyer; bientôt tout s'ordonne, et, dans cette scène d'Athènes transportée au sein des murs de Paris, tout se change et se métamorphose. Au milieu des préparatifs arrive le poète Lebrun, il se croit à Athènes et son illusion redouble encore en entendant évoquer le nom de Pindare. Plusieurs beautés célèbres Mmes de Bonœil, Vigée, Chalgrin (1) arrivent successivement et, au lieu d'une maîtresse de maison et d'une société toutes françaises elles se voient en présence de Corinne, d'Alcé, de Pindare, et bientôt enfin de toutes les illustrations de la Grèce, puisque les orner de longues écharpes, les revêtir d'élégantes tuniques, les transformer en athéniennes ne fut pour Mme Lebrun qu'un jeu et l'ouvrage d'un moment. Chaudet, Ginguené, Palmeraux, Vigée, M. de Rivière, couverts de riches draperies, vinrent peu après prendre place au festin. Rien n'était moins somptueux que ce repas ; deux anguilles de l'Eurotas, des perdrix du Taygète, le brouet noir, mélange de jus, de vinaigre et de sel, des figues, des olives, un fromage représentant du Gythium, quelques légumes, des fruits et des gâteaux de miel couvraient modestement la table. Deux jeunes esclaves vêtues de longues tuniques et ceintes de leur beauté, Mlle de Bonœil et Mlle Julie Lebrun circulaient autour des convives et leur versaient dans des coupes d'Herculanum le vin de Chypre et des Cinq Collines. Mais deux personnes n'étaient pas encore venues s'asseoir au festin ; l'infortuné M. Boutin et ce seigneur, alors le Mécène des arts et de la France, M. le comte de Vaudreuil, retenus jusque là sans doute par le devoir ou l'amitié, arrivent au milieu de la fête : la porte s'ouvre à deux battants, ils entrent, et frappés de surprise, ils restent immobiles, ils croient voir encore un tableau animé par le génie et les pinceaux de leur célèbre amie, mais enfin leurs yeux habitués par elle à confondre la nature avec l'art se déssillent peu à peu et reconnaissent bientôt leur séduisante erreur. Chacun, après cette extase du moment, se leva à son tour pour jouir de l'illusion de ce spectacle, les poètes parlèrent de l'heureuse

____

(1) Fille de Vernet.

disposition du banquet, de l'élégance et de la grâce des costumes, tout le monde vanta la beauté des jeunes grecques, le goût exquis de l'ordonnatrice, la magie de la déité; tout le monde aussi, et Mme Lebrun la première, s'aperçut bien que le vrai héros de la fête manquait à ce touchant impromptu. Trop modeste Barthelemy, que n'as tu voulu quitter ta solitaire retraite pour venir jouir de ce triomphe rendu d'inspiration à ton génie et à tes impérissables ouvrages? tu aurais vu tout ce que Paris a de plus illustre et de plus grand célébrer ta gloire, et des immortels prédire ton immortalité.

Dès le lendemain cette fête charmante était connue dans tous les cercles, il n'était bruit que du banquet lacédémonien; on supplia Mme Lebrun de le renouveler, elle s'y refusa formellement ne voulant pas changer en une froide parodie l'enthousiasme d'une improvisation. Comme l'envie est toujours à la porte du mérite et qu'elle n'attend que la première occasion pour frapper celui qu'elle n'a pu combattre, on voulut se venger du sage refus de Mme Lebrun, on dit au roi que le souper avait coûté 20,000 fr.; le roi en parla avec humeur au marquis de Cubières qui n'eut pas de peine à le détromper de ce mensonge et à lui montrer d'où partait le trait empoisonné: eh bien, malgré cette réfutation faite au roi, la mensongère renommée fit faire à ce souper, qui n'avait coûté tout au plus que soixante à soixante-dix fr., le tour de l'Europe entière; partout dans ses voyages Mme Lebrun entendit vanter son luxe et ses dépenses. A Rome il avait coûté 30,000 fr., à Vienne 50,000, à St-Pétersbourg 60,000, à Londres 80,000; en vérité, disait un jour Mme Lebrun, si j'étais allée jusqu'en Chine je crois qu'on ne m'en aurait pas tenue quitte pour quelques millions.

Hélas! fallait-il que ces beaux jours de fête se changeassent si vite en jours de deuil et de larmes. La révolution était arrivée: pour soustraire ses regards à cet horrible massacre,

Mme Lebrun résolut d'abandonner Paris et d'aller chercher sous le beau ciel de l'Italie des images plus riantes et des jours plus sereins; mais aux yeux de ce pouvoir du moment tout était complot et trahison; les magistrats eux-mêmes ne voyaient dans un voyage projeté par la gloire et fortifié par le dégoût de la ville, que messages mystérieux confiés à la jeune artiste; enfin, après bien des longueurs et des persécutions Mme Lebrun se prépara à quitter la France et fit ses adieux à ses amis, que le fer pour la plupart devait avoir moissonnés à son retour. Elle partit le 6 octobre 1789 pour aller chercher au sein de Rome la paix et la splendeur romaine qu'elle ne devait pas plus retrouver à Rome qu'à Paris, car la révolution qui venait d'éclater en France fournit bientôt aux ennemis des artistes français de vains prétextes pour les persécuter. Mme Lebrun fut moins en butte que personne au vandalisme de ces rebelles; respectée pour son sexe et pour ses charmes, protégée par sa réputation et ses nombreux admirateurs, logée à l'hôtel même de l'académie, par les ordres de son ami M. Ménageot, elle connut à peine les troubles dont les autres artistes avaient été les victimes et les témoins. Enfin, le calme reparut et ses succès bientôt furent aussi brillants qu'en France; là comme ailleurs Mme Lebrun entendit vanter son mérite et se vit mettre au rang des premiers peintres dans la patrie même des peintres; là, comme partout où elle porta ses pas, elle vit les amertumes de son exil se changer en fêtes et en plaisirs, et ses pinceaux moissonner en courant et les trésors et les lauriers. Parmi tous ces portraits pleins de grâce et de finesse retracés à Rome, nous rappelerons celui de Mme Lebrun fait pour la galerie de Florence. Par ce portrait, elle semble encore avoir voulu se surpasser et ne devoir qu'à ses talents l'honneur qu'on lui fit en la nommant membre de l'académie de St-Luc. Le beau portrait de miss Pitt représentée en Hébée, saura de lui même attester qu'à Rome cette femme célèbre fut également inspirée par l'étude des grands modèles sous le ciel brûlant de l'Italie. Appelée, désirée à Naples, Mme Lebrun se rendit dans cette ville où, comme partout, sa réputation depuis très-long-temps l'avait précédée ; elle y reçut de la reine, de la cour et des personnages les plus distingués l'accueil le plus flatteur ; elle y peignit la famille royale et tout ce qu'il y avait d'artistes fameux, de beautés célèbres et d'étrangers de distinction ; à Naples même, au milieu des chefs-d'œuvre, Mme Lebrun sut encore se faire admirer. Entre autres ouvrages échappés à ses pinceaux nous citerons un tableau enchanteur où lady Hamilton est représentée sous les traits d'une bacchante couchée au bord de la mer ; un portrait du même modèle sous l'image d'une sybille que Mme Lebrun elle-même regarde comme ce qu'elle a fait de mieux et ce qui lui a valu le plus de renommée ; un autre de Mlle de Friès sous l'emblème de Sapho, et les traits du célèbre compositeur napolitain, saisis au moment de l'inspiration. A Florence, on pria Mme Lebrun de marquer ou plutôt de remplir elle même sa place dans cette galerie que tant de peintres fameux ont illustré par leur image ; elle fut donc forcée, pour répondre à l'enthousiasme des artistes, de laisser au musée de cette ville son portrait qu'elle avait fait quelque temps auparavant dans la capitale du monde chrétien. Bientôt l'académie de Parme, jalouse du bonheur de Florence, voulut aussi voir dans ses murs cette femme célèbre, et recevoir de Mme Lebrun ces traits enchanteurs qu'elle avait tant de fois retracés sous un aspect toujours gracieux et nouveau. Elle ne répondit pas seulement à la demande de l'académie : elle joignit encore à son portrait un joli tableau représentant sa fille unique. Comblée partout des honneurs les plus grands et de l'accueil le plus favorable, semant de ses ouvrages et de sa réputation la route qu'elle s'était tracée, Mme Lebrun parcourut ainsi les villes de Bologne, de Turin et de Milan.

Toutes les années que Mme Lebrun passa loin de sa patrie, à Vienne, à St-Pétersbourg, l'avaient fait inscrire sur la liste des

émigrés, quoique les décrets exemptassent tous ceux qui allaient
se livrer en pays étranger à l'étude des sciences des arts et
même des métiers. M. Lebrun qui était resté en France pendant le cours de nos guerres civiles, voyant sa femme inscrite
sur cette liste de proscription, réclama contre cette injustice, et
long-temps après avoir prié, sollicité de tous côtés, il obtint
enfin que son nom serait rayé du fatal grand livre. De
retour à Paris, après une absence de neuf ou dix ans
Mme Lebrun retrouva sa charmante maison dans l'état où elle
l'avait laissée; ses chevalets, ses palettes, ses pinceaux, tout
était à la même place; ainsi, grâce à cette extrême préve-
nance de son mari, l'artiste aurait pu continuer l'esquisse
qu'elle avait commencée il y a dix ans et nous donner aussitôt
un chef d'œuvre de plus, si les traces encore ensanglantées des
victimes de la France ne l'avaient détournée de ses aimables
travaux. Bien loin de se rappeler et de revoir le brillant théâtre
de sa jeunesse Mme Lebrun ne représentait, en portant ses
regards sur tout ce qui l'entourait encore, que le théâtre sanglant de la révolution. La plupart de ses amis étaient morts ou
rejettés loin de la capitale; tout était changé à ses yeux :
envain Mme Lebrun rappelait-elle son génie pour la distraire;
il semblait, aussi bien qu'elle, l'avoir abandonnée et se retrouver comme elle étranger dans sa patrie. Mme Lebrun ne put
resister plus longtemps aux assauts que sans cesse éprouvait
son âme, il lui fallait se distraire; tout bonheur alors lui pa-
raissant impossible, elle se décida à voyager encore et se rendit bientôt à Londres, où elle passa près de trois ans. Cet air
libre qu'on y respirait, cette activité industrielle et cet accueil
qu'on fit au talent et à la personne de Mme Lebrun, tout ra-
viva son génie, et lui fit recouvrer ses premières forces et
de nouvelles inspirations. Elle reprit alors avec joie ses
pinceaux et fit successivement le portrait du prince de Galles
et celui des femmes les plus remarquables de la cour. Londres
crut pouvoir se féliciter d'avoir rendu Mme Lebrun à la vie en

la rendant à la peinture; mais cette gaîté enthousiaste pour
son art qu'elle avait retrouvée sur le territoire anglais ,
elle la perdit en rentrant en France, malgré ses amis qui venaient apporter à son cœur des idées plus riantes, malgré les
suffrages qu'elle s'attirait de tous côtés et les efforts que Mes-
dames de Bellegarde faisaient pour la distraire et la charmer, tout devint superflu : en vain Delille lui adressait des
vers , et Ducis remettait un voyage pour se faire admettre
dans son intimité. Rien ne pouvait la tirer de sa langueur ; ses
peines avaient été trop vives pour qu'elles ne durassent pas
long-temps encore. Il fallait pour chasser les chagrins de son
cœur que son esprit et son imagination fussent émus , frappés
par des sensations sans cesse nouvelles et fortes. L'Angleterre
l'avait bien réjouie par la vue de la paix active et sa douce
liberté, mais non par celle de la nature; et cette âme poétique , si elle s'était trouvée un moment à l'aise sous le ciel
paisible de Londres, s'était abattue en entrant sur notre sol et
avait besoin d'être retrempée par les merveilles de la nature.
L'aspect des montagnes de la Suisse fit oublier à Mme Lebrun
ses douleurs; et les sites imposants et gigantesques des Alpes
lui firent reprendre ses crayons pour nous retracer ce pays enchanté. Mme Lebrun rapporta de cette excursion nouvelle une
suite de pastels d'une grâce et d'un fini admirable. Les *custo-
des* qui l'accompagnèrent dans ses promenades et qui virent la
nature pour ainsi dire autant de fois sur l'album de l'artiste
qu'elle s'était présentée à leurs yeux, s'étonnaient de l'habileté
de Mme Lebrun, disaient n'avoir jamais vu faire aussi vîte, et
nous pouvons ajouter d'une manière aussi belle et si hardie,
ces belles copies de l'Helvétie. Là, sur les bords du lac si vanté,
à Copet, Mme Lebrun, rappelée au souvenir de l'Italie par
l'aspect magique de la Suisse, semble avoir voulu réunir sur
une même toile comme dans une même pensée, ces deux
poétiques contrées en retraçant le portrait de Mme de Staël
sous l'image de Corinne. Après avoir échangé les chefs-d'œuvre

de la nature pour ceux de l'art qu'elle laissa dans tous ces pays parcourus non pas à bride abbattue, mais à tête reposée, Mme Lebrun revient à Paris et se livre de nouveau à la peinture. Rendue à son enthousiasme comme à ses amis, elle partage toujours entre eux sa journée, elle veut toujours être seule dans son travail ; ces règles sont des lois : nous l'avons vue les suivre pour ses amis et l'infortuné Poniatowski, elle ne veut point aujourd'hui les enfreindre pour elle. Le trait suivant en est la preuve : Mme Lebrun mettait de l'harmonie au portrait de Mme de Staël ; c'était le moment de l'inspiration ; son homme d'affaires force l'entrée, parvient jusques dans son atelier et la supplie de lui donner une signature à laquelle était attachée une partie de sa fortune ; Mme Lebrun lui affirme avec le plus grand sang-froid qu'elle ne sait pas écrire, se remet à l'ouvrage et le congédie sans s'émouvoir. Telle était l'artiste pendant son travail ; mais une fois livrée à la société, l'artiste devenait la plus spirituelle et la plus aimable des femmes : telle est encore Mme Lebrun. Sa conversation est une douce causerie pleine d'anecdotes et d'abandon. Comme Vernet, dont elle a peint l'image, elle parle également bien de son art aux gens du monde et aux artistes ; comme lui elle se plaît à traduire pour les uns dans le langage usuel ce qu'elle explique aux autres dans la langue spéciale. Ses manières sont aimables et simples ; son abord, que sa réputation fait craindre, est gracieux et prévenant ; et si l'amour des arts et de la littérature partagent tour à tour son enthousiasme, l'amitié a toujours place dans son cœur. Malgré la fatigue de ses voyages et les chagrins que Mme Lebrun a ressentis, les charmes de sa figure comme les agréments de son esprit semblent ne le céder en rien à ceux du bel âge : en l'écoutant on s'instruit toujours, en la voyant on veut la voir encore. Toujours aimante et toujours aimée, Mme Lebrun, depuis son retour en France, voit sa maison redevenir le séjour des arts et de l'amitié. Fidèle dans ses affections comme dans ses goûts Mme Lebrun consacre à son art, à ses amis, et ses pinceaux et sa vie ; et pour les portraits qui chaque jour sortent encore de ses mains elle reçoit chaque jour du Roi, de la France et des étrangers les suffrages les plus grands et les plus flatteurs (1).

Le genre du portrait est celui que Mme Lebrun a principalement adopté et celui qui a le plus propagé sa gloire. Dans ses compositions elle ne s'est pas seulement astreinte à retracer fidèlement l'image de son modèle et à en rendre tous les traits, elle a voulu rendre encore sur la toile et le caractère et les mœurs de son personnage et la physionomie de son esprit ; aussi, long-temps avant de saisir ses pinceaux, d'ébaucher sa peinture et de lui donner tel ou tel caractère, Mme Lebrun regardait, fixait attentivement son modèle et s'entretenait toujours avec lui. Certaine de sa réputation, protégée par la vogue de ses ouvrages, Mme Lebrun dictait des lois aux personnes qui voulaient être retracées par elle : ce costume lui convenait, il fallait qu'ils le portassent ou qu'ils ne se fissent pas peindre. Assez long-temps elle avait fait des cheveux poudrés, elle ne voulait plus en faire, et s'exprimait franchement sur ce sujet à ceux qui réclamaient son art : ils voulaient leur portrait, ils se firent peindre, et la poudre disparut. On ne connaissait pas les schals, Mme Lebrun les fit connaître ; les peintres ne voulurent pas s'en servir, elle les employa, et tout le monde voulut avoir un schal, et tous les artistes voulurent en mettre dans leurs tableaux. Mme Lebrun fit la mode en France comme elle refit le bon goût en Europe : voilà ce que peuvent l'esprit et les talents soutenus par une grande renommée.

-----

(1) Mme Lebrun vient de recevoir de la munificence du Roi, en satisfaction du portrait de feu M. le duc de Rivière, dont elle lui a fait hommage, un superbe service en vermeil.

IMPRIMERIE DE BÉTHUNE, rue Palatine, n. 5.

M. ROGER.

Aussi peu connu, comme littérateur, que M. Droz, son collègue à l'Académie, dont nous avons déjà tracé la biographie, M. ROGER (François) est né à Langres, le 17 avril 1776. Ce fut au collége de cette ville qu'il commença ses études ; mais il vint les terminer à Paris qu'il ne quitta, pour retourner à Langres, qu'après le 10 août 1792. M. Roger comptait alors 16 ans à peine : à cette époque l'ancien et le nouvel ordre de choses se trouvaient en présence, les idées anciennes et les idées nouvelles allaient se heurter : séduits par les mots de liberté et d'égalité que jusque là on avait à peine osé prononcer, la plupart des jeunes gens embrassèrent avec ardeur des opinions qui leur promettaient une révolution dont ils ne prévoyaient ni les désordres ni les excès. M. Roger sut résister à cet entraînement général. Il composa et chanta publiquement des chansons, où il protesta de son attachement pour des doctrines qu'il avait puisées dans les leçons paternelles, et dont la manifestation, imprudente alors, le fit plus tard arrêter avec toute sa famille. Après une réclusion de 17 mois, il fut rendu à la liberté et revint à Paris. Il y suivit la carrière de l'administration où il débuta par un emploi subalterne dans les bureaux du ministère de l'intérieur.

Le jeune surnuméraire, après quelques mois d'exercice, devint secrétaire de M. le comte Français de Nantes. C'était l'époque de l'organisation de la régie des droits réunis : l'occasion était favorable pour l'obligeance de M. Roger, il sut la mettre à profit. Grâces au crédit de son patron, dont il avait gagné l'affection, il put répandre les faveurs sur ses parents, ses amis et ses compatriotes. Quelques biographes, qui paraissent bien instruits, ont porté jusqu'à *cinq cents* le nombre

des places dont il put disposer, et l'anecdote suivante prouve-
rait peut-être qu'il y a peu d'exagération dans cette évaluation
approximative. Quelques amis de M. le comte Français lui
reprochaient, en riant, sa facilité trop prompte à céder aux
sollicitations quelquefois importunes de son secrétaire : « Que
voulez-vous, leur répondit-il gaîment, il a grimpé sur mes
épaules, pour arriver jusqu'aux branches. — Vous vous êtes
donc courbé, reprit l'un des interlocuteurs. — *Mais pas trop,
c'est le boîteux le plus ingambe des cent trente départements.* »
La suite a prouvé que M. Français ne se trompait pas, car *le
boîteux* a fait rapidement son chemin.

M. Roger, qui avait placé dans l'administration des droits
réunis un si grand nombre de ses connaissances, avait bien
dû songer à lui, et il s'y était réservé un emploi supérieur
qu'il occupait, lorsque la reconnaissance de ses compatriotes
l'appela au corps législatif. Il se renferma dans un silence
qu'aucune délibération ne put rompre pendant tout le cours de
la session.

Lors de la création de l'université, il dut à la bienveillance
de M. de Fontanes une place de conseiller ordinaire, et la
croix de la Légion-d'Honneur que le grand-maître sollicita et
obtint pour lui de l'empereur. En 1814, à l'époque de la restauration, il échangea son titre de conseiller ordinaire contre
celui d'inspecteur-général des études, qu'il perdit en 1815.
Tombé alors dans la disgrâce du pouvoir, et destitué de quelques-uns de ses emplois, il écrivit sous le voile de l'anonyme
divers articles de journaux, dont plusieurs furent remarqués,
contre Napoléon, qu'il avait chanté premier consul, servi
comme empereur, et dont il recevait encore un traitement
de 4,000 fr. en qualité de réviseur des comptes et des budgets
des Lycées.

Le 8 juillet 1815 ramena le Roi à Paris, et ce retour rendit
à M. Roger ses dignités universitaires. Nommé provisoirement
par M. Beugnot secrétaire-général des postes, ce choix fut

confirmé par S. M. Louis XVIII. Ce fut cette nomination qui fit dire à un courtisan connu par sa causticité et par la finesse de son esprit : « Pour le coup, voilà Roger homme de lettres. »

Le feu Roi mit le comble à ses faveurs en accordant à M. Roger des lettres de noblesse. En 1824 il fut élu député par le département de la Haute-Marne, siégea au centre de la chambre, et servit constamment le ministère, sinon par ses discours, au moins par ses votes. Les élections libres de 1827, en l'écartant de la nouvelle chambre, l'ont rendu à ses fonctions administratives et à ses loisirs littéraires.

M. Roger, au sortir de sa prison, se livra d'abord à l'étude du droit sous les yeux de M. Jolly, son oncle, alors avocat, et depuis conseiller à la cour de Paris; mais la sécheresse et l'aridité de cette science ne tardèrent pas à le rebuter : son goût pour la poésie ne pouvait guère s'accommoder de la *pratique* et de ses termes barbares ; il préférait aux indigestes compilations du droit romain, et aux doctes veilles de Cujas et de Barthole les vers de Racine et de Boileau : sa vocation l'emporta, et il travailla pour le théâtre. Il y débuta par une comédie en un acte et en vers, ayant pour titre l'*Épreuve délicate*, qui eut un assez grand nombre de représentations. Ce premier succès l'encouragea, et il fit jouer successivement, *la Dupe de soi-même*, comédie en trois actes et en vers ; *le Valet de deux Maîtres*, opéra-comique ; *Caroline ou le Tableau*, *Arioste, gouverneur*, comédie - vaudeville, en société avec Brousse-Desfaucherets, et l'*Avocat*, comédie en trois actes et en vers, représentée pour la première fois en 1800. Cette pièce, la meilleure de l'auteur, et dont il a emprunté le sujet et même quelques détails à Goldoni et au baron de Jauce, est restée au répertoire, et se donne de temps à autre. « C'était une conception heureuse, a dit un savant académicien, que de s'attacher à peindre les dangers, les écueils et les devoirs d'une des plus nobles professions de la société. » Lorsque

M. Roger ,après sa nomination à l'académie, fut présenté au
Roi, S. M. voulant faire allusion à cette comédie, lui dit avec
bonté : « Il faut convenir que votre cause a été plaidée par un
très-bon avocat. »

M. Roger donna encore à la scène *la Revanche*, comédie en
prose dont M. Creuzé de Lesser peut revendiquer une moitié.
Cette association fut malheureuse et marquée par des chutes
continuelles : *le Billet de Loterie*, *le Magicien sans Magie*, *la
Lecture de Clarisse*, *la Pièce en répétition*, et *le Trompeur
malgré lui*, pièces dues à cette fâcheuse communauté, furent
accueillies par les sifflets unanimes du parterre, et obtinrent à
peine quelques représentations fort orageuses.

En général, les comédies de M. Roger sont un peu froides,
et ce défaut de gaîté n'est racheté ni par la vivacité du dialogue, souvent long et diffus, ni par l'élégance et la facilité de
la versification par fois trop prosaïque.

Nous devons encore à M. Roger un hymne en l'honneur du
premier consul, chanté à l'Opéra en 1801, à l'occasion de la
paix d'Amiens; plusieurs poésies fugitives, insérées dans l'*Almanach des Muses*; une *Traduction du cours de poésie sacrée par
le docteur Lowth*; un *Commentaire sur Athalie, Esther, Po-
lyeucte et le Misanthrope*, un *Abrégé de l'histoire poétique de
Jouvency*, et une édition estimée des *Fables choisies de Lafontaine*, accompagnées de notes qui prouvent le goût de l'éditeur.

Tous ces titres, dont la quantité remplace peut-être la qualité, suffisaient-ils pour ouvrir à M. Roger les portes de l'A-
cadémie? A la mort de M. Suard, il ne craignit pas de se
mettre sur les rangs pour le remplacer, et le succès couronna
ses démarches : il fut reçu le 30 novembre 1817. Après avoir
parlé du seul ouvrage de M. Roger qui méritât une mention
honorable, son *Avocat*, le directeur ne pouvant, selon l'usage,
commenter les autres productions littéraires du récipiendaire,
craignant d'ailleurs, par quelques phrases d'une imprudente

vérité, de blesser son amour-propre, prit le sage parti de lui rappeler ses fonctions universitaires, et le félicita de « ce qu'on devait à sa coopération aux travaux de l'université, le rétablissement des bonnes études, des principes d'ordre, de religion et de morale. »

Un critique malveillant crut pouvoir appliquer à M. Roger avec plus de justice qu'à celui pour lequel ils ont été faits, ces vers du mordant Gilbert :

« C'est ce petit rimeur. . . . .
Qui, sifflé pour ses vers, pour sa prose sifflé,
Tout froissé des faux pas de sa muse *comique*,
Tomba de chute en chute au trône académique. »

Ce fut M. Roger qui fut chargé de haranguer M. Villemain, lors de sa réception, et l'on ne fut pas peu surpris de lui entendre dire au jeune récipiendaire, en lui parlant de son histoire de Cromwell, que « la véracité était un vice dans l'historien, et le mensonge un de ses devoirs, » paradoxe que condamnent l'esprit et le cœur, et qui fut accueilli par le silence désapprobateur de l'assemblée.

L'auteur de l'*Avocat* s'est contenté de ce seul triomphe, dont il doit encore en partie faire hommage à Goldoni : les chutes qui ont marqué ses derniers pas au théâtre lui ont fait craindre de nouveaux revers, et il a évité avec raison de compromettre *son immortalité*. S'il faut en croire certains bruits, dont les journaux se sont emparés, et qui ont couru les salons, il aurait écarté du fauteuil plusieurs célébrités littéraires, dont sa médiocrité redoutait le voisinage, et s'il a renoncé aux intrigues de la scène, il conduit fort adroitement et dénoue à son gré et sans embarras celles des élections académiques.

M. ALEX. DUVAL.

Des deux écrivains dramatiques qui font l'honneur de notre siècle et la gloire de la Comédie-Française, l'un appartient à la Bretagne, l'autre y a passé une partie de sa jeunesse ; mais, si cette province n'est que la patrie adoptive de M. Picard, elle est fière d'avoir donné naissance au spirituel auteur de la *Fille d'Honneur* et du *Tyran domestique*.

M. Duval (Alexandre) est né à Rennes, le 6 avril 1767. Après avoir fait ses études au collége de cette ville, il se détermina à embrasser la carrière de la marine, et fit, en qualité de volontaire d'honneur, les campagnes de M. de Grasse, jusqu'à la paix ; il entra alors dans le corps du génie des ponts-et-chaussées ; mais ce nouvel état l'éloignait de la capitale qu'il brûlait du désir de connaître ; pour le satisfaire il réussit à se faire nommer secrétaire de la députation des états. L'année 1788 vint changer de nouveau la destinée de M. Alexandre Duval ; les troubles survenus en Bretagne firent rappeler les députés, et le jeune secrétaire donna sa démission, pour reprendre l'équerre et le compas. Après avoir travaillé au canal de Dieppe en qualité d'ingénieur-géographe, il parut vouloir s'adonner à l'étude de l'architecture ; un architecte distingué se plut à cultiver les grandes dispositions qu'il remarquait en lui, et lui fit obtenir une place dans les domaines du roi. Cette nouvelle carrière offrait à M. Alexandre Duval un brillant avenir ; mais la révolution vint détruire ses espérances, et changer encore une fois sa destinée. Entraîné par l'impulsion secrète qui le portait vers le théâtre, il entra en 1791 à la Comédie-Française. Les grands événements qui bouleversaient l'Europe, le transportèrent bientôt sur une plus vaste scène, et il fit comme volontaire les guerres de la révolution.

Après avoir, en 1793, partagé le sort des comédiens français renfermés aux Madelonnettes, il entra au théâtre de la république où il se livra avec ardeur à l'étude des lettres et de l'art dramatique; mais bientôt sa mauvaise santé et les persécutions que lui avait fait éprouver un de ses ouvrages, le déterminèrent à quitter le théâtre pour ne s'occuper que de ses travaux littéraires. C'est à cette époque que commence cette longue série d'ouvrages, qui ont assigné à **M. Alexandre Duval** une des premières places parmi nos auteurs dramatiques; administrateur de l'Odéon pendant huit années, il eut quelques désagréments à supporter; mais ses succès toujours croissants le dédommagèrent de ces petites tracasseries. En 1812, l'académie française s'empressa de l'admettre dans son sein en lui donnant le fauteuil que la mort de Legouvé venait de laisser vacant. Il est bien peu d'auteurs dramatiques qui aient fourni une carrière aussi longue et aussi honorable que **M. Alexandre Duval**, le nombre de ses pièces de théâtre s'élève au moins à soixante, et l'on peut dire que chacune d'elles compte un succès.

M. Alexandre Duval, en débutant en 1791, fit paraître le drame du *Maire* auquel succéda le *Diner des Peuples*, imité d'Aristophane. En 1793 et 1794 il composa en société avec **M. Picard** la *Vraie Bravoure*, comédie en un acte; *Andros et Almona*, opéra-comique en trois actes; les *Suspects*, opéra-comique en un acte. En 1796 parurent le *Chanoine de Milan*, comédie, arrangée depuis en opéra-comique par **M. Gai**, et mis en musique par **M. Paër**; le *Défenseur officieux*, comédie en trois actes et en vers, et la charmante petite pièce des *Héritiers*, où l'auteur a placé la scène au fond de cette Bretagne qu'il aime tant. En 1797 apparaît le fameux drame de la *Jeunesse de Richelieu*, pièce qui fit si long-temps fureur et dont **M. Alexandre Duval** est seul auteur, quoique l'acteur Monvel ait voulu lui imposer son nom. La comédie du *Tyran domestique*, dont la donnée est excellente et le principal caractère si heureusement tracé, plaça M. Alexandre Duval au premier rang des auteurs dramatiques du siècle, et lui mérita les éloges de la deuxième classe de l'Institut, dans le rapport sur les prix décennaux.

Après les comédies de la *Manie d'être quelque chose*, du *Malin Bonhomme*, des opéras du *Vieux Château*, de la *Prise de Toulon*, du drame lugubre de *Montoni*, vient ce joli opéra du *Prisonnier*, qui mit à la mode le poète et le compositeur; par malheur une mort prématurée enleva ce dernier aux arts et à l'amitié. C'est alors que le talent de M. Alexandre Duval brilla d'un vif éclat, et que de nombreux succès signalèrent chacune de ses productions. Tour à tour nous voyons la jolie comédie des *Projets de Mariage*, dont l'intrigue est si habilement conduite et les détails si spirituels; les opéras de l'*Oncle Valet*, de *Trente et Quarante*, auxquels le talent de Martin et d'Elleviou a prêté tant de charmes, et celui de *Maison à vendre*, que l'on a regardé avec juste raison comme le chef-d'œuvre des opéras-comiques. Le bel opéra de *Beniowski*, auquel Boïeldieu a ajouté ses accords mâles et vigoureux; *une Aventure de Sainte-Foix*, charmant petit tableau, qui peint avec tant d'originalité le Breton qui en est le héros; *Édouard en Écosse*, drame rempli de situations pathétiques et entraînantes, furent joués dans la même année. M. Alexandre Duval avait créé pour Talma la jolie scène de *Shakspeare amoureux*; le grand tragédien y apporta son âme brûlante qui semblait s'exhaler toute entière dans ce mot sublime : *Je vous aime!...* Après les deux drames de *Guillaume le Conquérant*, des *Hussites*, la comédie de *Maison donnée*, le *Voyage à Paris*, et l'opéra de la *Méprise involontaire*, M. Alex. Duval, dans le *Menuisier de Livonie*, mit en scène les deux personnages si dramatiques de Pierre le Grand et de Catherine. Le caractère d'un jeune prince libertin, celui du fameux Rochester, du capitaine Coop et de sa nièce, ont fait de la *Jeunesse d'Henri V* une des plus jolies comédies du répertoire moderne.

(La suite à la prochaine livraison.)

IMPRIMERIE DE BÉTHUNE,
rue Palatine, n. 5, à la N

Cᵗᵉ de Labourdonnais.

L'oracle Européen.

M. ALEX. DUVAL.

(Suite.)

S'il est une pièce destinée à reproduire les mœurs des Israélites et qui soit véritablement empreinte de ce caractère religieux et solennel que demandait cet imposant sujet, c'est à
coup sûr le bel opéra de *Joseph* ; l'auteur et le musicien sem-
blèrent s'être identifiés avec leurs personnages. Et l'on ne sait
ce que l'on doit le plus admirer dans cette œuvre remarquable,
qui mérita le prix décennal, ou de la noble simplicité du style,
du charme des images et de la marche de l'action, ou de la
beauté des accords qui semblent nous révéler les chants sacrés
du *peuple de Dieu.*

Les ouvrages de M. Alexandre Duval étaient des bonnes
fortunes pour les compositeurs ; Méhul avait fait un chef-
d'œuvre avec *Joseph,* les *Artistes par occasion* commencèrent
la réputation de Catel. Aux deux petites comédies de la *Tapis-
serie* et du *Vieil Amateur,* succédèrent celles du *Chevalier
d'industrie,* ouvrage remarquable par des peintures de mœurs
piquantes, des tirades pleines de verve, et du *Faux Stanislas,*
pièce dans laquelle on trouve des situations intéressantes et un
dialogue pétillant d'esprit et de gaîté.

Le mélodrame s'était emparé de la scène, M. Alexandre
Duval dirigea sur ce monstre bâtard les traits du ridicule,
en faisant paraître les spirituelles parodies du *Retour d'un
Croisé* et de la *Femme malheureuse, innocente et persécutée.*

A la *Femme misanthrope* et au *Prince troubadour* succéda la
Manie des grandeurs, grand tableau de mœurs si vigoureuse-
ment tracé ; l'année suivante, en 1818, le succès de la *Fille
d'honneur* fut encore plus remarquable, et tous les théâtres de
France s'emparèrent de ce bel ouvrage ; depuis nous avons vu

18

paraître l'*Officier enlevé*, le *Jeune homme en loterie*, le *Faux Bonhomme*, comédie spirituelle repoussée par les Parisiens et accueillie par la province ; la *Princesse des Ursins*, le *Tasse*, *Charles II*. Plusieurs autres pièces qui font partie du recueil des œuvres dramatiques de M. Alexandre Duval, n'ont pas été représentées : elles sont au nombre de neuf : *Christine*, tragédie en cinq actes ; le *Capitaine sauvé*, grand opéra en trois actes ; *Marie*, drame en un acte ; la *Courtisane*, drame en cinq actes ; *Struenzé*, drame en cinq actes ; l'*Enfant prodigue*, comédie en cinq actes ; l'*Inconnu*, opéra-comique ; l'*Orateur Anglais* et le *Complot de Famille*, deux comédies en cinq actes et en vers.

Un biographe a dit, en parlant des ouvrages de M. Alexandre Duval : « Une moins grande facilité eût donné au style de M. Alexandre Duval la correction et la précision qui lui manquent quelquefois ; par une singularité remarquable, ce qui est un des traits caractéristiques de son talent, les détails de ses pièces sont essentiellement comiques, tandis que le plan et la charpente de ses ouvrages ont presque toujours l'intérêt pour base. Comme Térence, comme Goldoni, il a souvent employé les ressorts du drame et s'est plu à semer les traits comiques sur un tissu qui semblait destiné à la comédie sérieuse, telle que Diderot et Lachaussée l'ont conçue. » C'est que l'expérience du théâtre donne à M. Alexandre Duval un immense avantage : nous n'en voudrions pas d'autre preuve que la *Préface* de *Charles II*, où il a déposé le fruit de cette expérience si précieuse : à notre avis, cette savante et spirituelle *Préface* lui fait autant d'honneur que la meilleure de ses pièces.

M. Alexandre Duval coopère avec son frère Amaury à l'édition complète du théâtre latin. Les notes dont il enrichit cet ouvrage ne sont pas moins utiles sous le rapport des connaissances dramatiques, que celles de M. Amaury sous le rapport de l'érudition.

M. DE LABOURDONNAYE.

L'auteur d'une *Statistique pittoresque* de la chambre des députés, caractérisant l'opinion du comte de Labourdonnaye, le range au côté droit : il fut, suivant ce critique, en 1815, ultrà-royaliste ; en 1816, 17, 18 et 19, il siégeait à la première section ; de 1820 à 1828, fidèle au même côté, il se montra anti-villéliste et absolutiste déclaré. La constance des opinions de M. de Labourdonnaye, bien plus encore que l'admirable talent avec lequel il les exprime, lui concilie l'estime des hommes de sens et de bien ; du reste, cette persévérance dans ses opinions politiques ne date pas de 1815 ; M. de Labourdonnaye à toutes les époques de sa vie est demeuré le même.

LABOURDONNAYE (François-Régis, comte de), né le 19 mars 1767, après avoir servi avant la révolution dans le régiment d'Austrasie, et rempli en 1789 des fonctions municipales à Angers, subit les conséquences de son dévoûment à la cause royale ; il émigra en 1792. Pendant quelque temps il partagea les travaux de l'armée de Condé, puis à son retour en France, se joignant aux Vendéens, il rivalisa avec eux de courage et de dévoûment. Lorsque les guerres intestines qui désolaient la patrie eurent fait place à un état plus calme, que l'ordre commença à renaître à la faveur du gouvernement consulaire, M. de Labourdonnaye fut successivement nommé membre du conseil-général du département de Maine-et-Loire, maire d'Angers, et en 1807 candidat au corps législatif. Buonaparte avait violemment saisi les rênes du gouvernement ; administrateur, M. de Labourdonnaye crut devoir présenter au chef suprême de l'administration, à son retour d'Espagne, une adresse commune à tous les membres du conseil-général. On ne saurait induire de celte démarche aucune déviation de ses principes monarchiques ; la suite a prouvé qu'il en conservait l'honorable dépôt, et toujours il les a soutenus avec autorité, parce qu'il les développait avec conviction. Les malheurs de la guerre d'Espagne n'étaient qu'un prélude aux désastres de Russie : tout en déplorant les plaies dont l'ambition affligeait la France, les hommes de bien entrevoyaient, pleins d'espérance et d'amour, la main auguste qui les devait guérir. Il est vrai que, dans les premiers temps de la restauration, ce noble et touchant amour pour une dynastie présente, réveillant les illusions du passé, put en faire désirer le retour ; il est vrai qu'à une époque d'indécision et de danger la dictature des anciens jours put paraître l'unique sauve-garde de l'avenir : mais la Charte était là, et quiconque, comme M. de Labourdonnaye, était capable d'apprécier cette admirable concession, devait la prendre pour boussole de sa conduite politique. Appelé à la chambre de 1815, qu'il ait, dans l'indignation que provoquaient tant de maux causés par le retour de Buonaparte, proposé de poursuivre par catégories tous ceux qui avaient pris part à la révolution du 20 mars ; qu'il ait hautement proclamé que les armées vendéennes avaient bien mérité de la patrie ; qu'il ait conclu au bannissement de ces hommes, souillés par un hideux régicide : cette conduite s'explique par le zèle de M. de Labourdonnaye pour ce qui lui semblait juste, quoique rigoureux. D'ailleurs (1816-1817) ses discours contre ce ministère de la police, dont l'arbitraire et la dégoûtante immoralité pouvaient favoriser les coupables ambitions du chef ; l'éloge qu'il fit de la liberté de la presse, seule capable de créer un esprit public, alors qu'un projet de loi menaçait les journaux de la censure, attestent que M. de Labourdonnaye comprenait et voulait le gouvernement représentatif. Sous le ministère qui succédait au précédent, s'expliquant avec conscience sur les abus d'une liberté dont lui-même protégeait le maintien, il demandait compte au gouvernement de ses faveurs partiales pour des écrits dirigés contre la Charte, le trône et la morale, et condamnait le libelle de Fabvier : (*Lyon en 1817*), comme attentatoire aux droits de la magistrature. On conçoit qu'avec les idées toutes monarchiques de M. de Labourdonnaye, idées contraires déjà à la loi de recrutement, parce qu'elle développe dans l'armée un esprit de guerre et de conquête, il était impossible que ce député sanctionnât de son suffrage le budget dont le vote assurerait l'existence d'un ministère dont il était l'ennemi : il serait trop long de signaler tous ses efforts, d'indiquer tous ses discours. De 1819-1820, la position de M. de Labourdonnaye se dessina d'une manière bien plus nette et qui tranchait mieux avec celle qu'il occupa plus tard, non point, nous le répétons, que ses doctrines aient subi quelque modification intéressée, mais parce que, des circonstances majeures nécessitant suivant lui une dérogation temporaire au système politique, large et constitutionnel, auquel il est revenu depuis, il se trouva dans l'obligation de faire alors des apologies qui maintenant se changeraient en blâme. Quel sujet plus propre, en effet, à enfanter des divisions que l'admission de M. Grégoire, que M. de Labourdonnaye repoussait comme indigne et comme régicide ? Quel forfait de plus lugubre présage, que cet assassinat du duc de Berry, commis sous les yeux d'une police *inattentive*, et à l'occasion duquel M. de Labourdonnaye proposa une adresse au Roi ? Quelles conjonctures de nature à mieux justifier la suspension de la liberté individuelle et l'établissement de la censure, que ces temps de fâcheuse mémoire où les ressentiments étouffaient la voix de la raison ? On conçoit que M. de Labourdonnaye, dans son invariable dévoûment à la légitimité, ait voulu le salut du trône et de l'état ; qu'il ait énergiquement manifesté cette volonté commune à la masse des Français, quelles que fussent d'ailleurs les nuances de leurs opinions ; qu'il ait ainsi bravé les objections de ses adversaires et le rappel à l'ordre. Le bonheur du peuple paraissait à M. de Labourdonnaye dépendre de la diminution des impôts : en 1821, rapporteur de la commission des recettes, il insista sur la nécessité de réduire la contribution foncière. L'honneur de la France lui semblait intéressé à la guerre d'Espagne ; un moment on le crut destiné à remplacer un ministre qui reculait devant ses conséquences. Elle eut lieu cependant : M. de Labourdonnaye demeura simple député ; M. de Villèle, au contraire, se maintint au pouvoir.

Il est curieux de comparer cette époque, d'assez longue durée, avec l'époque actuelle. M. de Labourdonnaye, avec la prospérité croissante du pays, avec la tranquillité dont la France retrouvait le bienfait, dégagé de ces exigences auxquelles il avait précédemment obéi, étudiant tous les jours la nature du gouvernement représentatif, se trouva naturellement amené à combattre le triumvirat ministériel, à discuter ses mesures politiques et financières. Aujourd'hui M. de Villèle est tombé ; son administration appartient à l'histoire, dont la chambre semble vouloir préparer les jugements, et M. de Labourdonnaye, cessant une hostilité qui manquerait de cette générosité chevaleresque qui le caractérise, demeure, il est vrai, chef de l'opposition de droite, ne prend point entièrement fait et cause pour l'administration déchue, mais ne l'accable point par son alliance avec ses accusateurs. Il faut convenir que M. de Labourdonnaye n'est pas étranger à l'ambition, et que l'espoir du ministère a souvent dicté ses discours ; mais il faut ajouter que quatre fois cet espoir a failli se réaliser, et que, si l'événement paraît nous démentir, on doit n'attribuer cette contradiction entre les faits et nos paroles qu'aux refus de M. de Labourdonnaye. Quoi qu'il en soit, son rôle est aujourd'hui tracé : le dernier discours qu'il prononça à la chambre relativement aux pétitions sur le rétablissement de la garde nationale, donne la mesure de ses vastes talents en politique , comme le résultat qui l'a suivi donne celle de son influence.

Rien ne saurait mieux caractériser la manière de voir de M. de Labourdonnaye, la couleur forte et sévère de son style, sa position dans la chambre actuelle, que la fin de ce mémorable discours. Après avoir discuté les conséquences de la prise en considération de la mesure proposée par M. de Salverte, il s'écrie :

« Messieurs, cet affligeant tableau ne vous rappelle-t-il aucun souvenir ? En portant vos regards vers l'avenir dont on nous menace, n'aurais-je pas, sans m'en apercevoir, tracé trait pour trait l'histoire d'un passé que chacun de nous déplore, que chacun de nous voudrait racheter de son sang ?

» A pareil jour, à pareille heure peut-être, excitées par des discussions imprudentes, en 1789, les passions de la multitude renversèrent en quelques instants une monarchie de quatorze siècles, que tant d'intérêts prescrits par le temps, que tant d'institutions consacrées par nos mœurs semblaient rendre inébranlable. Elle s'est écroulée, cette monarchie, devant l'opinion publique qu'on avait égarée. Elle s'est écroulée en ensevelissant sous ses débris une partie de la famille royale et le plus juste des rois ! Elle s'est écroulée en entraînant dans sa chute les fortunes privées et la fortune publique, les monuments de notre gloire et la religion de nos pères, la génération qui l'avait sappée dans ses fondemens, et la génération qui l'avait défendue ! Et lorsque après quarante années d'agitations, de malheurs et d'efforts pour la reconstruire, il ne tiendrait qu'à nous de la rasseoir à jamais sur la base de notre ancienne dynastie et d'institutions appropriées à nos nouvelles mœurs, à nos nouveaux besoins, je ne sais quelle fatalité, dont tout le monde gémit, et que nous servons tous, nous pousse vers le même abîme et par le même chemin !...

» Messieurs, avant de prendre en considération la proposition qui vous est faite, rappelez-vous le 14 juillet, et comparez ce qu'il faut d'efforts pour renverser une monarchie de quatorze siècles et une restauration de quatorze années !

»Je vote contre la prise en considération. »

Malgré la diversité des opinions particulières, tous les députés convinrent qu'il n'est qu'un cri sous les armes qui puisse être proféré parmi nous ; aucune puissance ne peut l'empêcher, car il est dans les entrailles de la France ; l'Europe entière l'appelle le cri français : C'est le cri que répétaient nos pères en marchant au combat, c'est le cri qu'ils faisaient entendre aux pieds des échafauds, c'est le cri qui console de tout, que l'on repète sur la terre natale comme sur la terre de l'exil, c'est le cri qui pendant huit siècles a conduit les Français à la victoire, c'est le cri sacré des enfants de la noble patrie ; c'est de ce cri d'amour et de respect que l'on salua les droits de la prérogative royale, tout en déplorant une imprudence qui ne saurait jamais la compromettre.

On se rappelle que M. de Labourdonnaye manqua naguère de périr de la main d'un assassin ; il serait téméraire de décider si la haine de ce furieux avait pour motif la nature des opinions de M. de Labourdonnaye, ou si quelque intérêt particulier le portait à cette coupable tentative.

M. HYDE DE NEUVILLE.

Il est des hommes dont la vie offre de curieux détails : avec un caractère franc, loyal, susceptible d'une grande exaltation, avec un courage à toute épreuve, s'ils se trouvent jetés au milieu des troubles politiques, nécessairement ils se distinguent ou succombent. Dans le bonheur, la plus douce récompense à leurs yeux ne consiste ni dans la possession d'une fortune honorablement acquise ou conservée, ni dans la jouissance d'un pouvoir remis entre leurs mains, mais dans la satisfaction de leur conscience. Leurs efforts, au contraire, ont-ils échoué ? l'infortune n'ébranle pas leur fidélité ; persécutés, ils se résignent ; et s'ils achètent le repos, ce n'est jamais au prix d'une bassesse. Ces hommes, dont nous parlons, forcent l'estime de tous les partis ; on peut critiquer les actes de leur vie politique, quand la confiance de leurs concitoyens les appelle à la tribune, quand le choix du prince les élève au ministère ; mais, en n'épargnant pas un blâme qui est une leçon pour les autres, on respecte en eux jusqu'à leurs erreurs, parce qu'en agissant mal ils se trompaient de bonne foi. Certes une critique de ce genre est le plus bel éloge qu'on puisse et qu'on doive ambitionner : M. Hyde de Neuville y a droit.

Hyde de Neuville (Paul, baron de) naquit à la Charité-sur-Loire ; il appartient à une famille d'origine anglaise ; son père, livré au commerce qui lui procura une fortune considérable, possédait une manufacture de boutons, et laissa à ses fils un héritage immense. Pendant les premières années de la révolution, il ne fit rien qui attirât sur lui l'attention publique, il était jeune encore : en 1797, ce rôle passif changea tout à

coup, et M. Hyde de Neuville s'élança avec courage et dévoûment dans l'arène politique. Les crimes atroces, sans lesquels
une révolution se fût tranquillement opérée, mais qui ensan-
glantèrent cette époque de nos annales, frappaient son imagination ; sa fidélité s'indignait de l'absence de nos princes, con-
traints de chercher un asyle à l'étranger : il voulut rappeler à
la fois et le calme et ceux qui devaient en être le gage : il y a
loin de là sans doute à un complot contre la liberté, à une
guerre contre ses défenseurs véritables, et la chaleur avec laquelle le député de 1823-1828 proclamait son amour pour
nos libres institutions, annonce qu'il n'avait horreur autrefois
que de ces hommes de sang dont l'aspect sinistre épouvantait
la France. M. Hyde de Neuville se trouvant alors à Paris avec
son beau-frère Delarue, député au conseil des Cinq-cents,
embrassa avec enthousiasme le parti royaliste, qu'on surnom-
mait de *Clichy :* les efforts de ce parti avaient déjà produit
quelque effet, et ses ramifications vers l'Ouest lui permettaient
d'y encourager la résistance armée des habitants. M. Hyde de
Neuville devint, avec le chevalier de Coigny et les abbés
Rathel et Godard, l'un des principaux agents des princes de la
maison de Bourbon à Paris.

Après la journée du 18 fructidor, Delarue fut arrêté et dé-
porté à la Guyane ; heureusement il se sauva et revint trouver
M. Hyde de Neuville en Angleterre où les affaires des princes
obligeaient ce dernier à se rendre fréquemment ; vers la fin de
1799, M. Hyde se mit en relation directe avec les insurgés de
l'Ouest, et surtout avec les généraux Georges Cadoudal,
d'Andigné, de Bourmont. Il présenta ses plans au cabinet de
Saint-James, et obtint du ministère anglais des fonds pour les
mettre à exécution. La révolution du 18 brumaire la fit ajourner, sans que M. Hyde de Neuville renonçât à l'effectuer un
jour. Aussi plein d'adresse que de persévérance, aggrandissant
encore les vues qu'il avait fait adopter, utilisant les moyens
d'exécution qu'il avait reçus, il établit d'abord à Paris une

contre-police qui surveillait et entravait celle de Buonaparte :
M. Hyde de Neuville et le chevalier de Coigny, commissaire
secret du roi Louis XVIII, confièrent la direction de ces importantes mesures à Dupérou, intrigant ou diplomate habile,
qui paya, par une longue détention, son concours aux projets
des princes. Les relations qu'avait établies M. Hyde de Neuville avec les chefs royalistes de l'Ouest lui apprenant combien
il serait opportun de combiner leurs efforts, de placer à leur
tête un général aussi capable que dévoué, il envoya un de ses
amis à Pichegru pour lui proposer le commandement des
troupes royalistes dans l'intérieur. Du reste, M. de Neuville
ne négligeait pas de façonner et de mûrir l'opinion publique :
grâce à son entremise, plusieurs écrivains, du plus grand
talent, se rallièrent au parti du roi, dont la cause était défendue dans des brochures répandues avec profusion, car expliquer les principes de la légitimité c'était mettre à l'ordre du
jour le rappel des Bourbons. Un moyen, plus efficace s'il eût
été adopté, s'offrait encore ; Buonaparte, premier consul,
ambitionnait peut-être la gloire de Monk... M. Hyde de Neuville eut avec lui, au palais du Luxembourg, une entrevue
où il lui proposa de rétablir la maison de Bourbon sur le
trône. Buonaparte refusa. Dans la nuit du 20 au 21 janvier
1800, M. Hyde de Neuville, pour signaler ce sombre anniversaire à la douleur publique, fit tendre de noir l'église de la
Madeleine ; la police, qui se hâta de faire disparaître cette
tenture, redoubla de zèle pour découvrir celui qui l'avait osé
placer. Elle ne parvint point jusqu'à M. de Neuville. Cependant, de plus en plus surveillé, échouant dans plusieurs tentatives, il allait être saisi ; ses fidèles agents l'avertirent, et il
eut le bonheur de passer en Angleterre. On s'empara de ses
papiers, on les publia officiellement, en mai 1800, sous le
titre de *Correspondance anglaise*, 1 vol. in-8° : M. Hyde de
Neuville y est désigné sous le nom de Paul Berri à l'aide duquel il voyageait dans l'intérieur de la France et en Angleterre.

Depuis, M. Hyde de Neuville, que son dévoûment désignait aux soupçons comme à la haine de la police, fut signalé dans divers rapports sur les complots des royalistes ; le 3 nivôse en particulier, à l'occasion de cette machine infernale dirigée contre Buonaparte, qui, manquant son but, mutila et fit périr plusieurs citoyens, jeta l'épouvante dans le quartier le plus populeux de Paris, un rapport de Fouché, ministre de la police, indiqua M. Hyde de Neuville comme l'un des principaux auteurs de cette fatale entreprise. Toutefois, en 1801, parut une *Réponse de J. Guillaume Hyde de Neuville, habitant de Paris, à toutes les calomnies dirigées contre lui, à l'atroce et absurde accusation d'avoir pris part à l'attentat du 3 nivose, avec l'exposé de sa conduite politique*, in-8°. En repoussant une accusation de cette nature, il ne craignit pas de faire une profession publique de son dévoûment à la cause du Roi.

Une telle conduite, si noble mais si dangereuse, condamnait M. Hyde de Neuville à fuir, à se dérober à la vengeance du chef du gouvernement. Il se rendit à Lyon, où il vécut caché pendant plusieurs années, assez habile pour défier toutes les recherches ; pourtant, à la fin de 1805, les sollicitations de ses amis, les prières, le courage, l'héroïque persévérance de sa femme, l'intervention de l'impératrice Joséphine, lui firent accorder la permission de reparaître pour mettre ordre à ses affaires et se retirer en Espagne. De là, il s'embarqua avec sa famille pour les Etats-Unis d'Amérique, où il acheta une habitation, non loin de New-York, près de celle où résidait le général Moreau. Lié bientôt d'amitié avec Moreau, M. Hyde de Neuville le décida, vers la fin de 1812, à embrasser franchement la cause des Bourbons, et à retourner en Europe pour préparer leur rétablissement.

Quand la nouvelle de cet événement parvint à M. Hyde de Neuville, lui-même voulut revenir en France au mois de juillet 1814 : son dernier soin, avant de partir, fut de rendre hommage à l'amitié malheureuse dans un *Éloge historique du général Moreau, New-York,* 1814, in-8°. Dès son arrivée, on lui confia diverses missions diplomatiques. Au mois de mars 1815, il suivit le Roi à Gand, et revint à sa suite à Paris. L'opinion publique se prononçant alors d'une manière imposante dans le sens de ses propres sentiments, les électeurs du département de la Nièvre le choisirent pour leur représentant à la chambre *introuvable*. Il fut l'un des orateurs les plus féconds de cette assemblée, qui le nomma l'un de ses secrétaires ; on lui reproche de s'y être montré passionné, en appelant par ses discours, en consacrant par son suffrage toutes les mesures exceptionnelles. La gravité des circonstances explique pourquoi il penchait alors vers une grande rigueur, embarrassant quelquefois le ministère lui-même dès que celui-ci, craignant de compromettre son existence que menaçait une naissante opposition, faisait à l'énergie de ses protestations quelques concessions apparentes. Ainsi, le 24 octobre, relativement aux mesures de sûreté publique proposées par le ministre de la police, M. Hyde de Neuville disait : « Cessons de concevoir des craintes chimériques. La liberté des bons citoyens ne sera point un instant compromise par la loi qui vous est présentée ; cette loi ne portera l'effroi que dans l'âme des factieux ; cette loi n'atteindra que les pervers, que ces hommes dangereux que partout l'opinion publique désigne et réprouve. On a prétendu que, toutes les administrations du royaume n'étant point encore confiées à des mains pures, on devait craindre que, dans quelques départements, la loi présentée ne servît à faire persécuter des hommes sincèrement attachés au Roi et à la patrie. Eh quoi ! pouvons-nous raisonnablement croire que les ministres actuels ne sont pas convaincus de l'indispensable nécessité, de l'urgence impérieuse de ne confier l'autorité qu'à des hommes probes et sincèrement dévoués ? Ne serait-ce pas leur faire gratuitement injure, que de leur prêter un système si contraire à la raison, à la morale, à la saine politique ?... » Le 3 novembre, M. Hyde de Neuville demanda

que la chambre suppliât le Roi de réduire le nombre des tribunaux, et de suspendre l'institution royale des juges, parce
que, le pouvoir exécutif ayant à ses yeux besoin de se corro-
borer, cette mesure de concentration qui lui donnait une plus
grande prépondérance sur l'autorité judiciaire, devait ajouter
à son énergie. Il fit ajouter aux lois d'amnistie, et parla sur
celle des élections; toujours son vote fut conforme à celui de
la majorité. La rigueur des mesures sanctionnées par le côté
de la chambre auquel appartenait M. Hyde de Neuville donna
lieu à un misérable jeu de mots : on appelait les députés de
son opinion le parti des *hideux*.

Le 4 avril 1816, M. Hyde de Neuville fit une proposition
tendante à ce que les ministres proposassent un projet de loi
qui modifierait les dispositions sur la contrainte par corps,
surtout à l'égard des étrangers. Avant que la chambre de 1815
fût dissoute par l'ordonnance du 5 septembre, le ministère,
effrayé de l'influence de M. Hyde de Neuville, avait songé à
l'éloigner en l'envoyant, en qualité de ministre plénipotentiaire de France, près des Etats-Unis d'Amérique. Le
baron de Neuville reçut à cette époque le grand-cordon de la
Légion-d'Honneur. Il s'embarqua à Brest à la fin d'avril, arriva à New-York à la fin de juin, et ne revint qu'en 1822 de
cette mission honorable. Les députés de la Nièvre l'élurent de
nouveau en 1823 pour leur représentant à la chambre; il s'y
montra opposé à la dernière administration. Au moment de
son élection, les royalistes le portaient déjà comme premier
candidat au ministère futur; l'expression de ces espérances,
justifiées d'ailleurs par la capacité et le talent de tribune de
M. Hyde de Neuville, suffit pour qu'on songeât à l'éloigner
encore en le revêtant d'un caractère diplomatique : nommé
ambassadeur, il alla à Madrid et à Lisbonne, et, lors de la révolte qui faillit enlever la couronne au roi Jean, au profit de la
reine-mère ou de don Miguel, M. Hyde de Neuville, loyal
interprète des volontés du Roi, se plaça à la tête du corps di-

plomatique, sauvant Jean IV par cette noble intervention. A son retour en France, abreuvé de dégoûts, pour avoir à la tribune laissé entrevoir sa désapprobation des mesures qu'adoptait le ministère, privé de son ambassade, mais fidèle au poste qu'il occupa dans l'opposition de droite, M. Hyde de Neuville donna des gages de son amour pour la monarchie selon la Charte. Aussi, quand M. de Villèle tomba, quand le blâme déversé par l'adresse de la chambre sur son administration contraignit M. de Chabrol d'abandonner le ministère de la marine, il se vit appelé à l'honneur de siéger à sa place dans les conseils du Roi : nous lui rendrons la justice de dire qu'en aucune occasion il n'a manqué de reconnaître les services réels de son prédécesseur, de les faire apprécier par la chambre, de les signaler à l'opinion publique.

Enfin, il a été permis à M. Hyde de Neuville d'indiquer d'une manière positive et ce qu'il veut et ce qu'il peut faire : la discussion du budget de la marine a nécessité de sa part un discours qui annonce d'importantes améliorations.

« Messieurs, a-t-il dit, n'attendez pas de moi des explications approfondies sur un ministère auquel je n'ai été appelé que depuis peu de temps par la confiance du Roi. Il n'y a que le maniement des affaires qui puisse apprendre à les bien connaître dans tous leurs détails. Je me propose seulement aujourd'hui de vous exposer les travaux de l'administration, les projets qu'elle a conçus dans l'intérêt de la marine, et de vous éclairer sur la destination des fonds que nous avons jugés rigoureusement nécessaires pour le service de ce département.

» Messieurs, dit-il en terminant, j'arrive à une question qui, je persiste à le croire, doit être abordée avec une extrême réserve. Plusieurs personnes ont blâmé le langage que j'ai tenu à cet égard; mais je crois que c'est le seul qui soit sans danger, et je ne veux pas m'écarter de la ligne que je me suis tracée. J'éprouve la satisfaction de pouvoir annoncer à la chambre que de salutaires réformes seront prochainemaut introduites dans notre système colonial. L'organisation judiciaire à la Martinique et à la Guadeloupe sera bientôt assise sur les mêmes bases qu'à l'île de Bourbon : on y jouira des garanties qui résultent de la publicité, de la libre défense et du débat oral. Le bienfait de l'enregistrement y sera implanté à dater du 1er janvier prochain.

La législation qui, aux Antilles, régit la classe des hommes de couleur, a été l'objet de nombreuses et légitimes réclamations : elle sera modifiée selon les principes d'égalité qui forment la base de nos lois civiles et pénales.

Mon prédécesseur n'avait rien négligé pour l'exécution de la loi de 1827 contre la traite des noirs. Je n'ai pas besoin de dire que je poursuivrai avec vigueur l'accomplissement des mesures prises contre l'infâme trafic de la chair humaine. Mon premier soin a été de rappeler aux employés de mon ministère les dispositions de la loi contre la traite ; ils savent que leur zèle pour assurer la répression de ce crime sera à mes yeux leur premier titre à la confiance et aux faveurs de S. M.

C'est ainsi, Messieurs, qu'en marchant avec prudence dans la voie des améliorations, nous arriverons à fonder, sans secousse, un meilleur système colonial. Telle est la marche que je veux suivre invariablement, je ferai cesser les abus, et je ne ferai pas verser de larmes. »

Ce discours a été accueilli par les murmures approbateurs de l'opposition, et par le profond silence du côté droit. Naguère M. Hyde de Neuville était le héros célébré par la *Quotidienne* ; il est aujourd'hui l'objet de ces sarcasmes : mais n'oublions pas que la *Quotidienne* a changé de rédacteurs, et que M. Hyde de Neuville est demeuré royaliste constitutionnel.

IMPRIMERIE ECCLÉSIASTIQUE DE BÉTHUNE.

M. DECAZES.

Les hommes qui veulent maintenir les institutions, sans flatter aucun parti, doivent s'attendre à la haine de toutes les factions : c'est un rôle possible cependant, lorsque les esprits calmes ont senti le besoin de la paix et du repos ; mais lorsque les passions toutes vivantes et tout irritées se débattent encore sur un volcan à peine éteint, c'est en vain que la justice et l'impartialité tenteraient d'asseoir leur trône sur une terre qui ne renferme que des éléments de bouleversement et de dissolution. Les hommes qui ont jugé Louis XVIII et ses ministres ne se sont point assez pénétrés de ces réflexions, pas plus que ceux qui comparent le temps présent aux circonstances qui l'ont précédé. Le système que l'on a flétri du nom de *bascule* a rendu à la monarchie peut-être plus de services qu'on ne l'imagine ; et si l'on voulait y donner quelque attention, on découvrirait, je le soupçonne, que les hommes dont la haine s'est le plus acharnée contre ce mode de gouvernement, étaient ceux qui avaient le plus à craindre de la justice et de l'impartialité d'un ministère. Sans doute l'impartialité n'est pas un égal mépris du bien et du mal, l'impartialité n'est pas de l'ingratitude : il y a des services qu'on ne doit jamais oublier, des attentats qu'il faut toujours punir ; mais il y a des caprices d'opinions opposées qu'il faut confondre dans la même indifférence, des erreurs de circonstance et d'exaltation qu'il faut confondre dans le même oubli. Dans ce sens, le système de bascule est le spécifique le plus puissant contre l'esprit révolutionnaire ou contre-révolutionnaire ; c'est le ciment avec lequel, à la suite d'un bouleversement, on réunit les différents matériaux dont se composait l'édifice social.

Ces principes une fois posés, principes dans lesquels on doit reconnaître la sagesse et l'impartialité que nous avons promises à notre entrée dans la carrière, nous allons raconter, sans y joindre de réflexions aucune, la série des faits qui se sont succédé sous nos yeux depuis l'année 1815 jusqu'à nos jours, et dans l'histoire desquels M. le duc Decazes occupe une place si importante.

M. Elie DECAZES est né le 28 septembre 1780 à St-Martin-de-Laye, (département de la Gironde). Sa famille tenait à la simplicité de la bourgeoisie ; elle en recherchait la société, bien qu'elle pût compter dans ses aïeux une suite de gentils-hommes dont les titres de noblesse remontaient à Henri IV. Ayant terminé ses études de latinité et de droit, M. Decazes vint montrer au barreau de Libourne la facilité de son esprit ; mais bientôt, fatigué des habitudes rétrécies d'une petite ville, il vint à Paris, où il ne tarda pas à occuper un emploi au ministère de la justice. Bientôt après, c'est-à-dire en 1805, M. Decazes épousa la fille du comte Muraire, premier président à la cour de cassation, et l'année suivante entra dans la magistrature en qualité de juge au tribunal de la Seine ; nommé ensuite secrétaire des commandements de la mère de Napoléon, le juge de première instance ne tarda pas à être appelé aux fonctions de conseiller à la cour royale, et en cette qualité présida plusieurs fois les assises. En 1811, Louis Bonaparte, placé par son frère sur le trône de Hollande, jeta les yeux sur M. Decazes, et l'appela dans son conseil privé. Ce prince, dont la modestie et la simplicité contrastait si fort avec le ton impérieux et l'absolutisme de l'empereur son frère, inspira au nouveau conseiller un attachement si vif et un dévoûment si complet, que le zèle de M. Decazes pour le roi son maître ne tarda pas à déplaire à Napoléon : on sait quelle était alors là nature des relations qui existaient entre les deux princes.

L'Europe renversa Napoléon, et les Bourbons donnèrent une année de tranquillité à la France. M. Decazes, qui avait beaucoup perdu à la chute de l'empire, et auquel la royauté ne donnait aucune espérance, se déclara franchement pour cette dernière cause. Cependant la première restauration le laissa dans l'obscurité de la vie privée. Tout à coup le bruit se répand que Bonaparte arrive, M. Decazes prend les armes contre l'usurpateur; mais tout cède à l'armée du conquérant, et peu de jours après, M. Decazes, en sa qualité de conseiller, assiste à la réception de M. Gilbert des Voisins, nommé premier président à la place du président actuel, M. Séguier. On dit que ce fut à la cour royale, qu'entendant célébrer les vertus de Bonaparte et l'amour des Français pour sa personne, M. Decazes répondit à un conseiller qui prétendait prouver la légitimité de l'empereur, par la rapidité avec laquelle il avait traversé la France : « J'ignorais que la légitimité fut le prix de la course. » Bonaparte le proscrivit, et l'obligea à se retirer dans le sein de sa famille jusqu'à la bataille de Waterloo. A cette époque, il revint à Paris, et le 10 juillet 1815 il fut nommé préfet de police, en remplacement de M. Courtin. Tandis qu'il remplissait ces fonctions, le colonel Labédoyère fut arrêté et condamné à mort; le même sort attendait le maréchal Ney, qui, chargé par le Roi du commandement général des troupes, était allé se jeter entre les bras de Bonaparte. A la suite de ce mouvement de réaction royaliste, M. Decazes, dont Louis XVIII appréciait de plus en plus le zèle et les talents, fut nommé conseiller-d'état, et le département de la Seine, secondant les désirs du prince, l'appela à siéger dans le sein de la chambre de 1815. La chambre introuvable, avec la majorité de laquelle il vota souvent, eut occasion d'apprécier la facilité et les grâces parlementaires du nouveau député.

Cependant le régicide Fouché dirigeait encore le ministère de la police générale, et cet inexplicable scandale affligeait tous les honnêtes gens, lorsque le 25 septembre 1815 M. Decazes fut appelé à le remplacer. Il avait à peine reçu ce nouveau témoignage de la bienveillance royale, qu'il fut chargé de présenter à la chambre des députés une loi suspensive de la liberté individuelle. Le 27 janvier suivant, nouvelle faveur du Roi, le ministre de la police générale est fait comte.

Accusé de l'évasion de M. de Lavalette avec le garde-des-sceaux, M. Barbé-Marbois, il eut à se défendre de cette accusation devant la chambre des députés. Un édit ou ukase de l'empereur Alexandre, à la date du 2 janvier, ayant expulsé les jésuites de l'empire de Russie, le ministre Decazes ne s'opposa point à ce que ces religieux trouvassent un asile en France, et leur permit de s'y établir seulement comme particuliers. Dix jours après la publication de cet édit de l'autocrate russe, la loi d'amnistie fut rendue : ceux des régicides qui avaient voté pour l'acte additionnel ou accepté des fonctions de l'usurpateur, ne profitaient pas des avantages de cette loi ; sous peine de déportation il leur était enjoint de sortir de la France dans le délai d'un mois, ils ne pouvaient y jouir d'aucuns droits civils, y posséder aucuns biens.

Une insurrection éclate près de Grenoble, et la sévérité ministérielle la réprime aussitôt : vingt-un individus, tous obscurs, à l'exception de leur chef, sont condamnés à mort. M. Decazes, rendant compte de cet événement à la chambre des députés, s'explique en ces termes : « Trois cents paysans égarés, dont un tiers ignorait le motif pour lequel on lui avait fait prendre les armes, et croyant venir à des fêtes et des réjouissances, ont été les auteurs de ce mouvement séditieux. » A la même époque, un changement eut lieu dans le ministère ; M. le comte Barbé-Marbois remit les sceaux au chancelier Dambray, qui les accepta par intérim , et M. le vicomte Lainé remplaça à l'intérieur le ministre Viennot-Vaublanc. C'est alors que parut la fameuse ordonnance du 5 septembre 1816, conçue en ces termes : 1° aucun des articles de la Charte constitutionnelle ne sera révisé; 2° la chambre des députés est dissoute; 3° le nombre des députés reste fixé conformément à l'article 36 de la Charte. M. Decazes contribua plus que tout autre à la publication de cette ordonnance, qui fut si diversement jugée par l'un et l'autre parti : les uns disent qu'elle fut reçue aux acclamations de la France entière, qu'elle fut le premier pas dans le régime constitutionnel; les autres assurent qu'elle a mis la patrie en danger, qu'elle est un monument d'injustice et d'ingratitude, et enfin qu'elle a privé le gouvernement royal de ses plus zélés partisans.

Tandis que M. Pasquier remplaçait au ministère de la justice M. le chancelier Dambray, M. Decazes proposait aux chambres le projet de loi tendant à exempter tout écrit de la censure préalable, ainsi que celui qui modifiait la loi du 29 octobre 1815 sur la suspension de la liberté individuelle. Ces deux projets furent bientôt suivis de la loi du 5 février 1817, admise à la chambre des députés par 132 votants sur 232, après deux mois de débats. Cette loi reconnaissait les deux grands principes du système électoral , qui sont l'élection directe et la parfaite égalité de droits entre les électeurs admis : en interprêtant les dispositions de la Charte, elle fortifiait les institutions constitutionnelles, ce qui fit dire au président actuel de la chambre des députés que la Charte toute entière avait passé par cette loi.

Le 29 novembre 1818, le ministère fut renouvelé : le duc de Richelieu fut remplacé aux affaires étrangères, par le général Dessoles; le baron Pasquier aux sceaux, par le député de Serre; le comte Molé à la marine, par le député Portal; M. Roy aux finances, par le député Louis; le maréchal Gouvion-Saint-Cyr fut conservé à la guerre, et le ministère de la police, réuni à celui de l'intérieur, fut confié à M. Decazes (1).

C'est à cette époque que l'on donna au système d'administration suivi par M. Decazes, le nom de *système de Bascule.* La violence avec laquelle les hommes de parti l'attaquèrent, lui créa dans les gens modérés de nombreux partisans : la publication de l'écrit périodique, intitulé le *Conservateur,* que l'on opposait à la *Minerve,* fournit à M. de Châteaubriand l'occasion fréquente de se distinguer comme un des plus ardents adversaires du ministère Decazes. Celui-ci défendit son administration avec tout l'ascendant que donnent le courage et des intentions louables : « Nous désirons, disait-il à la tribune des députés, royaliser la nation, nationaliser le royalisme, protéger tous les intérêts acquis, toutes les propriétés ; maintenir une égalité complète et droite, ramener l'oubli du passé, éteindre les haines, faire aimer le pouvoir en le faisant respecter. » Les deux côtés extrêmes de la chambre, loin de se prêter aux vues du ministre, l'attaquèrent avec plus de vigueur que jamais : il faut le dire, puisque c'est une vérité, M. Decazes devint odieux aux royalistes, surtout à ceux qui se paraient avec orgueil du titre de *royalistes purs ;* les amis de la liberté ne voyaient pas avec plus de satisfaction le ministre de l'intérieur : les députés de la droite n'avaient plus d'espoir que dans le renversement de la loi d'élection ; la proposition qu'ils firent dans ce but, et qui fut soutenue par M. de Richelieu, a conservé le nom de celui qui la porta à la tribune, M. Barthélemy.

M. Decazes défendit la loi attaquée, et trouva dans ce mo-

---

(1) Le ministère de la police créé le 1ᵉʳ janvier 1796, a été détruit en 1802 après la paix d'Amiens. Bonaparte le rétablit le 10 juillet 1804 , le 13 mai 1814, il fut remplacé par une direction générale, puis rétabli de nouveau le 20 mars 1815, par Napoléon ; enfin le 9 juillet suivant le gouvernement royal sanctionna cette institution.

ment de nombreux appuis chez les partisans des idées libérales. La faveur que Louis XVIII accordait à M. Decazes, malgré les attaques auxquelles le ministre était en but, était pour M. de Richelieu un motif de retraite; il la demanda : et le 19 novembre 1819, fut remplacé à la présidence du conseil par M. Decazes. Ce dernier contresigna, le 5 mars suivant, une ordonnance royale qui faisait entrer dans la chambre héréditaire un grand nombre de nouveaux pairs, que le royalisme y vit arriver avec répugnance. Peu de temps après arriva l'assassinat de l'infortuné duc de Berry. Un fou commit ce crime qui plongea la France dans la douleur et la consternation; mais la haine et l'ambition voulurent mettre à profit cet horrible attentat, pour en faire tomber la responsabilité sur un homme dont elles jalousaient les faveurs. La douleur et l'accablement de M. Dècazes ne lui laissèrent plus la possibilité de suivre le système d'impartialité qu'il avait adopté jusqu'alors. Le 15 février, c'est-à-dire deux jours après l'assassinat du duc de Berry, M. Decazes vint lire à la chambre des députés un projet de loi, tendant à introduire le double vote dans les élections. Le même jour la censure des écrits périodiques fut proposée. Nous ne répèterons point ici les accusations du journaliste Martainville et du député Clausel dé Coussergue, accusations dont l'opinion publique ne tarda pas à faire justice. Néanmoins M. Decazes ne chercha pas à lutter plus long-temps contre l'orage, et donna sa démission le 22 février 1817.

Lorsque M. Decazes sortit du ministère, le Roi voulut témoigner que sa retraite n'était point une disgrâce, en lui conférant le titre de duc, le créant ministre d'Etat, le nommant son ambassadeur en Angleterre et le décorant du grand cordon du Saint-Esprit. Le nouvel ambassadeur ne demeura pas en Angleterre plus d'une année; il quitta ce pays pour revenir en France. Depuis cette époque, rendu aux loisirs de la vie privée, et passant une partie de l'année à Libourne, M. Decazes consacre une partie de son temps aux utiles travaux de l'agriculture. Les lettres et les arts le considèrent comme un de leurs protecteurs les plus éclairés. Pendant la durée de son ministère, il accorda une protection toute spéciale aux hommes distingués par leurs talents, et M. le professeur Villemain remplit près de lui les fonctions de secrétaire particulier.

M. Charles Dupin a dit en parlant de M. Decazes : « Ami des scienc eset des arts, il honora les savants et les artistes ; il a fait reparaître, avec une pompe nouvelle, la fête nationale de l'exposition des produits de notre industrie, et lui-même, au pied du trône, fit décerner par la main du Monarque, au génie des arts utiles, des prix dignes du Prince et dignes de la France.»

Veuf de la fille du comte Muraire, M. Decazes a épousé, le 11 août 1818, mademoiselle de Saint-Aulaire, petite-fille, par sa mère, du dernier prince régnant de Nassau Saarebuch : à l'occasion de cette alliance, il a reçu du roi de Danemarck, le titre et le duché de Glukesbourg. De ce dernier mariage sont nés deux enfants, dont l'aîné a eu pour parrain et marraine le Roi et S. A. R. Madame, la Dauphine. On a beaucoup répété à cette époque, et l'on assure encore aujourd'hui dans les salons des *royalistes purs*, que l'auguste princesse ne céda en cette occasion, qu'à l'autorité du Roi, son oncle.

Siégeant dans les rangs de l'opposition constitutionnelle, M. le duc Decazes a prouvé dernièrement à la chambre des pairs que son talent oratoire n'avait rien perdu de son éclat, et que son attachement à la constitutionnalité n'avait pas changé davantage.

IMPRIMERIE ECCLÉSIASTIQUE DE BÉTHUNE.

l'Abbé de Lamennais.

M. L'ABBÉ DE LA MENNAIS.

Félicité-Robert DE LA MENNAIS est né le 19 juin 1782 à St-Malo, ville maritime de la Bretagne, ancien évêché et aujourd'hui chef-lieu d'un arrondissement du département d'Ile-et-Vilaine. A l'époque où le bouleversement révolutionnaire avait détruit en France jusqu'aux maisons d'éducation, le jeune Robert de la Mennais n'avait pas encore atteint l'âge où l'homme peut se suffire à lui-même, et continuer les études dont il a reçu les premières notions à l'école de maîtres habiles ; mais déjà un esprit supérieur se faisait remarquer à cet âge, dans un enfant dont les travaux devaient un jour attirer l'attention de l'Europe. Il n'avait que dix ans, et déjà les ouvrages de Mallebranche étaient pour lui une lecture remplie de charmes. Livré à ses propres forces, il avait tourné ses efforts vers les études où son génie l'attirait : des précepteurs mal avisés n'avaient point eu le droit de tourmenter son enfance en le condamnant, ainsi que cela arrive dans les collèges, à des travaux dont l'inutilité, sentie d'avance, fait naître et la paresse et le dégoût. Peut-être cette liberté d'études qui débarrassa son esprit de toute espèce d'entraves, cet abandon qui l'obligea de si bonne heure à penser lui-même, contribuèrent-ils puissamment à cette vigueur de pensée, à cette admirable témérité d'expressions que l'on a trouvées depuis dans l'*Essai sur l'Indifférence*.

C'est ainsi que, suivant sa propre impulsion, M. de la Mennais passa sa jeunesse dans la retraite et le travail. Malgré le mauvais état d'une santé qui fit plusieurs fois craindre pour ses jours, il embrassa dans le cercle de ses études les diverses branches des connaissances humaines, et mit à sa disposition la plupart des langues savantes anciennes et modernes.

Vers l'année 1810, il publia un ouvrage qui fut saisi et prohibé par la police de Bonaparte. Cet ouvrage, qui dénonçait déjà à la philosophie un de ses plus terribles adversaires, avait pour titre : *Réflexions sur l'état de l'Église.*

Bientôt les projets de l'empereur déterminèrent M. de la Mennais à reprendre la plume pour la défense des doctrines dont il est aujourd'hui l'appui, et pour ainsi dire le représentant. Le pape Pie VII refusait de donner l'institution canonique aux évêques nommés par Bonaparte, qui, probablement, se souciait fort peu d'entrer en accommodement avec le souverain pontife. Sans doute, après avoir inutilement tenté de transférer le saint siége dans la capitale de la France, il eût volontiers imité le schisme de Henri VIII, en séparant l'église de France de la communion universelle. Tels étaient les projets qu'on lui prêtait; on assurait même qu'il avait dit au milieu de son conseil : *Avec le second article de la déclaration de 1682, je peux très-bien me passer du pape.* Il n'est point impossible que le despotisme de Bonaparte ait espéré tirer une conséquence aussi fausse des libertés de l'église gallicane : quoi qu'il en soit, M. de la Mennais, réuni à son frère, pieux et savant ecclésiastique, publia un ouvrage dont le but était de s'opposer aux prétentions du puissant empereur, et qu'il intitula : *Traditions de l'Église touchant l'institution des Évêques.* Dans ce livre plein de savantes recherches, il démontrait que, depuis l'origine de l'église, il n'y avait pas eu un évêché institué par la puissance temporelle. Il rappelait que dans les premiers siècles, il est vrai, les élections avaient été faites par le peuple; mais que bientôt l'église avait adopté un mode plus convenable, parce qu'elles occasionaient des troubles. Enfin, s'appuyant sur tous les monuments de l'histoire ecclésiastique, il prouvait que depuis deux siècles aucun évêque n'avait été élu sans avoir reçu du pape l'institution canonique. Différents motifs, parmi lesquels on doit compter peut-être la volonté de l'auteur, ont retardé jusqu'à l'année 1824 la publication de ce livre.

Lorsque Bonaparte revint de l'île d'Elbe, M. de la Mennais se retira en Angleterre. De retour en France, après la seconde rentrée du Roi, il songea à prendre les ordres sacrés, et fut fait prêtre vers l'année 1817.

Il avait déjà commencé son ouvrage de l'*Essai sur l'Indifférence en matière de Religion*. Le premier volume parut, et la vérité fait un devoir de dire qu'il produisit une vive sensation dans le monde chrétien. La supériorité du style dans lequel cet ouvrage était écrit, mérita à l'écrivain l'admiration des hommes les plus opposés à ses doctrines ultramontaines. Ceux qui ont étudié avec quelque attention le mode employé par l'abbé de la Mennais, dans la construction de ses phrases, diront si ce fut une justice de lui donner le surnom de *Rousseau catholique*.

Vers la même époque, le ministre de l'intérieur, M. Lainé, qui a déjà donné tant de preuves de son amour pour la légalité, publia une circulaire dans laquelle il engageait les professeurs de théologie à enseigner dans les séminaires la doctrine des quatre articles de 1682. M. de la Mennais, croyant voir menacés dans leurs fondements les principes de la foi catholique, s'empressa de publier une brochure contre cette décision ministérielle. Nous avons entendu dire à des amis du célèbre écrivain, que cette réclamation énergique avait contraint M. Lainé à se désister aussitôt de son projet. Comme cette opinion n'a pas laissé que d'avoir en France quelque crédit, nous ne craignons pas d'assurer nos lecteurs de la fausseté de ce bruit : les personnes qui ont vécu dans l'intimité du noble vicomte, savent combien son caractère s'oppose à une soumission de cette nature. Néanmoins, convaincus de leur succès, les amis de M. de la Mennais le décidèrent à donner une nouvelle édition de sa brochure, lorsque M. de Corbière renouvela aux professeurs de théologie l'invitation de son prédécesseur.

Dans le même temps où M. de la Mennais préparait la publication du second volume de l'*Essai sur l'Indifférence en matière de Religion*, il travaillait à la rédaction du *Conservateur*, et ensuite à celle du *Défenseur*. Les articles qu'il a insérés dans ces deux écrits périodiques, ont été réunis dans un premier volume de *Mélanges*, qui contient aussi les *Réflexions sur l'état de l'Église*.

Trois années s'écoulèrent dans ces différents travaux, et le premier volume de l'*Essai*, traduit dans toutes les langues, continuait en Europe sa marche triomphale, lorsque M. de la Mennais en fit paraître la suite. Ce deuxième volume attaquait les principes de la philosophie cartésienne, qui étaient admis dans la plupart des colléges de France. Il souleva contre son auteur presque autant d'accusations, de reproches et d'ennemis de tout genre, que le volume précédent lui avait mérité de reconnaissance et d'admiration.

L'habile écrivain chercha, mais en vain, à conjurer l'orage, en publiant une défense de son deuxième volume (1). Une traduction italienne de cet ouvrage a été imprimée à Rome avec l'approbation du maître du sacré palais ; et, chose assez naturelle, les censeurs nommés pour l'examen d'un ouvrage tout ultramontain, donnèrent les plus grands éloges à la doctrine qu'il contenait.

Bientôt l'amour de la religion (car on ne saurait trop le répéter, lors même qu'on ne partage pas les opinions du grand écrivain, ce respectable ecclésiastique aime la religion avec la

____

(1) Les amis de l'abbé de la Mennais lui ont appliqué le vers que J.-J. Rousseau demanda pour sa tombe :

Barbarus his ego sum quia non intelligor illis,

même ardeur qu'il met à la défendre) fit rentrer de nouveau M. de la Mennais dans l'arène de la discussion. Grand nombre de royalistes croyaient que les hommes nouvellement arrivés au pouvoir reconstruiraient la monarchie selon les plans qu'ils s'étaient formés. M. l'abbé de la Mennais, qui ne partageait pas ces flatteuses espérances, attendit quelque temps pour juger les nouveaux ministres d'après leurs actes. Il ne tarda pas à s'applaudir de sa prudence; car le ministère Villèle, bien qu'il fût opposé à la cause du libéralisme, bien qu'il fût très-favorable aux projets du pouvoir de Rome, n'était cependant pas décidé à se mettre dans la dépendance des apostoliques, et à marcher aveuglément selon leurs vues. Des concessions faites à l'opinion publique, de l'hésitation dans quelques circonstances décisives, une vie privée qui répondait mal aux protestations solennelles de la plus ardente dévotion, telles furent les griefs du catholicisme contre le dernier ministère. L'abbé de la Mennais l'attaqua dans le *Drapeau blanc* avec son talent et sa vigueur accoutumée. M. de Villèle reculait devant l'expédition d'Espagne, réclamée par l'opinion royaliste. Le journal de Martainville lui reprocha de défendre dans la péninsule la cause des révolutionnaires de toute l'Europe. Les dangers de Ferdinand augmentant de jour en jour, décidèrent les irrésolutions du conseil ; la veille même du jour où Louis XVIII annonça à la France sa déclaration de guerre, M. de la Mennais avait écrit dans le *Drapeau blanc* une réclamation énergique contre l'inertie du gouvernement. Le nom de cet écrivain, défenseur courageux du roi Ferdinand, est en grande vénération chez les Espagnols.

Cependant M. de la Mennais avait toujours les yeux sur la France, et ne cessait d'y travailler sous la direction du saint siége. Chargée du monopole exclusif de l'instruction, l'université avait droit aux attaques d'un parti qui voulait confier l'éducation de notre jeunesse aux mains des congrégations religieuses, et principalement des jésuites. En vain l'auteur de la Charte avait-il cru rassurer les familles chrétiennes en plaçant un évêque à la tête du ministère de l'instruction publique, en confondant ce ministère avec celui des affaires ecclésiastiques ; en vain la plus grande partie des places de proviseur et de censeur étaient-elles occupées dans les provinces par de jeunes ecclésiastiques, les écrivains apostoliques n'étaient pas satisfaits : le peu qui restait de l'université les épouvantait ; le prélat placé à sa tête ne marchait point à leur gré, ils accusaient sa ridicule timidité. Pour servir autant qu'il était en lui le parti des mécontents, M. de la Mennais inséra dans le *Drapeau blanc* sa fameuse *Lettre à M. l'évêque d'Hermopolis, grand-maître de l'Université*. L'écrit fut assez vigoureux pour amener le journaliste sur les bancs de la police correctionnelle. La police fut mise en mouvement pour enlever à M. de la Mennais et à ses amis la possibilité d'écrire dans le *Drapeau blanc*.

Au milieu de ces travaux et de cette persécution, l'auteur de l'*Indifférence en matière de Religion* avait publié le troisième et le quatrième volumes de cet ouvrage. Dans ces deux dernières livraisons, il déduit du principe de l'autorité les preuves du christianisme, et démontre que toutes nos croyances sont appuyées sur les traditions du genre humain.

Les chagrins qu'éprouva l'illustre écrivain, le travail opiniâtre auquel il se livrait, compromirent sa santé et donnèrent à ses amis de vives alarmes : on lui conseilla l'air d'Italie, et d'après les avis des premiers médecins de la capitale, M. de la Mennais prit le chemin de Rome. S'étant arrêté quelque temps à Genève, il s'occupa d'y traduire en français un des ouvrages les plus estimés parmi les livres ascétiques, l'*Imitation de Jésus-Christ*, écrite en latin par Thomas Akempis. Ayant ensuite continué son voyage, il reçut dans toute l'Italie l'accueil le plus honorable et le plus flatteur ; les cardinaux et les évêques se disputaient l'honneur de le recevoir, et le comblaient de toutes les prévenances que le savant voyageur avait si bien méritées, non moins par l'illustration de sa plume, que par la réputation d'enthousiasme qui le devançait.

Ce voyage fut un triomphe continuel. Arrivé à Rome, M. de la Mennais reçut du clergé romain tous les témoignages possibles d'admiration et de reconnaissance : Léon XII prodigua les honneurs à l'auteur de la *Tradition de l'Église* et de *l'Essai sur l'Indifrence :* pendant tout le temps de son séjour à Rome, il fut servi dans l'hôtel qu'il habitait par des officiers de la maison du pape.

M. de la Mennais était à peine de retour en France, lorsque deux projets de loi présentés aux chambres l'obligèrent de nouveau à rentrer en lice. Les catholiques prétendaient que de ces deux projets, l'un sanctionnait l'athéisme politique, l'autre menaçait l'existence des communautés religieuses : deux brochures, publiées presque simultanément, répondirent aux deux projets. Quelque temps après, il fit paraître la première, puis la seconde partie de son célèbre ouvrage de la *Religion considérée dans ses rapports avec l'ordre politique et civil.* On prétend que M. l'évêque d'Hermopolis se souvint alors de la lettre qui lui avait été adressée quelques années auparavant, et qu'il saisit l'occasion qui se présentait de punir le zèle anti-gallican de M. l'abbé de la Mennais. Ce dernier, accusé d'avoir attaqué les libertés de l'église gallicane dans son ouvrage intitulé : *De la Religion considérée,* fut traduit sur les bancs de la police correctionnelle, comme l'avait été à son occasion M. Martainville, le directeur du *Drapeau blanc.* Les personnes les moins disposées à l'ultramontanisme virent avec douleur un homme d'un talent aussi supérieur et d'un caractère aussi respectable traduit à la barre d'un tribunal, chaque jour occupé de défendre l'honnêteté publique contre des escrocs et des prostituées. L'écrivain accusé fut défendu par M. Berryer fils, jeune avocat du plus grand mérite. Quand cet avocat eut fini son plaidoyer, M. de la Mennais se leva et fit entendre ces paroles : «Je n'ai rien à ajouter au discours que vous venez d'entendre ; seulement je dirai deux mots touchant les questions dogmatiques traitées dans mon arrêt. Bien que la cour ne soit pas juge, comme elles ont néanmoins servi de prétexte au procès qui m'est intenté, je dois à ma conscience et au caractère sacré dont je suis revêtu de déclarer devant le tribunal que je demeure inébranlablement attaché à tous les principes que j'ai soutenus, c'est-à-dire à l'enseignement invariable du chef de l'église ; que sa foi est ma foi, sa doctrine ma doctrine, et que jusqu'à mon dernier soupir je continuerai de la professer et de la défendre. »

M. de la Mennais n'eut pas de plus terribles adversaires que les partisans du gallicanisme. Le grand homme laissa à es disciples le soin de leur répondre pour travailler lui-même à un ouvrage fort étendu dont il s'occupe en ce moment, et qui a pour objet les questions les plus fondamentales de l'ordre social. Lorsqu'il aura achevé cet ouvrage, il terminera l'*Essai sur l'Indifférence,* dont il lui reste à faire le cinquième volume. Cette dernière partie traitera de l'église.

Nous terminerons cette notice biographique par quelques détails sur la personne de M. de la Mennais ; vu la juste renommée de cet homme de génie, nous ne doutons pas de l'intérêt avec lequel ces détails seront accueillis.

Sa taille est petite, sa complection faible et délicate, ses yeux bleus et remplis de vivacité, son nez assez fort, sa figure maigre et décolorée, car il est habituellement souffrant : dans sa physionomie respire toute la chaleur de son âme. M. Paulin Guérin a présenté à la dernière exposition un portrait de l'abbé la Mennais qui est frappant de ressemblance.

M. l'abbé de la Mennais n'a jamais accepté ni demandé aucunes fonctions du gouvernement : l'indépendance est la compagne inséparable du génie.

M. SÉGUIER.

Antoine-Jean-Mathieu Séguier naquit à Paris le 21 septembre 1768. Le père de M. Séguier appartenait à la famille du fameux chancelier de ce nom, et remplissait la charge d'avocat général où Daguesseau avait laissé une renommée si illustre. Ennemi déclaré des philosophes du 18ᵉ siècle, il s'opposa comme censeur à la publication de plusieurs de leurs ouvrages. Ce fut lui qui remplaça Fontenelle à l'académie. Lorsque la révolution éclata, le fils de M. Séguier, qui n'avait point encore atteint sa trentième année, mais qui réunissait déjà toutes les vertus qui font du magistrat le soutien de la société, remplissait à Paris les fonctions de substitut du procureur-général. Lorsque la représentation nationale eut perdu sa puissance, et que la liberté eut succombé sous les fureurs démagogiques, la famille de M. Séguier s'expatria pour éviter le sort réservé à tous ceux qui portaient un nom comme le sien, ou qui avaient rendu d'aussi grands services à la monarchie. Il eut la douleur de perdre son père dans l'émigration.

Cependant un homme à la volonté ferme, au génie vaste et rapide, s'était élevé des derniers rangs de l'armée au poste le plus éminent de la république. Bonaparte était premier consul, et la France, conduite par sa main habile, et toute enorgueillie de ses victoires, oubliait les fureurs du jacobinisme. Une amnistie générale ayant été accordée aux émigrés qui rentreraient en France dans un certain délai, M. Séguier profita de cette faveur de la providence pour revoir sa patrie. Bonaparte cherchait à placer dans son gouvernement tous les hommes qui avaient appartenu à l'ancienne France : par des emplois honorables, et surtout lucratifs, il attachait à sa personne les rejetons des plus illustres familles. En conséquence, il nomma M. Séguier à la place de commissaire du gouvernement près les tribunaux ; deux années plus tard, pour témoigner à ce magistrat combien il avait su apprécier ses talents et son zèle, il l'appela aux fonctions de président de la cour d'appel. A cette époque tout le monde espérait dans le vainqueur d'Italie, il était le sauveur de la France, il avait rendu la liberté aux tribunaux, il avait levé les barrières qui fermaient à des millions de Français le chemin de leur patrie, il venait de rouvrir les églises, son front sévère brillait des rayons de la victoire : l'ordre, la justice, la religion, la patrie, tout implorait son appui. La littérature et les beaux-arts se disputaient l'honneur de célébrer son triomphe ; car alors la gloire du premier consul était pure : le fils d'un Condé n'était point enfoui dans un fossé de Vincennes. M. Séguier se laissa aller à tout l'enthousiasme qu'inspirait un si grand homme. Dans les diverses circonstances où ses fonctions de magistrat lui donnèrent l'occasion de porter la parole devant le chef du gouvernement, ses discours furent marqués au coin de l'admiration, il n'y ménagea en rien les expressions de la reconnaissance.

Des folliculaires méprisables, gens qui vivent de scandales et finissent par périr dans la misère et le mépris, ont imaginé d'exhumer quelques parties de ses discours pour les rapprocher de ceux où M. Séguier a tant de fois exprimé, depuis, son attachement à la monarchie constitutionnelle et à l'auguste famille qui nous gouverne. L'opinion publique a fait une si prompte justice de leurs pamphlets que nous croirions inutile d'y ajouter aucune réponse.

Bonaparte s'estima heureux de pouvoir faire entrer dans sa nouvelle aristocratie un homme qui portait un nom aussi noble, et M. Séguier ne tarda pas à être créé baron de l'empire. Dans une autre occasion, l'empereur lui donna une nouvelle marque de sa bienveillance en le décorant du cordon de la Légion d'Honneur. En 1810 il le nomma premier président de la cour impériale.

Bonaparte semblait avoir oublié la gloire de ses premières

années, la victoire n'avait pu assouvir son ambition, et les revers irritaient sa tyrannie. L'invasion de l'Europe mit à deux doigts de sa perte la France, qui fut sauvée par les Bourbons. L'auguste auteur de la Charte trouva dans M. Séguier un de ses plus zélés partisans. En 1814, le premier président adhéra et fit adhérer les membres de la cour impériale à la déchéance de Napoléon et de sa famille; voici, à ce que l'on assure, les termes dans lesquels l'arrêté était conçu : « La cour. . . . . pénétrée de respect et d'admiration pour des princes augustes, modèles de désintéressement et de magnanimité dont des vœux secrets n'ont cessé d'invoquer le retour, arrête qu'elle adhère unanimement à la déchéance de Bonaparte et de sa famille, prononcée par décret du sénat du 3 de ce mois, et que, fidèle aux lois fondamentales du royaume, elle appelle de tous ses moyens le chef de la maison de Bourbon au trône de St-Louis. » Le 12 avril 1814, Mgr. le comte d'Artois fit son entrée à Paris, et reçut les félicitations de la cour par l'organe de M. Séguier. Ce même magistrat eut l'honneur d'haranguer Louis XVIII à son entrée dans Paris, le 4 du mois de mai. Ce prince confirma M. Séguier dans ses fonctions et le nomma en outre conseiller d'état.

Le 20 mars Napoléon entra dans Paris. M. Séguier ayant aussitôt abandonné cette capitale, fut remplacé dans la dignité de premier président, mais, trois mois plus tard, rentré dans Paris avec la famille royale, il y reprit les importantes fonctions qu'il exerce depuis ce temps. Ami sincère de l'ordre légal et des libertés publiques, M. Séguier a reçu le titre de pair de France, qui lui a été accordé comme une juste récompense de ses services et de sa fidélité. Fléau de l'intrigue, défenseur du bon droit, jurisconsulte éclairé, il sait faire respecter sur les fleurs de lys la dignité du magistrat. L'histoire ne regardera pas comme indigne de ses pages cette réponse célèbre :
« La cour rend des arrêts, elle ne rend pas de services. »

M. MAISON.

Créature de la révolution et lui devant, non moins qu'à ses talents et sa bravoure, les dignités dont il est revêtu, M. le général Maison est un homme de la France nouvelle. Son attachement à la cause constitutionnelle l'ont rendu cher à tous les amis de la monarchie qui le présentent comme un modèle de conduite à tous les guerriers de l'ancienne armée.

Né à Épinay le 19 décembre 1771, le jeune Maison se trouvait à Paris, au mois de juillet 1792, lorsqu'on y organisait des bataillons, appelés volontaires, destinés à repousser l'attaque de l'armée prussienne; il combattait à la bataille de Jemmapes dans les mêmes rangs que Dumourier et le duc de Chartres (aujourd'hui le duc d'Orléans), lorsque le 9ᵉ bataillon de Paris, dans lequel il servait, se laissa enfoncer par la charge impétueuse d'un corps de cavalerie autrichienne. Déjà le désordre était dans les rangs et le drapeau du bataillon était enlevé, lorsque le jeune Maison se précipite au milieu des ennemis, reprend le drapeau et rallie ses compagnons d'armes dont son audace a ranimé le courage.

M. Maison fut employé à l'armée du nord en qualité de simple capitaine, et mérita par son zèle et son intelligence la bienveillance des généraux sous les ordres desquels il servit. A une époque où le talent était un motif de proscription, où, pour obtenir la faveur des Jacobins, il fallait être aussi cruel, aussi grossier qu'ils l'étaient pour la plupart, M. Maison dut encourir la défaveur des tyrans populaires. Dénoncé comme suspect d'aristocratie, il fut destitué par les représentants qui avaient été envoyés à l'armée. Ce fut envain qu'il eût réclamé contre cet acte arbitraire; mais il avait dans ses compagnons d'armes et dans le plus grand nombre de ses chefs des défenseurs et des amis; il fut vivement réclamé par eux, et le ministre de la guerre ne tardà pas à le rendre à leur amitié. Il était aide de camp du citoyen Goquet lorsque ce général fut tué par ses propres soldats. Après ce triste événement, on le donna pour collègue à l'adjudant-général Mireur, et ce fut en cette qualité qu'il fit la campagne de 1794 à l'armée de Sambre et Meuse. A l'attaque de Maubeuge il eut un cheval tué sous lui, reçut plusieurs blessures, ce qui ne l'empêcha pas, toutefois, d'assister à la mémorable affaire de Fleurus, au siège de Mons; n'ayant avec lui que quelques cavaliers, il fit mettre bas les armes à plus de 300 hommes. Enveloppé par un escadron de chevau-légers autrichiens, il s'élança sur le commandant qu'il blessa de sa main; mais, ne pouvant résister au nombre, il aima mieux mourir que de se rendre. Laissé sur le champ de bataille parmi les morts, tandis qu'il n'était que renversé, il parvint, en perdant beaucoup de sang, à regagner l'armée française. A peine guéri de ses blessures, il assista au siège de Vick dirigé par le général Bernadotte. A Cadenbach il se jeta sur une pièce de canon, sabra les ennemis qui la servaient, et eut le bras cassé d'un coup de feu au moment où il cherchait à l'emmener. Au passage du Rhin il fit des prodiges de valeur; à la tête de 80 grenadiers il entra dans Bendorf, mit l'ennemi en fuite, enleva plus de trente voitures d'équipages, et eut un cheval tué sous lui. A l'attaque du pont de Limbourg il reçut un coup de feu à la tête qui lui fit craindre de perdre la vue; le général Jourdan le proclama chef de bataillon sur le champ de bataille, en présence du 88° régiment, dans lequel il servait. A Wurtbourg, l'intrépide Maison reçut encore de graves blessures, et eut un cheval tué sous lui; ensuite, il fit la campagne d'Italie avec le général

Bernadotte qui l'envoya à l'armée du Rhin. Arrivé à Manhein, il battit, à la tête de 200 hommes, un corps de cavalerie autrichienne composé de sept escadrons. Appelé en Hollande, pour la défendre de l'attaque des Russes et des Anglais, au village de Schont, il reçut une balle dans la poitrine, blessure qui, pendant long-temps, mit ses jours en danger. De retour auprès de Bernadotte, il assista avec ce général à la fameuse bataille d'Austerlitz; après la campagne de ce nom, il fut nommé général de brigade. Les prussiens ayant été complètement défaits à Iena, le premier corps d'armée, commandé par le général Maison, reçut l'ordre d'attaquer le prince de Wurtemberg qui occupait une position avantageuse sur les bords de la Saale; le vaillant général obéit, et, ayant culbuté les Autrichiens, leur fit six mille prisonniers. Ayant pris d'assaut la ville de Lubeck, il fut nommé chef d'état-major du premier corps d'armée, et ce fut en cette qualité qu'il fit la campagne de Pologne.

Envoyé en Espagne, il eut le pied droit fracassé au siège de Madrid. Rappelé à Anvers pour s'opposer aux efforts du général anglais Chatham, il chassa les Anglais de l'île de Walcheren. Lorsque la guerre fut déclarée à la Russie, il alla prendre le commandement d'une brigade dans l'armée de ce nom, et ajouta à sa renommée militaire dans les combats de Zakobowo, d'Oboyarzowa et de Potolsk; dans ce dernier combat il eut deux chevaux tués sous lui. Pour récompenser sa bravoure et ses grands talents, Napoléon le promut alors au grade de général de division.

On sait quels furent les tristes résultats de la campagne de Russie. Après le départ de Moscou, la division du général Maison rejoignit l'empereur et la grande armée, sur les bords de la Bérésina. Napoléon le félicita sur l'état de ses régiments, qui semblaient n'avoir pas souffert de tant de peines et de fatigues. Ayant reçu l'ordre de laisser sa division en garnison à Custrin, il fut envoyé au cinquième corps d'armée pour combattre les Prussiens qui venaient d'abandonner l'alliance des Français. Avec les jeunes conscrits qu'il avait sous ses ordres, il battit la cavalerie prussienne devant Magdebourg. A la bataille de Lutzen ayant reçu l'ordre de s'emparer de Leipsick, il renversa les troupes ennemies qui s'opposaient à son passage, et les poursuivit si vivement qu'il entra dans la ville pêle mêle avec l'infanterie prussienne. A la bataille de Bautzen n'ayant que deux régiments sous ses ordres, il mit en fuite plus de six mille hommes de cavalerie. Blessé à la main dès le commencement de la bataille de Leipsick, il tomba avec son cheval au milieu des grenadiers russes : après en avoir percé plusieurs de son épée, il allait être fait prisonnier, lorsque ses soldats accourus le tirèrent de la mêlée. On assure que pendant cette journée fatale on l'entendit crier à plusieurs reprises : Courage, Français, c'est la journée de la France, il faut vaincre ou mourir.

Plus tard appelé dans la Belgique, il combattit long-temps le général Thielmann, sur lequel il obtint de brillants avantages. Quelques jours avant l'entrée des troupes alliées dans Paris, secondé par ses collégues Barrois et Solignac, il battit les troupes de Thielmann sous les murs de Courtrai. Le général Mais on s'avançait à marches forcées sur la capitale lorsqu'il apprit à Quiévrain l'abdication de Napoléon. Aussitôt il se rendit à Lille d'où il envoya son adhision au nouveau gouvernement. Le 4 juin 1814, Louis XVIII le fit entrer dans la chambre des pairs. L'année suivante il le nomma grand'croix de la Légion-d'Honneur et gouverneur de Paris. Fidèle au souverain qui avait reçu ses serments, le général Maison ne donna point au 20 mars l'exemple de la défection, et suivit la famille royale en Belgique. Revenu à Paris au mois de juillet 1815, il y reprit le commandement de cette capitale jusqu'au moment où il fut remis entre les mains du général Despinois. A cette époque le Roi accorda au général Maison le titre de marquis, le nomma gouverneur de la division militaire, dont le chef lieu est à Marseille, et grand'croix de l'Ordre de Saint-Louis.

Tandis que la France, soutenue par toutes les illustrations de l'ancien et du nouveau régime, consolidée par les institutions constitutionnelles, reprenait parmi les nations européennes le rang qui lui appartient, un peuple entier gémissait loin d'elle dans le plus horrible esclavage ; depuis long-temps la religion, la politique et l'humanité demandaient aux cabinets de l'Europe de mettre un terme à l'état de désolation qui affligeait ce peuple de chrétiens et menaçait en même temps le commerce de la Méditerranée.

Un traité à la date du 6 juillet, posa les bases d'une intervention qui, en établissant les principes de l'indépendance de la Grèce, les conciliait avec les droits de la sublime Porte; celle-ci refusa d'écouter la voix de la modération. Le combat de Navarin est venu lui apprendre ce qu'elle pouvait attendre de son obstination. Tandis que les armées de la Russie couvrent les bords du Danube, la Morée est en proie aux fureurs des troupes égyptiennes. Pour mettre fin à ses malheurs le gouvernement français a résolu d'envoyer une expédition contre les troupes d'Ibrahim. Une ordonnance du Roi en confie le commandement à M. le marquis Maison. Il eût été difficile de trouver un chef plus brave et plus expérimenté. Après avoir défendu l'indépendance du territoire, les armes à la main, après avoir soutenu avec talent les libertés constitutionnelles à la chambre héréditaire, le général Maison s'estimera heureux et fier d'obéir au Roi de France en combattant dans l'Orient pour la cause de la religion et de la liberté.

IMPRIMERIE ECCLÉSIASTIQUE DE BÉTHUNE.

M. DE LAMARTINE.

De Lamartine (Alphonse-Deprat) est né vers 1792, à Mâcon, d'une ancienne famille noble; il se livra de bonne heure
à la poésie, et fit ses adieux au collége de Belley, où il avait
fait ses études, par une petite pièce de vers qui n'annonçait
pas ce qu'il devait être un jour. Ses premiers essais furent
peu goûtés de sa famille et des amis qui l'entouraient. Il publia néanmoins en 1820 ses premières *Méditations*, celui de
tous ses ouvrages qui obtint le plus de succès auprès de ce
qu'on appelle le public. L'attention était alors occupée en
France par la politique; cependant le début de M. de Lamartine attira tous les regards, parce qu'il suffit d'un rayon de
lumière pour éclairer tout un horizon de ténèbres. Cette poésie si pure, si noble, si grandiose, si isolée de tout froissement
terrestre, quoiqu'elle ne fût pas parvenue au degré de maturité qu'elle a acquis depuis, arracha à l'envie même un cri
d'admiration qu'elle chercha ensuite à rétracter. Parmi vingt
pièces de vers, nous citerons principalement l'*Isolement*, l'*In-
vocation*, l'*Immortalité*, le *Lac*, la *Foi*, la *Semaine-Sainte à la
Roche-Guyon* et la *Poésie sacrée*, qu'on regrette pourtant de
voir dédiée à M. *de* Genoude (1). Mais la méditation la plus
remarquable peut-être est celle adressée à lord Byron,

----

(1) Le nom de ce charlatan de dévotion est Genou. Au lieu de placer
son Genou entre deux particules féodales, il eût pu le faire précéder du
mot Jourdain et suivre du mot Tartufe; cela l'eût également déguisé
sans empêcher de le reconnaître.

l'*Homme*, où le poète, après une longue suite de beaux vers, s'écrie avec un enthousiasme sublime en s'adressant à Dieu :

« Gloire à toi qui m'as fait ! Ce que tu fais est bon !
— Cependant, accablé sous le poids de ma chaîne,
Du néant au tombeau l'adversité m'entraîne ;
Je marche dans la nuit par un chemin mauvais,
Ignorant d'où je viens, incertain où je vais,
Et je rappelle en vain ma jeunesse écoulée,
Comme l'eau du torrent dans sa source troublée.
Gloire à toi ! Le malheur en naissant m'a choisi ;
Comme un jouet vivant ta droite m'a saisi ;
J'ai mangé dans les pleurs le pain de ma misère,
Et tu m'as abreuvé des eaux de ta colère.
Gloire à toi ! j'ai crié, tu n'as pas répondu ;
J'ai jeté sur la terre un regard confondu.
J'ai cherché dans le ciel le jour de ta justice ;
Il s'est levé, Seigneur : et c'est pour mon supplice !
Gloire à toi ! L'innocence est coupable à tes yeux :
Un seul être, du moins, me restait sous les cieux ;
Toi-même de nos jours avais mêlé la trame,
Sa vie était ma vie, et son âme mon âme ;
Comme un fruit encor vert du rameau détaché,
Je l'ai vu de mon sein avant l'âge arraché !
Ce coup, que tu voulais me rendre plus terrible,
La frappa lentement pour m'être plus sensible ;
Dans ses traits expirants, où je lisais mon sort,
J'ai vu lutter ensemble et l'amour et la mort ;
J'ai vu dans ses regards la flamme de la vie,
Sous la main du trépas par degrés assoupie,
Se ranimer encore au souffle de l'amour !
Je disais chaque jour : Soleil ! encore un jour !
Semblable au criminel qui, plongé dans les ombres,
Et descendu vivant dans les demeures sombres,
Près du dernier flambeau qui doive l'éclairer,
Se penche sur sa lampe et la voit expirer,
Je voulais retenir l'âme qui s'évapore ;
Dans son dernier regard je la cherchais encore !
Ce soupir, ô mon Dieu ! dans ton sein s'exhala ;

Hors du monde avec lui mon espoir s'envola !
Pardonne au désespoir un moment de blasphème,
J'osai... Je me repens : Gloire au maître suprême !
Il fit l'eau pour couler, l'aquilon pour courir,
Les soleils pour brûler, et l'homme pour souffrir ! »

On croirait, après de tels vers, que rien ne peut être plus beau ; eh bien ! l'appel au génie de Byron est peut-être plus étonnant encore :

Courage ! enfant déchu d'une race divine,
Tu portes sur ton front ta superbe origine !
Tout homme en te voyant reconnaît dans tes yeux
Un rayon éclipsé de la splendeur des cieux !
Roi des chants immortels reconnais-toi toi-même !
Laisse au fils de la Nuit le doute et le blasphème ;
Dédaigne un faux encens qu'on t'offre de si bas :
La gloire ne peut être où la vertu n'est pas.
Viens reprendre ton rang dans ta splendeur première,
Parmi ces purs enfants de gloire et de lumière,
Que d'un souffle choisi Dieu voulut animer,
Et qu'il fit pour chanter, pou re roire et pour aimer.

La dernière strophe du recueil est pleine d'une majesté mystérieuse :

Silence, ô lyre ! et vous, silence,
Prophètes ! voix de l'avenir !
Tout l'univers se tait d'avance
Devant celui qui doit venir.
Fermez-vous, lèvres inspirées ;
Reposez-vous, harpes sacrées,
Jusqu'au jour où sur les hauts lieux
Une voix, au monde inconnue,
Fera retentir dans la nue :
« Paix à la terre et gloire aux cieux. »

Après ce triomphe éclatant, M. de Lamartine, voyageant

en Italie, y retrouva une jeune Anglaise riche, qu'il avait déjà vue aux eaux d'Aix avant sa renommée, et l'épousa. C'est à cette époque qu'il commença à s'occuper de diplomatie.

En 1823 parurent la *Mort de Socrate* et les *Nouvelles Méditations*. Le ban et l'arrière-ban des médiocrités se liguèrent pour indisposer contre ces deux ouvrages le public, revenu de son premier étonnement. On s'accrocha à quelques fautes, qu'il eût suffi de peu d'instants pour faire disparaître, et l'on empêcha ces deux admirables productions d'avoir tout le succès qu'elles méritaient. Il est certain que l'entraînement avec lequel ces délicieux poèmes furent enfantés, a laissé glisser quelques vers faibles (qui, toutefois, ne le sont que pour être tachés de la vieille couleur classique), quelques incorrections, telles que des mots répétés à peu de distance, de fausses rimes, etc.; mais nous-mêmes avons honte d'avoir pu remarquer de telles misères, en songeant aux progrès immenses qu'avait faits le talent de M. de Lamartine. Ces secondes *Méditations* sont une suite non interrompue de chefs-d'œuvre, où l'on trouve à la fois de ravissantes élégies, de magnifiques odes et des poèmes gigantesques. Nulle part l'inspiration ne s'est fait plus sentir que dans les *Préludes*, où le poète passe au gré du souffle capricieux qui le tourmente, du monde idéal au monde réel, et des champs à la bataille. Nous dirons en passant que l'auteur a dédié cette pièce à son jeune ami, Victor Hugo, en retour de sa belle ode de la *Lyre et la Harpe*. Cet échange de lyres entre les deux trouvères rappelle ceux que les chevaliers, liés par l'amitié, faisaient autrefois de leurs armes. Quant à la *Mort de Socrate*, ce n'est qu'un fragment ou plutôt un dénoûment; c'est le faîte d'un édifice : il serait en effet impossible d'aller plus haut. On s'explique que cette sublime rêverie n'ait pas été comprise. M. de Lamartine met dans la bouche de Socrate une philosophie à la fois si élevée et si profonde, que ses dimensions ont échappé à la vue basse de ses détracteurs. Cependant comment ne pas être profondément remué par des vers tels que ceux-ci :

> ...Je laisse en partant à cette terre ingrate,
> Un plus noble débris de ce que fut Socrate,
> Mon génie à Platon ! à vous tous mes vertus !
> Mon âme aux justes dieux ! ma vie à Mélitus,
> Comme au chien dévorant qui sur le seuil aboie,
> En quittant le festin on jette aussi sa proie.

Ou, enlevé par des mouvements aussi puissants :

> Mais croyez-en, amis, ma voix prête à s'éteindre,
> Par delà tous ces dieux que notre œil peut atteindre,
> Il est sous la nature, il est au fond des cieux,
> Quelque chose d'obscur et de mystérieux
> Que la nécessité, que la raison proclame,
> Et que voit seulement la foi, cet œil de l'âme !
> Contemporain des jours et de l'éternité !
> Grand comme l'infini ! seul comme l'unité !
> Impossible à nommer ! à nos sens impalpable !
> Son premier attribut c'est d'être inconcevable !
> Dans les lieux, dans les temps, hier, demain, aujourd'hui,
> Descendons, remontons, nous arrivons à lui !
> Tout ce que vous voyez est sa toute-puissance !
> Tout ce que nous pensons est sa sublime essence !
> Force ! amour ! vérité ! créateur de tout bien !
> C'est le Dieu de vos dieux ! c'est le seul ! c'est le mien !

Toute la partie du poème où Socrate, entre la mort et l'immortalité, plonge dans l'avenir à la faveur de cette vue céleste, qui remplace celle de la terre qu'il a perdue, plane comme l'âme du héros, au-dessus de tout. Pour succéder à la *Mort de Socrate*, il fallait le *Dernier chant du pèlerinage de Childe-Harold*. Ce *chant*, comme l'appelle M. de Lamartine, le plus méconnu de tous ses ouvrages, serait le premier, si les précédentes productions pouvaient avoir rien de supérieur.

Childe-Harold n'est point un chant de poème comme ceux de la *Henriade ;* c'est une suite de méditations, liées entre elles par des récits qui semblent des pauses pour reposer le vol de l'aigle. Ces récits sont moins beaux que les méditations, mais cependant,

> Même, quand l'oiseau marche, on sent qu'il a des ailes.

Les deux morceaux de l'Italie et de la Grèce, où l'auteur peint ces deux belles contrées à grands coups de beaux vers, sont d'une énergie Cornélienne. Nous regrettons qu'ils soient tous les deux trop longs pour trouver place ici.

M. de Lamartine publia ensuite l'*Épître à M. Casimir Delavigne,* dont tout le commencement est écrit dans ce style que Boileau a transmis à MM. Delavigne, Bonjour et Delaville, par l'intermédiaire de l'auteur de la *Métromanie.* Nous regrettons de voir M. de Lamartine faire de jolis vers, quand il pourrait en faire de beaux, quoiqu'il entende mieux que personne ce genre qui lui est peu familier, et il suffit pour s'en convaincre de lire la réponse de M. Casimir Delavigne, lequel lui a été si ridiculement comparé. La poésie large de l'auteur des *Méditations* a trop d'éclat pour emprunter du brillant ; aussi, malgré lui, se trouve-t-il gêné, et finit-il par remettre toutes les voiles au vent, comme il le dit lui-même :

> Je voulais te parler et voilà que je chante.

Les derniers vers sont au niveau de tout ce que les *Médita-tions* ont de plus suave et de plus inspiré.

En 1825, le poète reçut par la même ordonnance que son ami Victor Hugo, la croix, récompense méritée. C'était à la fois honneur pour la décoration et pour le poète. A l'occasion du couronnement, il fit paraître son *Chant du Sacre ;* c'est le dernier ouvrage publié de l'auteur, et le plus faible. On y reconnaît souvent, à quelques peintures, le grand artiste qui nous a montré l'Italie et la Grèce ; mais la partie dialoguée est déclamatoire. Le sacre n'a pas heureusement inspiré nos jeunes poètes, car, malgré leurs défauts, les vers de M. de Lamartine sont encore les meilleurs qui aient été faits sur ce sujet.

On s'étonne, sans doute, que l'auteur de *Childe-Harold* ne fasse pas partie d'une académie *française*. En 1824, il s'était présenté ; mais l'académie jugea que M. Droz était un choix plus *convenable*. Que M. de Lamartine se console de n'être pas de l'académie, si l'on peut appeler ainsi une réunion de littérateurs où l'on ne trouve pas MM. Béranger, Victor Hugo, Nodier, la Mennais, Alfred de Vigny, Méry et Barthélemy, le général de Ségur, Benjamin Constant. Il retourna pour lors à St-Point, près Mâcon, où il possède un vieux château entre deux collines ; c'est là qu'il a mené quelque temps une grande et féodale existence, possédant neuf chevaux et un nombreux domestique. Il vivait fort aimé dans le pays, où sa femme avait fondé une école et faisait beaucoup de bien, lorsqu'il partit pour Florence, où il avait été nommé secrétaire d'ambassade. Il s'y battit en 1826 avec le colonel Pépé, frère du général, à l'occasion des nobles et sanglants reproches qu'il adresse aux Italiens d'aujourd'hui dans *Childe-Harold;* il reçut un coup d'épée au bras, qui le blessa légèrement. Ce duel le mit fort haut dans l'estime des Florentins, séduits d'ailleurs par la grâce et la noblesse avec lesquelles il faisait chez eux les honneurs de la France, et recevait à la fois compatriotes et étrangers.

M. de Lamartine est encore actuellement à Florence, où il vit admiré et fêté dans la haute société et aimé du grand-duc.

Pour finir, comme toutes les *Biographies,* par les détails sur la personne de celui dont on a tracé l'histoire, nous dirons que la personne du poète ressemble exactement à l'idée que l'on s'en fait d'après ses ouvrages. Son air est noble, sa taille haute, son nez aquilin, son front grand, ses cheveux châtains. Il monte admirablement à cheval, et se livre à cet exercice trois heures par jour habituellement. Il fait ses vers facilement et les récite d'une manière remarquable : sa diction est une mélopée grave, majestueuse et inflexible.

Nous ne voulons pas pourtant quitter la plume sans exprimer ici notre crainte que les fonctions diplomatiques n'enlèvent M. de Lamartine à la littérature, dont il est l'ornement. Que ces occupations, qui ont failli déjà nous enlever M. de Châteaubriand, ne nous privent pas de lui, et que surtout le noble inspiré ne se laisse pas décourager par d'envieuses ou absurdes critiques qui l'assailliront encore. Mais que lui importent nos outrages ou même nos éloges? Sa poésie, ou plutôt sa musique de l'âme, est toujours aussi sonore, aussi sublime : nul n'a oublié avoir lu dans les *Annales Romantiques* l'*Anio*, admirable fragment d'un recueil inédit, intitulé : *Harmonies sacrées*. Que le poète persévère donc; qu'il travaille beaucoup et corrige un peu, pour que ses vers ne donnent plus de joie qu'à ses admirateurs; et que du reste il ignore de méprisables rumeurs qui ne peuvent parvenir à sa sphère.

> Le cygne qui s'envole aux voûtes éternelles,
> Amis, s'informe-t-il si l'ombre de ses ailes
> Flotte encor sur un vil gazon?

Oracle Européen.

DON MIGUEL.

Don Miguel, régent du royaume de Portugal, naquit à Lisbonne le 28 octobre 1802. Son père, le roi Jean VI, gouvernait à cette époque le Portugal et le Brésil, sous le nom de la régente la princesse Marie. Cette femme, digne par son courage et ses lumières de succéder au ministre Pombal, attaquée d'une maladie qui la conduisit au tombeau, avait abandonné les affaires entre les mains du régent. Celui-ci, selon la coutume des princes héréditaires de la couronne de Portugal, prenait alors le titre de prince du Brésil, et le conserva jusqu'en 1816. Son administration active et ferme procura au Portugal une véritable prospérité qui, malheureusement, dura peu d'années. Il encourageait tous les genres de travaux, levait tous les obstacles, comblait tous les vides d'une administration économique imparfaite. Une ère nouvelle de développement pour le génie national semblait se préparer, lorsque la guerre vint ajourner le résultat de tous ses efforts. La France travaillait depuis long-temps à contrarier, par l'entremise de l'Espagne, les intimes relations du Portugal avec l'Angleterre, dont cette dernière puissance tirait tant de profit. La cour de Madrid ne se résigna à cette rupture que lorsqu'elle vit ses frontières couvertes par les troupes françaises. Bientôt le gouvernement d'Espagne déclara qu'il était prêt à fermer ses ports aux vaisseaux portugais. Bonaparte poursuivit ses projets de guerre pour obtenir mieux. Les frontières du Portugal, dégarnies et sans défense, furent rapidement envahies, et l'occupation simultanée de Campo-Mayor, Elvas, Olivenza, amena la paix de Badajoz (1).

Bientôt après, par les traités de Madrid et de Londres, Jean VI se vit contraint de céder à l'Espagne Olivenza avec une partie de l'Alentejo, et à la France une partie de la Guyanne portugaise. Ce fut à cette époque que la princesse du Brésil, Charlotte, infante d'Espagne, donna le jour à don Miguel, son second fils. Cette princesse, née avec une grande vivacité d'esprit, une imagination ardente, avait été élevée par un homme de mérite qui, au milieu d'une cour voluptueuse et frivole, avait trouvé moyen d'orner son esprit de connaissances utiles. Elle n'avait pas encore atteint sa douzième année, lorsqu'on lui fit subir, en présence de toute la cour et des ambassadeurs, un examen général sur l'histoire, la géographie, le latin, le français, l'espagnol et le portugais. Sa mémoire et son intelligence avaient étonné tous ceux qui l'avaient entendue. En 1787 elle avait été fiancée au prince du Brésil, qu'elle vint rejoindre à Lisbonne en 1790. L'épouse du prince Jean était devenue mère d'un premier enfant, la princesse Marie-Thérèse, née le 29 avril 1793, époque à laquelle des dissensions intérieures avaient éclaté dans le palais, et rompu l'harmonie qui avait régné jusqu'alors entre le prince du Brésil et sa femme. De continuelles discussions, dans lesquelles la princesse cédait rarement, venant augmenter chaque jour la discorde entre les deux époux, ils n'avaient pas tardé à avoir des établissements séparés. Les choses étaient dans cet état, lorsque Lucien Bonaparte fut envoyé à la cour du Portugal pour traiter de la paix. Le diplomate, frère du premier consul, fut reçu par la princesse du Brésil avec tous les égards que méritait la nation dont il était le représentant, et l'homme extraordinaire qui l'avait envoyé. Quelque temps

---

(1) Histoire du Portugal, par Alphonse.

après, la femme du prince régent accoucha d'un fils, auquel fut donné le nom de Miguel. Les nombreux ennemis de sa mère répandirent, à cette occasion, des bruits calomnieux sur les rapports de Lucien Bonaparte avec la princesse du Brésil : les amis du régent les répètent aujourd'hui.

Cependant le traité de Portugal fut rompu : la guerre recommença entre la France et l'Angleterre, et le système continental succéda au projet d'une invasion furtive en Angleterre, reconnu impraticable. Le Portugal paya seize millions la neutralité qu'il obtint, et qu'il garda scrupuleusement jusqu'au fameux décret de Milan, déclaration formelle de cette guerre à mort, jurée à la marine et au commerce anglais.

Les chagrins domestiques que le prince du Brésil avait éprouvés, l'avait jeté dans une sombre tristesse qui lui faisait rechercher la solitude. D'un abord facile et prévenant, il était devenu sévère et soupçonneux. Ses ennemis profitèrent du voyage qu'il fit à Alentejo pour tramer une conspiration contre lui : il découvrit leurs trames et leur pardonna. Ce bon prince vivait dans le travail et la mélancolie, lorsqu'il reçut la nouvelle que les Français, ayant passé les frontières du Portugal, marchaient sur Lisbonne à grandes journées. Alors il prit la résolution que Pombal avait suggérée autrefois au roi de Portugal, d'abandonner ses états d'Europe et de se retirer au Brésil. Pour administrer le royaume pendant son absence, il établit une junte suprême. Le 28 novembre 1807, il s'embarqua sur un vaisseau de 80 canons, ayant avec lui son fils don Pèdre et son gendre don Pèdre-Carlos, l'époux de Maria-Francisca : don Miguel était avec sa mère et le reste de sa famille sur un autre vaisseau. Huit vaisseaux du premier rang, quatre frégates et trois bricks : ainsi se composait la flotte. Quelques heures de retard auraient fait échouer complètement l'entreprise, puisque les vaisseaux portugais avaient à peine dépassé la barre, quand l'avant-garde française arriva au bourg de Santarem, à 2 lieues de Lisbonne. Quoique assaillie dans la traversée par une violente tempête, la flotte arriva à Rio, sans accident. Tandis qu'une tête couronnée cherchait un refuge dans cette Amérique, qui avait déjà donné asile à tant de proscrits obscurs, les Portugais, réunis en armes sur les bords du Tage et du Douro, obligeaient le duc d'Abrantès à l'évacuation de leur pays.

Le prince du Brésil, emmenant avec lui son fils aîné don Pèdre et don Miguel, son second fils, alla fixer sa résidence à Saint-Christovao, campagne située à quatre milles de Rio. La princesse, sa femme, habitait cette dernière ville avec ses trois jeunes filles. Ne voyant jamais son mari que dans les circonstances obligées, elle choisissait tous les moyens de contrarier son gouvernement, et les ennemis du prince la trouvaient toujours disposée à soutenir leurs projets. Pendant ce temps, don Miguel grandissait, annonçant des inclinations guerrières et un génie non moins ambitieux que celui de sa mère. Tout occupé de chasse et d'exercices d'équitation, il passait une partie de sa vie dans des plaisirs peu dignes de son rang : souvent on le rencontrait dans les environs du palais de San-Christovao, accompagné d'une troupe de jeunes gens de la classe du peuple, avec lesquels il se livrait à des jeux de gymnastique ou domptait des chevaux fougueux. Les jeunes filles créoles redoutaient beaucoup la rencontre de cette troupe de cavaliers, dont le grossier libertinage était en grande renommée dans le pays. Tandis que l'éducation de don Miguel recevait une direction si fâcheuse, les Français, commandés par Masséna, duc de Rivoli, étaient de nouveau chassés du Portugal, Bonaparte était renversé, et le prince du Brésil pouvait rentrer à Lisbonne. Cependant il continuait à demeurer à Rio, et n'avait pas encore songé à le quitter, lorsqu'arriva la révolution d'Oporto en 1820. Jean VI, devenu roi par la mort de la reine Marie, adhéra au nouvel ordre de choses. De ce moment le retour à Lisbonne fut arrêté : le prince héréditaire fut laissé à Rio pour gouverner le Brésil au nom de son père, et toute la famille de Jean VI fit voile pour le Portugal. Le 3 juillet 1821 elle entra dans le Tage, au milieu des acclamations universelles du peuple. Le roi reçut une députation des cortès, en présence desquels il jura un attachement inviolable à la constitution.

Les idées libérales, dont l'acte constitutionnel était empreint, devaient choquer violemment le caractère absolu de la reine ; aussi montra-t-elle la plus grande opposition aux nouvelles mesures que le roi prit en cette circonstance. Pour renverser la charte portugaise, elle employa tous les moyens que son crédit et sa fortune mettaient à sa disposition. Ayant échoué dans plusieurs conjurations successives, elle jeta les yeux sur don Miguel, son fils chéri. D'après le plan qu'elle concerta avec lui, il s'agissait d'anéantir les cortès et de rendre au roi de Portugal le pouvoir absolu. L'argent fut répandu à pleines mains ; les grâces, les honneurs et la fortune furent promis aux conjurés : plusieurs colonels prirent part à ce complot.

Le 27 mai, don Miguel quitte Lisbonne, et se rend, suivi d'un grand nombre d'officiers, à Villa-Franca. Bientôt le général Pamplona et le colonel du 23e régiment, à la tête de ses troupes, viennent se joindre au fils de la reine. Celui-ci fait une proclamation qui doit instruire les soldats du projet des révoltés ; il s'agit de délivrer le peuple portugais de la tyrannie des cortès, et d'affranchir le roi des obstacles que ses ennemis lui opposent.

Aussitôt que le roi fut informé de la révolte de son fils, il fit publier dans Lisbonne la proclamation suivante :

« Portugais !

» Mon fils l'infant don Miguel a fui de ma demeure royale : comme père je l'abandonne, comme roi je saurai le punir. Fidèle à mes serments, à la religion de nos ancêtres, je maintiendrai la constitution que j'ai librement acceptée. Je n'ai jamais manqué à ma parole ; soyez aussi fidèles à la vôtre, si vous voulez être libres et rester dignes du nom glorieux que vous avez porté pendant tant de siècles. »

Aussitôt après cette proclamation, le roi monta à cheval et se rendit à Villa-Franca, afin d'éclairer les troupes sur le véritable but des conjurés et les faire rentrer dans le devoir. Pamplona, voyant que le complot était avorté, laissa l'infant don Miguel à Santarem et vint rejoindre le roi à Villa-Franca : les troupes révoltées suivirent l'exemple de ce général, et c'est ainsi que se termina cette échauffourée. La reine obtint sa grâce par l'entremise de Pamplona ; on rapporta le décret des cortès qui l'avait privée des droits politiques et civils, à cause de son antipathie contre la constitution : le fils rebelle trouva dans le bon roi le cœur miséricordieux d'un père ; et tous les favoris de sa mère reprirent dans le palais leur crédit et leur audace.

Si la clémence est une vertu digne de l'amour et de la vénération des peuples, il est vrai de dire que la trop grande facilité est un défaut capital dans les hommes revêtus du pouvoir. La timidité de Jean VI, les ruses et l'influence de la reine, donnaient chaque jour à cette princesse de nouveaux partisans, et au roi de nouveaux ennemis. Une conspiration nouvelle fut tramée contre les jours de ce prince trop clément ; mais afin de parvenir plus sûrement à leurs fins, les conjurés résolurent de se débarrasser d'abord des courtisans qui avaient témoigné le plus d'attachement à la personne de Jean VI. C'est à cette époque que doit être rapportée l'horrible catastrophe du palais de Salvaterra, vieux bâtiment en ruine sur les bords du Tage, où la cour s'était rendue, pour s'y livrer en liberté aux plaisirs du carnaval. Le marquis de Loulé, ami du roi, y fut assassiné dans la nuit du 29 février. Un journal anglais, le *London Observer*, a rendu compte de ce crime dans les termes suivants :

Don Miguel, le comte de Villaflor, le marquis d'Abrantès, le marquis de Loulé et quelques autres devaient représenter un ouvrage dramatique, sur un petit théâtre construit dans l'intérieur du palais. A l'issue de la répétition, la plupart des acteurs partirent, mais le marquis de Loulé resta afin de prendre quelques dispositions pour la représentation qui devait avoir lieu le lendemain à dix heures et demie; tandis qu'il se retirait par une galérie faiblement éclairée qui conduisait aux appartements du roi, il fut assailli par deux hommes qui se précipitèrent sur lui : afin d'étouffer ses cris, ils commencèrent par jeter sur sa tête une *manta*, vêtement d'une étoffe grossière, que les gens du peuple portent ordinairement sur l'épaule, dans plusieurs provinces de l'Espagne et du Portugal; ils lui assénèrent ensuite plusieurs coups sur le crâne avec un bâton noueux, et introduisirent, dans sa bouche, un instrument tranchant qui, littéralement, lui emporta le palais. Lorsque le meurtre fut consommé, les assassins placèrent le corps du marquis sous une grande table couverte d'un tapis de velours qui pendait de tous côtés sur le plancher. Cette table occupait le centre d'une vieille salle d'audience, où le cadavre resta jusqu'au moment où tous les hôtes du palais furent retirés dans leur appartement. On le transporta ensuite dans des décombres qui se trouvaient dans une partie éloignée de cette masse irrégulière de bâtiments, où on le découvrit le lendemain.

Le roi fut inconsolable de la perte d'un serviteur fidèle auquel il était sincèrement attaché, et qui était le seul ami dans le cœur duquel ce malheureux prince épanchât ses peines. Il ordonna de suite une enquête judiciaire. Les faits que nous venons de rapporter furent établis par cette enquête. L'infant parut très-agité, lorsqu'on vint lui dire la mort du marquis, et il versa même quelques larmes. Ce qui est fort extraordinaire, c'est qu'on était instruit le matin chez la reine, dont le palais est à quatorze lieues de Salvaterra, de la mort du marquis; cette princesse fit même dire une messe à huit heures, pour le repos de son âme.

Quand l'enquête fut terminée, et qu'on en fit le rapport au

roi, il frémit en apprenant les noms des personnages impliqués dans cette affaire. Il voulait venger la mort d'un ami dévoué, mais il hésitait en voyant quels étaient les premiers auteurs du complot. En même temps on faisait jouer autour de lui toutes sortes d'intrigues pour désarmer sa justice. Des ministres, des dignitaires ecclésiastiques, des juges, des femmes de la cour, représentaient que le mal était sans remède, et le suppliaient d'épargner au Portugal un scandale public. Ce bon vieux roi, dont les seuls torts étaient la faiblesse et la satisfaction trop exclusive qu'il trouvait à bien manger, céda à la fin à de si pressantes intercessions, et, le 24 juin 1825, il rendit un décret, daté du palais d'Aduja, dans lequel il déclarait qu'il accordait le pardon à toutes les personnes compromises dans l'attentat commis le 29 février à Salvaterra. «Déterminé, ajoutait-il, par les considérations les plus puissantes, à couvrir d'un voile impénétrable un crime odieux, j'ordonne que toutes les pièces de l'enquête dont il a été l'occasion soient déposées à la secrétairerie d'état des affaires du culte et de la justice ; et en outre qu'elles soient closes et scellées, de manière qu'on ne puisse jamais les lire ni en prendre de copies. » Quels étaient donc ces grands criminels sur lesquels le roi n'osait pas venger le meurtre d'un ami ? C'est une question à laquelle chacun répondait de la même manière à Lisbonne. Les deux misérables qui avaient exécuté le crime pour un salaire furent arrêtés : l'un était un cocher des écuries royales, nommé Cordeiro, et le second un paysan de Salvaterra. On les exila avec six autres, parmi lesquels se trouvaient un sergent du corps de police, le marquis ....., ami de l'infant, et mort récemment à Londres. Ce furent les seules rigueurs que l'on permit au roi ; après quoi tout rentra dans l'ordre ordinaire à la conr, et l'on cessa même d'y parler de cette ténébreuse affaire. Il y avait, dans le silence que l'on gardait à cet égard, quelque chose de sombre et de sinistre.

(La suite à la prochaine livraison.)

IMPRIMERIE ECCLÉSIASTIQUE DE BÉTHUNE.

DON MIGUEL.

(Suite.)

On se rappelle que le 27 mai 1823, l'infant don Miguel avait tenté un coup de main contre la puissance de son père, et que cette insurrection coupable avait été anéantie dans Villa-Franca par la soumission d'un général. Excité par les conseils ambitieux de sa mère, le fils de Jean VI, oubliant la clémence de celui dont il avait déjà bravé l'autorité, se révolta de nouveau contre le sceptre de son père. Le 29 avril 1824, au milieu de la nuit, les ministres du roi, ses plus fidèles serviteurs, sont arrêtés et jetés dans une prison. L'infant a donné des ordres à tous les officiers sur lesquels il exerce quelque influence, à tous les régiments dont l'imprudence de son père lui a confié le commandement; et le lendemain, au lever du soleil, plus de dix mille hommes de troupes, dévoués au jeune prince, sont rangés en bataille sur la place du Roscio. Don Miguel s'y est rendu le premier. « Soldats, s'écrie-t-il, si le soleil du 27 mai 1823 a paru si brillant à nos regards, celui-ci, je n'en doute pas, ne sera pas moins radieux : l'une et l'autre journée paraîtront avec gloire dans les annales de notre histoire. Dans la première, j'ai quitté Lisbonne pour renverser l'anarchie, pour sauver le roi, sa famille et la nation portugaise; pour défendre contre l'impiété notre sainte religion, le plus solide appui de la justice et du trône. C'est aujourd'hui que je veux consommer le grand ouvrage et en assurer le succès définitif, en écrasant en même temps la secte infâme des francs-maçons qui voudraient encore souffler la mort dans le sein de la patrie et précipiter du trône la maison de Bragance. »

A la suite de cette proclamation, le prince écrivit à son père pour lui déclarer que son intention était de le tirer de l'état de dépendance dans lequel la constitution le tenait ; il lui faisait connaître la disposition des troupes à son égard, les succès qu'il avait lieu d'espérer. En même temps il donna des ordres pour empêcher que les amis du roi ne pussent approcher de la personne de leur maître et lui donner des conseils de fermeté : des gardes, placés à toutes les portes du palais, en faisaient une véritable prison ; d'autres soldats parcouraient les rues de Lisbonne, arrêtant toutes les personnes connues par leur attachement aux principes constitutionnels. A la tête de ses gardes, le prince se rendait lui-même aux demeures de ses ennemis, et les faisait arrêter pour les conduire dans les prisons. Jean VI, à la disposition des révoltés, et ne trouvant aucune ressource dans la faiblesse de son caractère, se soumit à toutes les mesures qui lui furent imposées. La reine accourut au palais de Bemposta, les ministres furent changés, la garde constitutionnelle du roi fut remplacée, et tous les agents du pouvoir qui refusèrent de prendre part aux projets des révoltés furent suspendus de leurs fonctions. L'ambassadeur anglais engagea le corps diplomatique à protester contre les actes de don Miguel, et le renversement de la constitution. L'Angleterre avait pris trop de part à la charte portugaise, pour qu'elle abandonnât son ouvrage sans aucune résistance au despotisme d'un jeune guerrier, et aux caprices de la multitude. Tous les ambassadeurs réunis se rendirent au palais de Bemposta, demandèrent qu'on leur en ouvrît les portes, et menacèrent les insurgés de toute la colère de leurs gouvernements respectifs si l'on s'opposait à ce qu'ils fussent admis à l'audience de S. M. portugaise. Cet acte de vigueur sauva le roi. Entouré du corps diplomatique, il se rendit sur un vaisseau anglais, à bord duquel il put faire connaître en liberté sa volonté royale ; il défendit d'obéir à tous les ordres qu'il avait signés depuis la révolte, et qu'on lui avait arrachés par la force. Lorsque les troupes, qui avaient cru avoir à combattre pour la liberté de leur Roi, connurent ses véritables intentions, elles abandonnèrent le parti du jeune rebelle. Celui-ci n'ayant plus d'espoir que dans la bonté paternelle, dont il avait déjà si fort abusé, n'hésita point à l'implorer encore ; il vint à bord du vaisseau anglais sur lequel le roi s'était réfugié, et, versant d'abondantes larmes, se jeta aux pieds de son père. Jean VI pardonna ; et bientôt on publia dans Lisbonne le décret suivant :

« Emporté par la fougue de l'âge, séduit par de perfides conseillers, mon fils l'infant don Miguel s'est révolté contre l'autorité royale : la sagesse et l'amour de mon peuple, secondés par le courage de la représentation européenne, ont sauvé la monarchie portugaise des dangers de l'anarchie. La Providence a permis qu'un fils, un moment aveuglé, reconnût la profondeur de l'abîme dans lequel on voulait l'entraîner. Repentant de sa faute, il est venu implorer le pardon de celui contre lequel il avait eu le malheur de se révolter. J'oublie sa faute, je pardonne à ceux qui l'ont partagée, et fasse le ciel que ma clémence puisse toucher le cœur de mes sujets : leur bonheur est mon unique pensée. »

Telle fut en substance la proclamation que le parti de la reine arracha à la faiblesse du roi. Ce décret apprit de nouveau aux courtisans ambitieux, qu'à l'abri d'une puissance secrète, ils pouvaient en sûreté tenter contre le trône les entreprises les plus hasardées ; ils surent de ce moment qu'ils avaient tout à craindre en résistant aux projets de la révolte, et que les entreprises dirigées contre le roi n'entraînaient après elles aucuns résultats dangereux. D'un autre côté, l'infant don Miguel trouvait de la protection dans les cours du Nord, et les gouvernements d'Autriche et de Russie lui donnaient de fréquents témoignages de leur bienveillance à son égard : l'empereur Alexandre, à la suite de la révolte du 3o avril, connue dans le Portugal sous le nom populaire d'*orbrilada*, envoya à l'infant don Miguel la croix de Sainte-Anne ; et pour l'encourager à rétablir dans ses états un despotisme semblable à celui de la Russie, il lui fit tenir en diverses circonstances des félicitations et des récompenses honorifiques.

Tout à coup un bruit terrible circule dans Lisbonne ; le roi se meurt, et l'on assure qu'il est empoisonné. Le peuple environne le palais, et maudit la reine et ses partisans : les médecins accourent ; plusieurs partagent cette opinion ; ils assurent que le poison a été employé dans les aliments du prince. Un d'entre eux, le docteur Vielra, épouvanté de ce crime, témoigne hautement son indignation contre les parricides : huit jours après, ce courageux médecin est trouvé mort dans sa demeure. Le 10 avril le roi Jean VI expira au milieu des convulsions, en poussant des cris douloureux, dans lesquels il répétait le nom de ses ennemis ; il pardonnait à la reine, à son fils don Miguel, qui avaient l'un et l'autre abreuvé sa vie de tant d'amertume.

Le roi de Portugal a-t-il été en effet empoisonné, nous n'oserions répondre à cette question, et, après avoir rapporté les circonstances qui ont précédé sa mort, nous laissons au jugement des lecteurs une entière liberté. Après une fête qui lui fut donnée par des moines au couvent des Hiéronymites, il avait éprouvé un malaise qui l'avait obligé de rentrer au palais de Bemposta. Apeine dans ses appartements il avait eu des vomissements et des convulsions : les personnes qui l'entouraient lui avaient fait prendre des potions qui, loin d'arrêter les vomissements, les avaient rendus plus fréquents et plus douloureux. Cependant comme son état avait paru moins alarmant au bout de quelques jours, les personnes qui l'entouraient avaient profité de cet instant d'espoir pour le décider à conférer la régence à l'infante Isabelle : le 10 la maladie avait repris son cours, et le Roi avait rendu l'âme dans la soirée. Le parti de la Reine et de don Miguel fut accusé d'avoir attenté aux jours de ce bon prince ; mais les soupçons populaires ne méritent pas de fixer la conviction des hommes réfléchis. Peut-être cette maladie fut-elle dans l'ordre accoutumé des événements ; mais que l'accusation du peuple soit gratuite ou fondée, les personnages qui en furent les victimes avaient mérité par leur conduite antérieure les flétrissures de l'opinion. Quoi qu'il en soit, la reine éprouva un violent dépit, lorsqu'elle fut informée des dernières volontés du Roi qui confiaient la regence à l'infante Isabelle, jusqu'au moment où l'on pourrait connaître la volonté de don Pedro prince du Brésil, fils aîné de Jean VI, et par conséquent son héritier légitime. La nouvelle régente rencontra dans le parti de don Miguel, et celui de sa mère, les mêmes obstacles, les mêmes périls, qui n'avaient cessé de tourmenter la vie privée et le gouvernement de son malheureux père ; comme lui, l'infante Isabelle eut à craindre les ambuches de ses ennemis, les douleurs subites accompagnées de vomissements qu'elle éprouva à la suite d'un repas, firent renouveler les bruits sinistres qui avaient couru dans Lisbonne, à la suite de la mort de Jean VI. Du reste nous ne suivrons pas davantage le régent du Portugal dans sa conduite politique : son voyage à Vienne sous l'influence du comte de Metternick, son retour au Portugal par la France et l'Angleterre, les derniers attentats de son ambition, enfin tous les événements qui se rattachent à l'histoire de ce prince, de sa mère et du Portugal, sont des événements trop connus, et je dirais volontiers trop populaires pour en faire le sujet d'une biographie du moment. Nous préférons terminer cet article en empruntant au recueil anglais, intitulé le *London Observer*, quelques observations si grandes sur la situation morale du gouvernement portugais.

« C'est à tort toutefois que l'on attribuerait exclusivement tous les maux que souffre le Portugal aux intrigues de la reine-mère. En éloignant cette princesse, on neutraliserait sa funeste influence, mais il resterait encore d'autres principes malfaisants à détruire. Ces principes se trouvent dans les prérogatives que les classes privilégiées ont reçues des âges de barbarie, et qu'elles n'ont que trop bien conservées, et dans les formes du système administratif et judiciaire de ce malheureux pays. Quelques détails que nous allons donner à cet égard achèveront d'en faire connaître la véritable situation.

» L'influence qui y domine est, sans contredit, celle du clergé: à l'aide de légendes merveilleuses, et de prétendus miracles, on avait réussi à livrer tous les droits du peuple à un monarque qui exerçait une autorité absolue, mais soumise au contrôle des prêtres. Les auteurs portugais, dont la plupart étaient des ecclésiastiques, ou qui écrivaient avec les feux de l'inquisition sous les yeux, assurent fièrement que leurs compatriotes sont le peuple le plus religieux du monde, et qu'ils n'ont pas cessé de l'être, depuis Tubal, le petit-fils de Noé, qui fonda Setubal ou Saint-Uves. Les preuves par lesquelles ils appuient cette haute prétention montrent à la fois quelle est l'étendue et la nature de leur piété. Ils prouvent, par exemple, que les portugais ont toujours été les persécuteurs les plus zélés des infidèles; qu'ils érigèrent la première église dédiée à la vierge Marie, et qu'ils ont été les plus fermes soutiens de son immaculée conception; que leur pays a donné le jour à quatre fondateurs d'ordres monastiques; que leurs rois sont les souverains qui ont fait les plus riches fondations religieuses; que c'est dans le Portugal où on trouve le plus de reliques, où il est né le plus de saints et où il s'est fait le plus de miracles. Comme, pendant une longue succession de siècles, les Portugais ont fait constamment la guerre aux Maures, et que chaque victoire était commémorée par quelque acte d'une superstition éclatante, ou par une extension des priviléges ecclésiastiques, on conçoit que le pouvoir de l'église

se soit accru avec toutes les additions faites au territoire de la
monarchie.

» L'aspect du pays et de la société, dans le Portugal, est d'accord avec les peintures qu'en font les écrivains nationaux.
Dans les autres états de l'Europe, on ne rencontre de traces
du quinzième siècle que dans les mémoires et les écrits contemporains. Dans le Portugal, au contraire, il est encore vi-
vace, et vous le retrouvez avec la plus grande partie de son
costume, de ses usages et de ses superstitions. Quand un
protestant arrive à Lisbonne, il est tenté de croire que la religion, telle qu'on l'entend dans ce pays, est l'unique occupation de ses habitants, qu'elle absorbe entièrement leur attention, et que le gouvernement est une pure théocratie. Les
villes ont toutes quelque chose de monastique ; les églises, les
monastères, les couvents, en sont les édifices les plus remarquables, et ils occupent les sommités de toutes les hauteurs.
Vous êtes éveillé, dès le matin, et assourdi, pendant toute la
journée, par le son des cloches qui annoncent les offices religieux. Si vous circulez dans les rues, vous êtes sûr de rencontrer des processions, ou de voir la multitude prosternée devant quelque image populaire. Des moines noirs, blancs ou
gris, chaussés ou non, avec ou sans barbe, vous heurtent et
vous coudoient sans cesse. Vous entendez les tintements d'une
clochette qui annonce l'approche du Saint-Sacrement, et vous
n'apercevez pas encore le dais qui couvre le prêtre, ou les
torches de ceux qui l'accompagnent, qu'aussi loin que votre
vue s'étend, tout le peuple est prosterné sur le pavé. Vous en-
trez avec la foule dans l'église, dont les murs sont couverts
d'*ex-voto*, et vous voyez que l'office se célèbre simultanément
à plusieurs autels, en présence d'un grand nombre de dévots
et dévotes, la tête humblement inclinée vers le sol, et murmurant à voix basse leurs prières latines. Les mendiants, qui
vous assiégent à la porte, réclament votre aumône au nom de
la vierge, des saints, des âmes du purgatoire ; et les bedeaux

des différentes paroisses traversent les rues, en demandant la charité avec un tambour, une cornemuse et un Saint-Esprit. Dans les boutiques des orfèvres et des ciriers, vous ne voyez que des crucifix, des saints, des couronnes. Mais ce qui porte le plus de préjudice à la masse de la population, ce sont ces fêtes, ces processions, ces pélerinages, qui interrompent sans cesse ses travaux, et qui la font persévérer dans ses immorales et dispendieuses habitudes d'oisiveté.

» Et qu'on ne suppose pas que le nombre, le pouvoir, la richesse des membres du clergé, soient moins considérables dans la réalité qu'en apparence. Le jésuite Vieyra dit que, de son temps (1670), il y avait dans le Portugal 10,000 moines, 30,000 prêtres séculiers et 15,000 religieuses ; en tout 55,000 individus. Mais cette estimation est probablement beaucoup trop faible ; car un seul couvent, celui d'Alcobaça, était en quelque sorte une ville tout entière, puisqu'il s'y trouvait 995 moines, sans compter les domestiques. Depuis cette époque, le nombre des membres du clergé a éprouvé une diminution ; cependant il est encore beaucoup trop considérable. Nous avons sous les yeux un état statistique dressé par ordre des cortès, et comprenant le nombre des couvents, celui des membres du clerger séculier, et le montant du revenu appartenant à tous les ordres religieux du Portugal. Il résulte de cet état que les couvents montaient, en 1822, à 402 ; les moines à 5,621 ; leurs domestiques à 628. Leur revenu, en argent, s'élevait à 607,253 *milreis* (environ 3,750,000 fr.) ; en froment, à 92,618 *alquieres ;* en seigle, à 98,771 ; en orge, à 17,171 ; en porc, à 30,091 liv. ; en bœufs, à 8,032 sans comprendre le ritz, le blé de Turquie et plusieurs autres articles. Le vin, suivant l'estimation des pères, s'élevait à 22,181 *almudes ;* l'huile, à 3,496 : ils avaient en outre 15,000 têtes de volailles, indépendamment de 2,000 poulets. »

M. AUGER.

M. Auger est un homme d'esprit. A l'entendre dans un salon, on pourrait croire injustes et calomnieuses toutes les critiques de nos petits journaux, de nos grandes et petites biographies. On a souvent rapporté une anecdote, vraie ou fausse, qui, dans la première hypothèse, confirmerait parfaitement le jugement par lequel nous avons commencé cette notice. Un seigneur russe avait, dit-on, rencontré M. Auger dans les salons du ministre; l'académicien parle, cite, raconte, tranche les questions, éblouit le moscovite. L'admiration d'un côté, de l'autre l'amour-propre établissent entre son Excellence et son Immortalité une harmonie parfaite : M. Auger demande la permission d'offrir ses œuvres ; l'offre est acceptée, et le lendemain le seigneur russe avait reçu les comédies de Molière annotées par M. Auger. La note et la notice ont chacune leur mérite, mais aujourd'hui nous avons le malheur d'en faire peu de cas : c'est une méthode tout-à-fait classique. Néanmoins le Russe ne craignit pas de lire et les comédies et les notes : après cela il écrivit à l'académicien pour le remercier de l'excellent ouvrage qu'il lui avait envoyé. Voici à peu près le sens de cette lettre : Monsieur Molière, je vous remercie de vos œuvres, elles sont admirables ; mais pourquoi donc avez-vous permis à un certain Auger d'expliquer avec ses notes des passages clairs comme le jour, et de relever des beautés que tout le monde apercevrait bien sans lui ?

Ce seigneur russe est probablement quelque candidat repoussé de l'académie par son romantisme et par l'horreur de

M. Auger'pour la littérature réformée. La plaisanterie est assez bonne, et vaut bien quelques douzaines de jetons ; mais, quoi qu'il en soit, je répète qu'elle confirme ce que j'ai dit du charlatanisme spirituel de M. Auger : on le prendrait pour un grand homme à l'entendre parler.

Quels titres appelèrent à l'académie le commentateur de Molière : je l'ignore. L'académie doit être composée des quarante littérateurs les plus distingués de France ; c'est du moins l'opinion générale sur la nature de ce corps si souvent et si plaisamment ridiculisé. Recherchons dans la vie de M. Auger par quels succès il s'est élevé au-dessus de tous ses compatriotes : voyons si MM. Béranger, Victor Hugo, de La Martine et Charles Nodier doivent s'applaudir de ce qu'on a pu trouver quarante citoyens meilleurs qu'eux.

. Avant de s'aviser qu'il dût être un homme de lettres, et, qui mieux est, un académicien, M. Auger, comme le vulgaire des hommes, avait pensé à se faire ce qu'on appelle un état : en 1793 il débuta dans l'administration des vivres et fourrages, de là passa dans les bureaux du ministère de l'intérieur, où, jusqu'en 1812, sa vocation littéraire demeura ensevelie. A cette époque il commença à en être dominé au point de ne pouvoir plus la concilier avec ses occupations bureaucratiques; il jeta la plume avec laquelle jusque là il avait expédié ou composé des rapports et des circulaires, et commença à tailler celle qui devait un jour commenter Molière, prendre en monopole la notice, et devenir celle du secrétaire perpétuel de l'académie. Peu de temps après la seconde restauration, il fut trouvé assez homme de lettres pour obtenir une place de censeur royal, en 1816. Ses titres étant au complet, il reçut une pension du Roi, et s'assit à l'académie.

Or ses titres étaient alors quelques vaudevilles traités assez brutalement par le public, lors de leur naissance, pour ne s'en être jamais remis; quelques comédies d'un genre peu relevé, et dont le succès, pour ne pas dire mieux, avait été tout négatif; plus sa collaboration à quelques journaux, où il s'était constamment montré ardent défenseur des doctrines académiques. Mais une fois au fauteuil, il s'arrangea avec Molière, qui n'avait pu y parvenir, pour faire avec lui une espèce de société de gloire : il prit ses œuvres, expliqua en longs et savants commentaires ce en quoi elles étaient admirables, et, par ce service rendu à l'auteur du *Tartuffe*, et à nous qui ne l'avions pas compris jusqu'à présent, malgré ce qu'en put dire le seigneur russe, acheva de mériter la faveur dont on l'accusait d'avoir été prématurément gratifié. Continuant de poursuivre la gloire dans le même cercle, il ne s'arrêta plus dans la carrière de l'annotation; ses notices s'exercèrent sur toutes les gloires passées, présentes : au besoin, il en eût deviné dans l'avenir pour nous les notifier. Il fut un des fondateurs, et pendant long-temps l'une des colonnes de la société des Bonnes Lettres, où ses notices jouées n'eurent pas moins de succès qu'imprimées. Mais depuis long-temps résignant entre les mains de son ami, M. Roger, la part d'influence qu'il y exerçait, c'est à l'académie qu'il a placé son centre d'action. Du haut de son fauteuil, il ne manque pas une occasion de laisser tomber son foudre sur les doctrines déplorables qui, selon lui, révolutionnent la littérature. Ses opinions politiques ne sont pas plus empressées pour l'indépendance que ses doctrines littéraires : lors de l'adresse que l'académie essaya de présenter au Roi sur la loi de la presse, il s'opposa de toute sa puissance à cette mesure qui, selon lui, n'était propre qu'à déconsidérer la compagnie. Bien lui en prit; car M. Mennechet, son gendre, est lecteur du Roi, et l'on sait alors comment M. Michaud fut dépossédé des mêmes fonctions.

Voilà la note à peu près exacte des ouvrages auxquels M. Auger, par la force de ses notes et commentaires, a attaché son nom : *Souvenirs de M*me *de Caylus ; OEuvres de Malfilâtre ; Direction pour la conscience d'un Roi par Fénélon ; Oraisons funèbres de l'abbé de Boismont ; OEuvres complètes de MM*mes*. de*

Lafayette et Tencin; Lettres de MM.^{mes} de Villars, de Lafayette, de Tencin, de Mlle Aïssé; OEuvres complètes de Duclos, de Campistron, de Lafontaine, avec une vie de l'auteur; le Lycée de La Harpe et le grand Monument sur Molière.

Dans ce moment se prépare une édition de ses *OEuvres personnelles*, composée de la collection de ses *Notices*, de plusieurs discours couronnés par l'académie, tels que l'*Éloge de Boileau* et de *Corneille*; de ceux qu'il a prononcés en couronnant les autres ou en recevant de nouveaux collégues. Fatigué de voir ses œuvres ainsi disséminées et mêlées à autrui, M. Auger a voulu compter avec lui-même, se réaliser en quelque sorte et se placer en masse; nous verrons à quel taux le public le prendra.

Pour terminer cette notice par quelques détails personnels sur M. l'académicien Auger, nous dirons qu'il est ami de M. Roger, dans les salons duquel on le rencontre souvent. Toutefois ce n'est point l'identité de caractère qui réunit ces deux personnages. Affable, obligeant, affectueux, d'une gaîté douce, spirituelle et remplie de bonté, M. Roger est dans la vie privée le caractère le plus aimable; l'esprit de M. Auger n'a pas la même tournure : sec, mordant, froid, il relève avec dureté un mot échappé à l'embarras d'un jeune homme. L'esprit de l'un le fait aimer, l'esprit de l'autre pourrait le faire craindre.

Je mets fin à ce parallèle en donnant le signalement de M. Auger : sur un petit corps il porte avec assez d'aisance une tête dessinée régulièrement. Des yeux vifs un peu enfoncés, des lèvres fines et pincées, un menton saillant, donnent à cette figure une expression fort en rapport avec le tableau que nous avons tracé de son esprit.

M. O'CONNEL.

Je traversais l'Irlande, me rendant dans le comté de Clare, où mon père acheta quelques terres à l'époque de l'émigration. Arrivé à Dublin, je remarque une grande agitation ; le même nom sort de toutes les bouches, un air de fierté semble ranimer ces visages irlandais, depuis long-temps attristés par la misère et la tyrannie ; de tous côtés j'entends dire : le temps est venu ! l'émancipation ! la mort aux orangistes ! Une femme s'approche de moi, et me dit, en m'offrant un joli mouchoir imprimé : Mylord five pence (Milord dix sous), je prends ce mouchoir sur lequel est un portrait. Au-dessous on lit ces deux mots : Daniel O'Connel. Voyant que tout le monde tient à la main un semblable mouchoir, je l'achète aussi, et rencontrant à quelques distances de là un avocat dont je suis connu : Quel est donc, lui dis-je, ce Daniel O'Connel dont l'image et le nom sont devenus si populaires ? C'est, me répondit-il, un homme de notre profession, le fameux avocat O'Connel, qui vient de se présenter comme candidat aux élections de Clare, pour remplacer M. Fitz Gérald. Catholiques, nous voulons au parlement un catholique pour représenter nos intérêts, nous ne pouvions jeter les yeux sur un homme plus capable et plus zélé. Vous le savez, notre misère doit être attribuée en partie aux persécutions de la faction orangiste, c'est-à-dire de la faction qui, depuis l'avénement de Guillaume III, prince d'O-range, s'oppose à l'émancipation des catholiques. Mais qu'on y prenne garde, l'explosion n'est pas éloignée, nous venons de nous choisir un chef, un chef dont les talents s'augmentent à nos yeux de toute l'illustration de la naissance, car M. O'Connel est issu d'aïeux dont plusieurs ont régné sur la partie de l'Irlande qui s'appelait le royaume d'Irera, et qui n'est aujourd'hui que le comté de Kerry. Le chef de cette auguste race est maintenant un octogénaire, oncle de Daniel O'Connel, et propriétaire de 120 mille livres de rente. Son neveu est un homme d'un caractère entreprenant, depuis long-temps chef de l'association catholique; de cette association qui naguère en soutenant le courage des Freeholders contre les menaces de leurs maîtres, a renversé les prétentions de la puissante famille des Beresfords. On a pensé que des contrées où la masse de la population est exposée à toutes les exigences de la misère, pouvaient demeurer long-temps en paix sous la crainte des baïonnettes; c'est une espérance chimérique : la famine et la résignation ne peuvent se concilier, et aucun peuple n'est plus désireux de révolution que celui où les neuf dixièmes ont tout à gagner et rien à perdre au changement des institutions existantes. Cependant jusqu'alors les catholiques d'Irlande avaient voté pour M. Vesey Fitz Gérald, protestant, un des propriétaires les plus riches du pays, et qui jusqu'alors avait voté pour la cause de l'émancipation. Mais ce député vient naguère d'entrer dans le cabinet à la tête duquel est placé le duc de Wellington. Nous savons que ce ministère est opposé à la cause de la liberté, et par conséquent à la cause de l'émancipation des catholiques; car nos dévots protestants ne sont pas moins intolérants que vos dévots papistes en France, et dans l'un et l'autre pays, les amis de la liberté sont les véritables défenseurs de la religion. Ainsi donc, l'ami du duc de Wellington ne doit plus être chargé de nos intérêts. C'est O'Connel qu'il faut aux Irlandais; toute sa vie leur répond de lui. Sorti d'une famille connue pour son attachement à la religion romaine, il a été élevé dans ces principes et destiné dans sa jeunesse aux ordres sacrés; il a fait de la théologie une étude profonde. Le séminaire de Saint-Omer fut l'école où sa famille l'envoya. Bientôt rejeté dans sa patrie par l'orage révolutionnaire, il se destina en 1794 à la profession d'avocat, profession toute nouvelle pour les Irlandais jusqu'alors éloignés de cette carrière par le despotisme anglais. Reçu au barreau de Dublin, il ne tarda pas à se faire remarquer par la vigueur de sa logique et la facilité de s.n expression. Sans cesse occupé des intérêts de ses coreligionnaires, il n'a pas cessé depuis ce moment de les défendre avec l'enthousiasme qui anime toutes ses entreprises. Son immense fortune s'augmente chaque jour des honoraires brillants dont les riches Irlandais récompensent ses travaux et ses succès. Après un plaidoyer, on n'offre jamais à M. O'Connel moins de vingt livres sterling : mais les pauvres trouvent en lui un défenseur gratuit toutes les fois qu'ils ont besoin de ses talents. Plusieurs fois je l'ai entendu aux assises des comtés voisins. Parmi les ruses nombreuses de son éloquence, j'ai remarqué un moyen qui m'a paru lui être plus familier que tout autre: il commence par abonder dans le sens des juges, il démontre lui-même les différentes preuves qui ressortent des circonstances accusatrices de son client; mais tout ce réquisitoire, qui paraît au premier abord un édifice solide, est adroitement posé sur quelque raisonnement spécieux, que l'habile avocat va bientôt renverser et qui entraînera dans sa chute celle de toute l'accusation.

Il y a quelques années, M. O'Connel fut insulté par un membre de la corporation de Dublin, qui s'était vanté de punir par des coups de cravache l'arrogance de ce catholique. L'ayant rencontré, il lui proposa un cartel qui fut accepté. D'Esterre (c'était le nom de l'adversaire) tire le premier; la balle siffle aux oreilles d'O'Connel : celui-ci tire à son tour et renverse mort son imprudent agresseur. Ce duel, quoique réprouvé par les gens sages, augmenta la réputation de bravoure et d'adresse d'O'Connel et par conséquent sa popularité. Le caractère ardent de cet illustre avocat lui attira depuis une seconde proposition de duel de la part de M. Peel, alors secrétaire-général d'Irlande. L'affaire ayant transpiré, M. Peel passa en France, où M. O'Connel devait le suivre ; mais ce dernier fut arrêté à Douvres par les ordres du roi. Avant de lui rendre la liberté, on exigea de lui une caution et le serment qu'il ne se battrait pas.

Depuis long-temps l'Irlande obéissait à O'Connel, bien qu'elle n'eût point encore songé à l'envoyer au parlement. C'est un catholique, disions-nous, et ce qui empêche les catholiques de siéger au parlement, c'est le serment que l'on exige de chaque membre lorsqu'il prend séance. Depuis on a pensé autrement : on a dit : Il faut élire O'Connel, il faut qu'il aille à Londres et se présente à la chambre. Si on lui en refuse l'entrée, il résistera, et nous verrons. Aussitôt tout le clergé s'est mis en mouvement; on a déclaré traîtres à la patrie et à la religion ceux qui voteraient contre O'Connel. Le ciel nous protége. Un Irlandais, fermier de M. Fitz Gérald, a osé voter pour son propriétaire, la mort l'a frappé subitement en rentrant chez lui.

J'interrompis la narration de la personne que j'avais interrogée : Qu'est-ce, lui dis-je, que ces clameurs qui se font entendre, cette multitude qui se précipite, ces chevaux nombreux? C'est lui-même, s'écria mon compagnon, c'est O'Connel, et à l'instant même il courut se joindre à la foule, qui poussait des cris de joie. Je m'arrêtai sur le seuil d'une maison, afin de jouir moi-même de la vue de ce triomphe. M. O'Connel, habillé de vert et dans une calèche verte, semblait un roi chéri au milieu de ses sujets; toute la jeunesse du pays à cheval entourait sa voiture, des prêtres placés près de lui haranguaient le peuple, mêlant dans leurs discours les mots de religion et de liberté. L'enivrement était général. La personne du triomphateur arrêta mes regards : sa large poitrine annonce la force; de petits yeux perçants, un front large, une bouche spirituelle, un nez un peu fort : telle est la figure du roi des Irlandais.

MARIE-LOUISE.

L'archiduchesse d'Autriche MARIE-LOUISE naquit à Vienne,
le 12 décembre 1791, de l'empereur François II et de Marie-
Thérèse de Naples. Sa jeunesse n'eut rien de remarquable :
élevée à la cour d'Autriche, elle y reçut l'éducation que l'on
donne aux princesses destinées à conclure par leur alliance
quelque grand arrangement politique. L'étude des langues
constitue la plus grande partie de cette éducation ; aussi, lorsque la jeune archiduchesse arriva en France, elle avait de
notre langue une assez grande habitude.

Dans l'espoir d'obtenir quelques-unes de ses anciennes possessions en Pologne, en Allemagne, en Italie et en Illyrie, ne
sachant comment garantir ses frontières, l'empereur d'Autriche essaya de sauver ce qui restait de sa puissance en donnant la main de sa fille au soldat vainqueur devant lequel il
tremblait. La bataille de Wagram décida cette alliance. On ne
sait quel était le plus abaissé ou le plus fier, de François II livrant à Bonaparte la fille des Césars, ou de Bonaparte entrant comme en triomphe dans la famille des rois. A cette
époque Napoléon venait de répudier sa femme à laquelle son
cœur était attaché, mais qui ne pouvait lui donner de progéni-
ture. Il sembla que le ciel voulût punir la violation des lois
sacrées du mariage ; car, du moment où l'empereur eût abandonné Joséphine, pour s'allier à l'archiduchesse d'Autriche,
sa fortune, jusque-là toujours ascendante, ne fit plus que se
précipiter de malheur en malheur. D'ailleurs le scandale du

divorce fit perdre à Napoléon le respect qu'inspiraient ses grandes actions, et l'opinion n'accueillit aucun des prétextes donnés pour justifier cette alliance. On ne pouvait admettre que ce mariage fût le garant d'une paix éternelle avec un gouvernement tel que celui de l'Autriche; il ne rappelait au contraire que de pénibles souvenirs; car cette jeune Marie-Louise était la nièce de Marie-Antoinette.

Les conventions de mariage furent signées le 7 février 1810. Napoléon envoya, au mois de mars suivant, un service d'honneur à Braunau, petite ville frontière de l'Autriche et de la Bavière, pour y recevoir l'auguste fiancée. Il n'y avait dans ce pays aucune maison convenable pour établir le palais qui devait réunir les cours de France et d'Autriche : on fut obligé de louer plusieurs maisons attenant l'une à l'autre, et de faire percer les murailles pour faciliter les communications à une petite lieue de Braunau. Sur l'extrême limite des deux frontières on construisit une maison en bois divisée en trois salons, un du côté de l'Autriche, un autre du côté de la France, et celui du milieu plus grand que les deux autres. Ce dernier salon fut déclaré neutre et devait servir pour la cérémonie de la remise. Du côté de la France on entrait dans le salon neutre par une porte à deux battants; du côté de l'Autriche il avait été élevé un dais magnifique, sous lequel était un fauteuil de drap d'or. Ce trône faisait face à la porte d'entrée de France : deux portes latérales étaient disposées de ce même côté, sur la droite du trône était une table ronde placée dans la ligne centrale, couverte d'un riche tapis, et sur laquelle devaient se faire les signatures des procès-verbaux de remise.

Le 16 mars, le cortège de l'archiduchesse arriva à Altheim, petite ville située à la distance de deux milles du lieu où les envoyés français devaient la recevoir. Le cortège était composé de la reine de Naples; de Mme la duchesse de Montebello, dame d'honneur; de la comtesse de Lucay, dame d'atours de la duchesse de Bassano; des comtesses de Montmorency, de

Mortemart et de Bouillé ; de Mgr l'évêque de Metz, chevalier d'honneur ; du prince Aldobrandini Borghèse, premier écuyer des comtes d'Ambusson, de Bearn, d'Angosse et de Barral, chambellan de M. de Bausset, préfet du palais ; du comte Philippe de Ségur, maréchal-des-logis du palais ; des barons de Saluces et d'Andenardes, écuyers du comte de Seyssel, maître des cérémonies.

Bientôt arriva Marie-Louise, précédée par le maître des cérémonies d'Autriche ; elle se plaça sur son trône, et tous les personnages de sa cour se placèrent à droite et à gauche, selon leur rang. Alors le baron Lorh vint frapper à la porte du salon français ; le prince de Neufchatel entra le premier avec le comte Alexandre de la Borde, l'un en qualité de commissaire plénipotentiaire pour la réception, l'autre comme secrétaire.

Marie-Louise était debout sur son trône ; elle n'avait alors que 18 ans et demi : une taille majestueuse, un visage rempli de noblesse, beaucoup de fraîcheur et d'éclat, des cheveux blonds qui n'avaient rien de fade, des yeux bleus, mais animés, une main et un pied qui auraient pu servir de modèle, un peu trop d'embonpoint que toutefois elle ne conserva pas long-temps en France : telle elle parut aux regards de ses nouveaux sujets. Les formalités d'usage étaient remplies, le prince Tranttmansdorft demanda à sa majesté la permission de lui baiser la main en prenant congé d'elle ; cette faveur lui fut accordée, tout le cortège autrichien s'approcha du trône, s'inclina respectueusement, et chaque personne baisa la main de la princesse chérie dont elle allait se séparer. Tous les serviteurs, même du rang le plus inférieur, furent admis à porter à ses pieds l'hommage de leur respect, de leurs regrets et de leurs vœux pour son bonheur. Les yeux de la princesse étaient mouillés de larmes.

Arrivée à Braunau, l'impératrice quitta tous ses vêtements étrangers ; et fut complètement habillée d'objets français depuis les pieds jusqu'à la tête, conformément à l'étiquette convenue : elle dîna ensuite avec la reine de Naples et Mme de Lazanski; le lendemain elle partit pour Munich, où elle trouva le baron de St-Aignan, chargé de lui remettre une lettre de Napoléon. Cette lettre vint mêler quelque douleur aux fêtes brillantes dont sa présence était l'objet : elle lui imposa l'obligation de se séparer de la comtesse de Lazanski, qu'elle aimait tendrement, et qui avait été sa dernière gouvernante. Arrivée à Strasbourg, elle y trouva le premier page de l'empereur, qui lui apportait une lettre, des fleurs les plus rares et des faisans de la chasse de l'empereur. Elle y reposa deux jours, et laissa tout le monde dans l'enchantement de sa douceur et de sa bonté. Le cortège arriva à Courcelle à minuit : Napoléon s'était échappé furtivement du palais de Compiègne, enveloppé dans sa redingotte grise, et accompagné seulement du roi de Naples; il sortit du parc par une petite porte, monta dans une calèche sans armoirie et conduite par des gens sans livrée. Etant arrivé au moment où les courriers de l'impératrice faisaient disposer le relais qui devait mener sa voiture, il fit ranger sa calèche et, pour se garantir de la pluie qui tombait, il s'abrita sous le porche de l'église située à moitié d'une petite côte hors du village (1). Il se tenait à l'écart avec le roi de Naples; lorsque la voiture de l'impératrice fut arrivée, et pendant qu'on changeait les chevaux, il se précipita vers la portière, l'ouvrit lui-même : l'écuyer de service qui l'avait reconnu, et qui n'était pas dans le secret de l'incognito, s'empressa de baisser les marchepieds et d'annoncer l'empereur. Il se jeta au cou de l'impératrice qui n'était nullement préparée à cette brusque et galante entrevue, et ordonna sur-le-champs d'aller en toute hâte vers Compiègne, où il arriva à dix heures du soir.

---

(1) Nous signalons ce tableau à nos jeunes artistes.

M. de Bausset, auquel nous avons emprunté ces détails, s'exprime ainsi dans ses *Mémoires* : « Le programme de l'entrevue qui devait avoir lieu le lendemain n'eut aucune exécution. Il était dit que, lorsque l'empereur se séparerait le soir de l'impératrice, il irait coucher à l'hôtel de la Chancellerie. A juger par l'impatience de Napoléon et par le déjeûner qu'il fit servir le lendemain à midi, près du lit de l'impératrice par ses femmes, il est probable qu'il ne fut pas coucher le lendemain à l'hôtel de la Chancellerie. Les fêtes les plus somptueuses accompagnèrent ce brillant hyménée.

Le 27 avril, Napoléon et Marie-Louise partirent pour visiter quelques départements du nord. Au milieu des hommages dont les provinces accablèrent leur nouvelle souveraine, on remarqua l'arc de triomphe d'un petit hameau. Sur l'entablement de face on lisait écrit : *Pater noster*, et sur le revers : *Ave, Maria gratiâ plena*. Le 1er juin, Marie-Louise était de retour à Saint-Cloud; quelques jours après, le prince de Schwartzemberg donna une fête qui fut terminée par une horrible catastrophe; le feu prit à la salle du bal; la foule qui se pressait, et qui l'étouffait elle-même par ses propres efforts, rendait la sortie plus difficile; le parquet de la salle ne put résister, il s'entrouvrit, et des victimes sans nombre y furent écrasées et dévorées par le feu qui les enveloppait de toutes parts. Heureusement l'impératrice, qui assistait à cette fête donnée pour elle, avait pu, dès le commencement, s'échapper par une porte ménagée derrière l'estrade qu'elle occupait.

Quelques mois après ce funeste événement, le sénat reçut une communication officielle de la grossesse de l'impératrice : dès les premiers jours de février, l'impératrice commença à se promener tous les jours sur la terrasse du jardin des Tuileries qui longe la rivière. Pour rendre plus facile l'approche de cette terrasse, il fut ouvert, au rez-de-chaussée et en face de cette allée, une petite porte avec une grille en fer; tout le monde s'empressait sur son passage.

Le 19 mars, les douleurs de l'enfantement se firent sentir, et le lendemain cent un coups de canon apprirent à la capitale et à toute la France qu'un prince venait de naître. Le titre pompeux de roi de Rome fut exhumé pour cet enfant dont on salua le berceau par les plus viles adulations : tous les prélats de l'empire, et particulièrement MM. Maury et de Boulogne rivalisèrent de bassesse avec le sénat. M. de Chateaubriand, Bougnot, Fontanes déclarèrent en termes plus ou moins solennels que le berceau du nouveau né contenait les destinées du monde.

Après la rupture de Napoléon avec la Russie, l'impératrice Marie-Louise accompagna son époux à Dresde, où se réunirent l'empereur et l'impératrice d'Autriche, le roi de Prusse et plusieurs souverains subalternes de l'Allemagne. Mais les désastres de Moscou, Leipsick, tous les malheurs de 1814 ont réduit la France aux abois. Napoléon quitte Paris en promettant d'accélérer son triomphe et son retour ; la régence est conférée à l'impératrice. Malgré les prodiges de valeur et l'habileté de nos généraux, la France est entamée de toutes parts et l'Europe entière est liguée contre elle. Cependant la diplomatie Autrichienne flotte encore entre le désir d'humilier Napoléon et la crainte de renverser la fortune de Marie-Louise. L'or des Anglais agit d'autre part sur la corruption, et le conseil de régence siégeant auprès de l'impératrice est hors d'état de renverser les intrigues du cabinet britannique. Aussi les armées de la coalition touchent-elles bientôt aux portes de Paris.

A la première annonce du danger, Cambacérès, chef du conseil de régence, exhibe un ordre de Napoléon, qui lui prescrit de pourvoir à la sûreté de l'impératrice et du roi de Rome. La régente abandonne Paris, et se retire sur les bords de la Loire, emportant le trésor et traînant après elle les ministres et toute la partie matérielle de la haute administration de l'état. Tandis que Marie-Louise est à Blois, Napoléon, hors d'état de se dissimuler plus long-temps que sa puissance et sa gloire vont recevoir la plus sérieuse atteinte, a recours à des tentatives de négociations auprès de l'empereur d'Autriche son beau-père, alors à Dijon. Mais l'empereur de Russie est sous les murs de Paris, la retraite de Marie-Louise a porté le découragement dans la garde nationale, l'Autriche prête à entrer dans la capitale des Français, repousse les propositions de Bonaparte. Bientôt les deux empereurs et le roi de Prusse occupent Paris. La foule qui avait accompagné l'impératrice à son départ de Paris, était singulièrement éclaircie. La princesse se rendit à Orléans, où chaque nouveau courrier diminuait le nombre des courtisans. Enfin arriva le comte Schouvaloft, bientôt suivi du maître des requêtes, Dudon, envoyé par le gouvernement provisoire pour reprendre les diamants de la couronne.

L'impératrice quitta Orléans à sept heures du soir, toujours sous la protection du comte Schouvaloft. La garde impériale, morne et silencieuse, escortait les voitures de S. M., et se flattait encore de faire auprès d'elle son service à Rambouillet; mais au relais d'Angerville, cette noble élite fut remplacée par des Cosaques qui brandissaient leurs piques autour de son cortège, comme s'il eût fait partie d'un convoi de prisonniers.

L'empereur d'Autriche écrivit à l'impératrice qu'il viendrait incessamment la voir, et déjeuner avec elle... Ce prince en effet arriva dans une calèche découverte toute simple, avec son ministre le prince de Metternich, sans autre suite. Avertie de son approche, l'impératrice suivie de son fils, des dames qui ne l'avaient point quittée, et des autres officiers de sa maison, descendit jusque aux dernières marches de la porte du palais. La calèche de l'empereur d'Autriche s'y arrêta, ce prince s'empressa de descendre, et lorsqu'il fut arrivé près d'elle, cette princesse prit son fils des mains de madame la comtesse de Montesquiou, et le plaça vivement dans les bras de son grand-père, avant d'avoir reçu elle-même ses premiers embrassements. Ce mouvement, qui partait du cœur d'une mère, produisit une émotion visible dans les traits de l'empereur François. Peut-être éprouva-t-il en ce moment quelque regret d'avoir écouté de vieux ressentiments, et d'avoir trop bien secondé la haine de l'Angleterre. Quoiqu'il en soit, ce jour fixa la destinée de l'impératrice et de son fils. Il fut décidé qu'elle se rendrait en Autriche, avant d'aller prendre possession de ses duchés d'Italie.

Avant de la quitter, l'empereur son père lui annonça la prochaine visite de l'empereur Alexandre.

Au jour indiqué, l'empereur Alexandre vint demander à déjeuner à l'impératrice. Il fut d'une telle amabilité, d'une telle aisance, qu'on aurait pu croire qu'il ne s'était passé aucun événement sérieux à Paris. Après le déjeuner, le czar demanda à l'impératrice la permission d'aller voir son fils. Il demanda à être conduit chez le *petit roi :* ce sont ses propres expressions. Il l'embrassa, le caressa et l'examina beaucoup.

Marie-Louise quitta Rembouillet le 23 avril, pour se rendre à Gros-Bois. Le 25, elle vint coucher à Provins.

Poursuivant sa route par Dijon et Béfort, elle passa le Rhin près d'Huningue et quitta la France le 2 mai 1814.

Le 14 septembre de l'année suivante, fut signée à Vienne une convention par laquelle les duchés de Parme devaient être assurés à l'archi-duchesse Marie-Louise, et après elle au fils qu'elle a de Napoléon ; mais deux années plus tard un traité fut signé à Paris entre la France, l'Autriche, l'Espagne, la Grande-Bretagne, la Prusse et la Russie, traité établissant la réversion des états de Parme, après la mort de l'archi-duchesse Marie-Louise, en faveur de l'infante d'Espagne Marie-Louise et de son fils l'infant Charles-Louis, anciens souverains de ces mêmes états de Parme et de Toscane.

En 1822 Marie-Louise, duchesse de Parme, assista en cette qualité, au congrès de Vérone. Depuis, la veuve de Napoléon s'est montrée indigne de sa destinée en contractant un nouveau mariage.

EYNARD.

Eynard (Jean-Gabriel) naquit en décembre 1776 d'une famille française, réfugiée à Genève après la révocation de l'édit de Nantes. Son éducation fut confiée à un précepteur allemand. Sous le règne de Louis XVI, son père avait établi une maison de banque à Lyon. M. Eynard se trouvait dans cette ville lors du fameux siége qu'elle éprouva en 1793; quoiqu'il n'eût encore que dix-sept ans, il entra dans une compagnie de grenadiers, qui fut toujours aux avant-postes, et perdit la moitié de ses soldats.

Après le siége, proscrit et condamné, il se sauva à Genève, où la révolution qui venait d'y éclater força sa famille de se retirer en Suisse. En 1795, il se rendit à Gênes, où il forma une maison de commerce. En 1800, il servit comme canonnier volontaire au siége de cette ville, qui entraîna la perte du quart de la population. L'année suivante, il arriva à Livourne, au moment où le roi d'Etrurie venait d'ouvrir un emprunt dont M. Eynard seul sut apprécier les conditions; il offrit de le remplir seul : ses offres furent acceptées. En rendant un service essentiel à la Toscane, il augmenta considérablement sa fortune. En 1808, il se retira en Suisse, après avoir liquidé ses affaires; il y apporta d'Italie le goût des arts et le désir extrême d'en favoriser le développement. En 1810, il épousa Mlle Lullier de Châteauvieux, personne accomplie sous tous les rapports.

En 1814, lors de la chute de Bonaparte, M. Eynard se rendit à Paris, pour y réclamer auprès des souverains alliés au nom de la reine d'Etrurie, les Etats de Parme et Plaisance. Cette réclamation n'eut pas de succès, quoique lord Castelreagh, qui s'était chargé de la faire valoir auprès des souverains, en eût reconnu la justice.

La Suisse ayant, en 1815, envoyé des députés au congrès de Vienne, M. Eynard y accompagna son oncle, M. Péclet de Rochemond. Là, pendant un séjour de cinq mois, il fit la connaissance des principaux chefs de la haute diplomatie. En 1816, le grand-duc de Toscane l'appela près de lui pour le consulter sur les moyens de rétablir ses finances, et de diminuer le taux usuraire de l'argent, qui s'élevait de douze à quinze pour cent ; M. Eynard fit un emprunt à raison de six pour cent, racheta pour le compte de l'Etat une partie des créances, établit une caisse d'escompte : en peu de mois l'intérêt tomba à son taux naturel. Pour récompense de ses services, le grand-duc conféra à M. Eynard la décoration de l'ordre de St-Joseph, et le nomma chevalier.

Nous avons dit que M. Eynard avait rapporté de l'Italie un vif amour pour les beaux-arts ; il voulut prouver que ce goût chez lui ne se bornait pas à d'oiseuses spéculations. En 1817, il fit construire une maison en pierres de taille, sans consulter aucun architecte : tous les plans sont de son invention ; il dirigea les travaux ; les matériaux sont d'une telle dimension, que les architraves sont d'une seule pièce ; chaque morceau de marbre de la base pèse jusqu'à 180 quintaux. Cette occupation, tout intéressante qu'elle pouvait être, n'était qu'un délassement pour M. Eynard ; il était appelé à concourir à des opérations d'un ordre supérieur. En 1818, le grand-duc de Toscane le chargea d'une mission particulière auprès du congrès d'Aix-la-Chapelle. Deux années après, le même souverain le nomma son conseiller aulique, et lui donna des lettres de noblesse florentine.

C'est en 1825 que commence la plus brillante partie de la carrière de M. Eynard. Le sort des malheureux Grecs, auxquels nous devons nos arts, nos sciences, notre littérature et nôtre civilisation, avait inspiré à notre philanthrope le plus vif intérêt ; il savait que, sans argent, on ne fait rien dans ce monde, et qu'on ne pouvait, sans ce nerf de toutes les affaires terrestres, opérer la délivrance et la régénération d'un peuple qui, s'ennuyant d'user ses fers, voulait définitivement les briser. M. Eynard se rend à Paris, y conclut avec des maisons respectables un emprunt avantageux qui aurait sauvé la Grèce, si la conduite des députés qu'elle avait chargés de stipuler ses intérêts, ne les eût pas indignement trahis. Il était convenu que le comité de Paris dirigerait l'emploi des fonds résultant de l'emprunt ; mais les députés, gagnés par l'appât d'un *pot-de-vin*, préférèrent conclure l'emprunt à Londres : par ce moyen, ils se débarrassaient d'importuns surveillants. Nommé à cette époque membre du comité grec de Paris, il consacra tout son temps à la sainte cause qu'il avait si ardemment embrassée. Il partit pour l'Italie, et chercha partout à réchauffer le zèle des philhellènes : de toutes parts on s'adressait à lui ; il était le point central où aboutissaient tous les efforts, toutes les correspondances qui tendaient à ce noble but.

Lors du mémorable siége de Missolonghi, il écrivit partout pour faire sentir l'urgente nécessité de secourir cette place ; il envoya des secours, stimula le zèle des philhellènes, et contribua particulièrement à exciter, tant en France qu'en Allemagne, cet enthousiasme que rien n'a pu refroidir. Il se rendit à Ancône, pour accélérer le départ des vivres destinés aux assiégés de Missolonghi ; mais il était trop tard, cette ville héroïque n'était plus. M. Eynard ne perdit point courage ; par ses soins, les envois furent dirigés sur d'autres points de la Grèce ; aucun des navires expédiés ne fut pris par les Turcs.

De retour à Florence, il redoubla d'efforts pour subvenir aux besoins des malheureux Hellènes ; quoique conseiller aulique, et dans une position soumise à l'influence autrichienne, il ne cessa de solliciter des secours. Les autorités du pays, le ministre d'Autriche lui-même, n'arrêtèrent pas cette chaleur de philanthropie ; de nombreux chargements de vivres et de munitions partirent de Livourne et des ports de l'Adriatique. Ce fut alors que le roi de Bavière, qui prenait le plus vif intérêt à la cause des Grecs, écrivit à M. Eynard pour lui demander des renseignements : S. M. les reçut ; elle en fut satisfaite. En passant à Florence, elle eut une entrevue avec M. Eynard, et lui envoya ensuite des sommes considérables pour les employer à soutenir la cause de la Grèce. Cette belle cause dominait tous les cœurs chrétiens et sensibles : des comités qui avaient pour but d'en accélérer le succès se formaient dans la majeure partie des Etats de l'Europe. M. Eynard, non seulement devint membre de ces comités, mais il fut encore le centre vers lequel se dirigeaient les secours destinés aux Hellènes. En octobre 1826, il adressa une circulaire aux comités suisses et allemands pour les engager à des souscriptions hebdomadaires : ce projet réussit. M. Eynard disait dans cette circulaire, que divers journaux ont publiée : « Si les autorités et tous ceux qui s'intéressent au sort des Grecs, daignent seconder cette souscription, je prends l'engagement de vouer tout mon temps, toutes mes facultés et une partie de ma fortune à secourir cette malheureuse nation, jusqu'au moment que la Providence aura marqué pour sa délivrance. »

M. Eynard n'appartient à aucun parti ; c'est pour cela que tous les partis se prêtèrent à favoriser ses vues généreuses et philanthropiques : une sorte de bienveillance générale seconda ses travaux ; aucun gouvernement n'entrava ses démarches, sa correspondance ne fut jamais arrêtée, et partout il lui fut permis d'envoyer aux Grecs des secours de tout genre ; on voyait que l'amour de l'humanité était le mobile de ses actions, et que l'esprit de faction n'y entrait pour rien. C'est une justice à rendre à tous les gouvernements : les agents autrichiens n'ont jamais contrarié les opérations de M. Eynard ;

il connaissait personnellement presque tous les ministres étrangers. Cette particularité mérite d'être signalée; un homme pur de tout esprit de parti pouvait seul accélérer le mouvement d'une grande régénération. M. Eynard a correspondu avec tous les philhellènes de l'Europe, avec tous les chefs grecs; sa correspondance est volumineuse.

Lord Cochrane, avant de partir pour la Grèce, se rendit de Marseille en Suisse, chez M. Eynard, pour conférer avec lui.

Les efforts généreux de M. Eynard lui avaient concilié l'admiration de l'Europe; aucune voix accusatrice ne semblait devoir troubler le concert des éloges qu'il recevait de toute part. Cependant à la tribune de la chambre des députés, M. Dudon, à l'occasion des pirateries commises dans les mers de la Grèce, attaqua indirectement les comités philhellènes. M. Eynard démentit publiquement les allégations de M. Dudon, dans une lettre du 21 mai 1826, que plusieurs journaux ont rapportée : « Il y a donc, disait-il, inconvenance et malveillance à jeter de la défaveur sur ceux qui ne cessent depuis deux ans de s'occuper des intérêts de l'humanité et, par le fait, de celui du commerce. Continuons donc à secourir encore les Grecs; finissons l'œuvre que nous avons commencée; encore quelques sacrifices, et nous atteindrons le moment où une protection plus puissante que la nôtre sauvera entièrement ce malheureux peuple. Malgré les propos hasardés de M. Dudon, félicitons-nous de ce que nous avons fait, et, j'ose le répéter encore, loin d'encourir le blâme des puissances chrétiennes, l'instant approche où elles remercieront ceux qui ont nourri les Grecs et empêché leur entière destruction, à une époque où la crainte de troubler la paix de l'Europe retenait la bienfaisance des monarques. Nos secours ont donné le temps à la politique de s'entendre; *ne les cessons que lorsque le sort de la Grèce sera décidé.* »

En 1827, M. Eynard se rendit à Londres, toujours dans

l'intention de servir la cause dont il s'était si hautement déclaré le protecteur ; il écrivit au célèbre sir Mackintosh, et fit
un appel à la nation anglaise, pour la déterminer à soutenir
les opérations de lord Cochrane et du général Church. Ces
documents ont été publiés dans le *Times.* Dans sa lettre à sir
Mackintosh, en date du 10 juin 1827, M. Eynard justifie les
Grecs de toutes les inculpations que l'on faisait peser sur eux.
« Est-ce, dit-il, la nation grecque qu'il faut accuser du désordre de l'emprunt et des désastres des bateaux à vapeur ?
Non, tout le monde le sait. Des divisions intestines ont eu
lieu, c'est vrai ; mais l'histoire de tous les peuples qui commencent est la même, et les Grecs ne sont-ils pas plus excusables que les autres ? Plusieurs chefs ont manqué de vertu,
de probité, de patriotisme, c'est vrai ; cependant aucun n'a
trahi sa patrie en traitant avec les Turcs. Des dilapidations ont
eu lieu en Grèce, c'est vrai ; mais il faut en accuser les emprunts de Londres ; les parcelles échappées au naufrage, au
lieu d'être expédiées en vivres, en munitions de guerre, ont
été envoyées en or à des chefs sortant de l'esclavage ; n'étaitce pas leur envoyer la pomme de discorde ? Les *pirates grecs*
désolent le commerce, c'est vrai ; mais la misère affreuse de
toute une population n'est-elle pas une espèce d'excuse à ces
désordres ? Qu'on se rappelle que les marins de Chio, d'Ipsara, ont tout perdu ; que, depuis trois ans, ils traînent leur
existence dans une patrie ravagée. Quand leurs femmes et
leurs enfants leur demandent du pain, que doivent-ils faire ? »

M. Eynard, pendant son séjour à Londres, proposa d'ouvrir une souscription en faveur des Grecs ; il s'y inscrivit luimême pour une somme de trois cents livres sterlings. Cette
tentative échoua pour deux raisons : la première, c'est que
l'amour-propre britannique se trouva blessé de ne pas voir la
nation paraître en première ligne dans cette noble entreprise ;
la seconde cause doit être attribuée aux dégoûts qu'entraînèrent la mauvaise gestion de l'emprunt et le triste sort des

bateaux à vapeur. M. Eynard eut plusieurs conférences avec les ministres anglais, qui lui firent l'accueil le plus honorable : si nos informations sont exactes, nous sommes portés à croire que les renseignements qu'il leur a donnés contribuèrent puissamment à la signature du traité conclu peu de temps après entre la France, la Russie et l'Angleterre. Le 6 août 1827, M. Eynard adressa aux comités européens une lettre qu'il terminait ainsi : « Il est bien consolant pour nous de voir se confirmer nos pressentiments que l'année 1827 ne se finira pas avant que la lutte affreuse qui désole l'humanité ne soit terminée : encore quelques mois, un seul peut-être, et les maux de la Grèce auront cessé ; soyez-en sûrs, messieurs, la protection des trois puissances sera entière et paternelle, et si les circonstances ont retardé le bienfait, espérons qu'il n'en sera que plus complet. Les monarques qui se sont réunis veulent tous que la Grèce soit régénérée, et les hommes à la tête de leurs affaires mettront leur gloire à prouver à l'Europe que l'union des trois grandes puissances a eu pour seul but de secourir l'opprimé, et de lui rendre une patrie. Heureux les ministres qui auront contribué à cette belle action ! »

Les longs et pénibles travaux de M. Eynard ont dû prendre fin au moment où les trois grandes puissances ont accepté le protectorat de la Grèce, et promis sa délivrance. Le mouvement donné par M. Eynard, après avoir agité tous les cœurs généreux, a porté son impulsion jusqu'aux premiers trônes de l'Europe : grâce à Charles X, notre drapeau flottera bientôt sur les remparts de l'Acropolis. La nomination de M. Capod'Istrias, ami particulier de M. Eynard, comme chef du gouvernement grec, a obtenu tous les suffrages ; on doit tout attendre de cet éloquent diplomate, qui fut sans doute un des premiers mobiles de la vaste expédition entreprise par la Russie. M. Eynard, par sa persévérance, ses fréquents appels à la charité, à la commisération de ses contemporains, sa volonté ferme et constante de faire triompher la cause qu'il avait épousée, a sans doute puissamment contribué à renverser les obstacles qui s'opposaient à ce triomphe désormais assuré. M. Eynard ne s'est pas borné à consacrer tout son temps, toutes ses facultés au succès de cette belle cause, il est un de ceux qui ont fait le plus de sacrifices d'argent, sans compter les secours secrets qu'il a particulièrement envoyés : membre de presque tous les comités d'Europe, il a souscrit dans chacun de ces comités, et nous voyons dans les notes publiées par le seul comité de Paris, qu'il a versé dans sa caisse trente-un mille francs. Nous avons sous les yeux une gazette grecque de l'année dernière qui annonce qu'avant de se dissoudre, l'assemblée nationale a voté des remercîments à M. Eynard, et l'a nommé citoyen grec. La conquête d'une nation est sans doute bien au-dessous de la gloire d'avoir si puissamment contribué à l'affranchir ; il est beau d'être le compatriote d'Aristide, de Solon, de Lycurgue et d'Epaminondas. Il reste encore un beau fleuron à ajouter à la couronne civique de M. Eynard ; la Grèce sera bientôt libre, mais elle a aussi besoin d'être régénérée : ne pourrions-nous pas lui reporter les arts, les sciences, les lettres et la révélation que nous avons reçus d'elle ? M. Eynard lui rendrait encore un éminent service, en favorisant la transplantation de quelques savants, de quelques artistes distingués qui, en fécondant leur génie sous le climat inspirateur de la Grèce, en verseraient les émanations sur les peuples qui l'habitent ; c'est une idée que nous soumettons à sa philanthropie et à ses lumières.

M. DUSILLET.

Claude-Joseph-Antoine-François-Léonard Dusillet, de Dôle, est né en cette ville, le 14 octobre 1769, d'une famille noble et ancienne. Son sixième aïeul, Carle Dusillet, périt sur l'échafaud, victime de sa fidélité aux rois d'Espagne : M. Dusillet n'a point dégénéré de l'esprit de ses pères, et son zèle pour ses légitimes souverains ne s'est jamais démenti. Il a fait ses humanités à Besançon, sous l'abbé Barbelonet, professeur d'un rare mérite. Entraîné vers la littérature par un goût très-vif, il y aurait probablement acquis une plus grande réputation, s'il avait pu se décider à quitter la province, et à secouer cette indolence franc-comtoise, reste du caractère espagnol, et qu'il a si bien peinte dans ces vers :

> Peuple indolent, et dont l'unique affaire
> Est de dormir ou veiller sans rien faire.

Ce n'est qu'à l'âge de trente-cinq ans qu'il a connu son talent pour la poésie, et l'on peut dire qu'il a commencé à un âge où les autres sont près de finir. Il débuta par un discours en vers, *Sur les erreurs de l'esprit humain par rapport au culte,* ouvrage qui lui valut de la part du légat de Pie VI le titre d'orateur chrétien, *défenseur de la foi.* Il publia quelque temps après une ode intitulée *le Poète,* laquelle obtint l'amarante d'or aux Jeux-Floraux. Il fit ensuite plusieurs odes et un petit poème sur la prise de Rome par les Gaulois, pièce qui fut couronnée à l'académie de Niort. Quelques élégies tombées de sa plume, un petit nombre d'odes, le discours et le poème que nous venons de citer, composent tout le recueil des poésies de M. Dusillet. Ce recueil a paru chez le libraire Ladvocat : nous en parlerons dans un autre article. On voit que M. Dusillet a peu écrit, et nous concevons facilement que, relégué au fond d'une province, loin des arts et de ceux qui les cultivent, il se soit laissé aller à ce *far niente*, à cette indolence d'une petite ville où rien n'échauffe le génie, où les journées s'écoulent uniformes, où l'âme, *ce feu qu'il faut nourrir*, s'éteint de toute nécessité parce qu'il ne s'augmente jamais. L'entretien des gens de lettres est nécessaire aux gens de lettres ; la pompe des arts est un besoin pour eux ; les poètes vivent d'illusions comme les amants. On assure que M. Dusillet est resté trente-quatre ans et plus sans venir à Paris, où tout semblait l'appeler, tant l'habitude a de pouvoir, tant il est facile de décourager le talent même, lorsque rien ne le réveille ni ne le soutient. Il est vrai que si l'on en croit le portrait que M. Dusillet a fait de Dôle, il est aisé de se laisser captiver par son site délicieux :

> Bon pélerin, si trouvez en voyage,
> Beau *val d'amour* et beau ciel sans nuage,
> Plaine féconde et tranquille rivage
> Que mollement baigne un fleuve égaré ;
> Si près du fleuve est riant pâturage,
> Côteau vineux, bois touffu, frais ombrage,
> Verte prairie et sillon tout doré ;
> Si, d'aventure avisez tour superbe
> Qui survit seule à d'illustres remparts,
> Mais tour qui tombe et va mêler sous l'herbe
> Ses vieux débris à leurs débris épars ;
> Si rencontrez peuple d'humeur paisible,
> Brave et courtois, généreux et sensible,
> Fidèle à Dieu, soumis à son devoir,
> Qui n'a souci de l'or ni du pouvoir,
> Peuple indolent, et dont l'unique affaire
> Est de dormir ou veiller sans rien faire,

Gardez-vous bien d'aller dormir ailleurs ,
Restez ici dans la mousse et les fleurs ;
Dôle est le nom du pays où vous êtes.
On trouve à Dôle un bois obscur et frais ,
Jamais l'amour n'y trahit ses secrets ,
Et les plaisirs, sous des myrtes discrets ,
Y sont bercés par les grâces muettes.

Ces vers sont tirés de la chronique d'*Yseult de Dôle*, roman poétique, dont tous les chapitres commencent par des vers semblables à ceux-ci ; ce qui fit dire à l'époque où ce roman parut chez Hubert, que les prologues d'*Yseult* rappelaient la manière de Voltaire. L'auteur avait voulu prouver que, sans néologisme, il était possible de faire de la prose aussi pleine d'images, aussi *éblouissante*, que la prose de nos jeunes romanciers. Nous nous proposons de consacrer un article spécial à cette charmante production, le plus beau titre de gloire de M. Dusillet.

Bien que né sous l'influence funeste du dix-huitième siècle, M. Léon Dusillet avait pressenti tout ce que la poésie réclamait de nouveauté pour se présenter avec quelques charmes aux yeux des Français, fatigués de sa monotonie ; mais par respect pour l'école de ses maîtres de Paris, le jeune provincial s'efforçait de rétrécir son génie dans le cercle ennuyeux de l'imitation. Néanmoins en dépit de la routine et des beaux-esprits, quelques petites escapades romantiques signalèrent le talent de M. Dusillet. Dans *Yseult do Dôle*, tout en protestant de son attachement à l'orthodoxie académique, dans laquelle il déclare vouloir vivre et mourir, le romancier des vieilles coutumes tombe à chaque pas dans l'hérésie, et laisse entrevoir malgré lui son coupable penchant pour la littérature réformée. Puisque nous ne craignons pas d'exposer M. Dusillet à être brûlé par les *perruques* de l'inquisition académique, il faut appuyer notre accusation sur des preuves certaines : elles ne nous manqueront pas ; et parmi toutes celles qui se présentent à nous dans les ouvrages du maire de Dôle, nous choisirons le passage suivant.

Lara, amant d'Elmire, épouse de Tellès, vient de dénoncer ce dernier au grand inquisiteur. L'auteur peint le trouble qui s'empare de Lara, après son crime :

> Une froide sueur de tout son corps ruisselle,
> Et dans Madrid désert, qu'il ne reconnaît pas,
> Il erre, épouvanté du seul bruit de ses pas.
> L'indomptable remords dans son âme s'élève;
> Il voit fumer du sang, il voit marcher un glaive;
> Il voit en tourbillons des flammes s'élancer.
> Une invisible main qui semble le pousser,
> Le jette aux pieds des murs qu'habite sa victime,
> Murs encore témoins d'un bonheur légitime;
> Il recule effrayé; des sons pleins de douceur
> Captivent son oreille et coulent dans son cœur.
> Elmire !... elle chantait, et d'une voix paisible
> Confiait ses amours à la harpe sensible;
> Lara, tremblant, écoute et ne peut respirer;
> D'un charme qu'il redoute il se sent enivrer;
> De son fatal amour il reconnait la trace;
> Il se roule, indigné, sur le seuil qu'il embrasse;
> Comme un tigre puissant qu'un Nègre a terrassé,
> Mord le trait douloureux dans sa plaie enfoncé.
> Il s'échappe à la fin, mais il écoute encore;
> Il s'abreuve des sons d'une voix qu'il adore,
> Et, malgré lui, des pleurs ont coulé de ses yeux.
> Tel, haï de son peuple et réprouvé des cieux,
> Saül, que Dieu pressait de ses mains redoutables,
> Effrayait Benjamin de ses cris lamentables,
> Et du fils d'Isaï les accords inspirés
> Rendaient seuls quelque paix à ses sens déchirés.

M. Dusillet consacre aux Muses le peu de loisirs que lui laisse une administration ennuyeuse et pénible ; on ne conçoit pas qu'un homme, qui pourrait si bien employer son temps, descende jusqu'aux détails d'un budget de petite ville, jusqu'aux soins d'une police minutieuse. Maire trois fois réélu, il s'occupe à faire fleurir les arts dans sa patrie ; la ville de Dôle doit à sa constante sollicitude un musée, une école de dessin, de sculpture, de musique mutuelle et des sciences appliquées aux arts, d'après la méthode de M. Dupin. Il a rouvert et considérablement accru la bibliothèque publique, et le Roi, à sa prière, vient d'accorder son portrait en pied à la ville de Dôle.

L'extérieur de M. Léon Dusillet répond à l'idée que l'on a pu concevoir de sa personne en parcourant ses écrits ; un front large et élevé, de grands yeux remplis de vivacité, une bouche spirituelle, un ensemble de tête fortement constitué ; telle est l'esquisse imparfaite du portrait de ce poète. Comme tous les hommes d'un talent véritable, M. Dusillet a de la simplicité dans les manières, de la bonté, de l'affabilité dans ses rapports avec les jeunes gens. Administrateur habile, il a su conserver la paix et la concorde dans une ville habitée par des jésuites ; sans jamais flatter le pouvoir, il fait respecter et chérir l'autorité du Roi, et fléau des factieux de tous les partis, les libertés constitutionnelles le considèrent comme un de leurs plus sincères partisans. Poète et magistrat, M. Dusillet avait droit à la bienveillance d'un gouvernement ami des lettres et de la justice ; aussi l'auteur d'*Yseult de Dôle*, ainsi que MM. Casimir Delavigne, Soumet et Victor Hugo, porte-t-il à sa boutonnière le ruban de la Légion-d'Honneur.

M. L'ABBÉ PRINCE ALEXANDRE DE HOHENLOHE.

Alexandre-Léopold, prince de HOHENLOHE-WALDENBOURG-SCHILLINGSFURST, né le 17 août 1793, est le dix-huitième et dernier enfant de Charles-Albert, prince régnant de Hohenlohe, et de Judith de Rewitzky, fille d'un magnat de Hongrie. Ayant perdu son père à l'âge de deux ans, il fut d'abord élevé par sa mère, qui, à sa naissance, l'avait destiné dans le secret de son cœur pour le service des autels ; elle le confia aux soins d'un ancien jésuite, le P. Riel, du nombre de ceux que le grand-père du prince avait autrefois réunis à Schillingsfurst pour l'éducation de la jeunesse. Le jeune Alexandre laissait entrevoir un penchant marqué pour l'état ecclésiastique, lorsqu'on entreprit de lui donner une autre direction. Son frère aîné, le prince Joseph, avait été tué en 1800 d'un boulet de canon sur le champ de bataille près d'Ulm ; le prince régnant d'alors était veuf depuis 1803, sans descendants mâles, et ses deux autres frères, engagés dans l'état militaire, en couraient continuellement tous les dangers : il paraissait donc important de prévenir l'extinction de cette noble famille. D'ailleurs, les dignités de l'église qui semblaient convenir à une naissance aussi illustre avaient disparu. En conséquence on mit tout en œuvre pour faire quitter au prince l'inclination qu'il manifestait ; mais tout fut inutile. Lui offrait-on des armes pour amusement de son âge, ou voulait-on le conduire à la chasse, il demandait à rester au château pour y *jouer à la chapelle.*

En 1804, sa onzième année, il sortit de l'éducation domestique, et entra au collége Thérésien, à Vienne, pour y faire ses humanités. En 1808, et d'après la volonté de sa mère, il alla faire sa philosophie dans l'académie de Berne, d'où, après un

séjour de deux ans, il retourna à Vienne en 18,0. Ce voyage
lui donna occasion de passer quelques jours dans sa famille,
où on lui fit de nouvelles instances, et d'une manière d'autant
plus pressante, qu'un second de ses frères venait de trouver
la mort dans les combats. Mais toutes ces tentatives ne firent
qu'affermir sa première vocation. Ayant donc achevé son cours
de philosophie, il entra au séminaire de Vienne pour y commencer ses études de théologie, qu'il continua au séminaire
de Strigonie, et termina dans celui d'Ellwangen, où il reçut
les ordres sacrés, entre autres la prêtrise le 16 septembre 1815,
des mains de l'évêque suffragant, le prince François-Charles,
son oncle, qui partageait avec lui sa maison et sa table. A
peine eut-il célébré sa première messe, qu'il se rendit à Schillingsfurst pour y exercer les fonctions pastorales. Arriva la
malheureuse année de 1816 ; et pour surcroît de calamité,
une fièvre contagieuse se joignit dans la paroisse à la disette
générale. Malgré tous les dangers qu'il courait pour sa propre
vie, le jeune prince se rendait le jour et la nuit dans les lieux
où l'appelaient la maladie et la misère.

Vers la fin de la même année, époque à laquelle se négo-
ciait le concordat entre le Saint-Siége et la Bavière, il fit le
voyage de Rome, accompagné d'un peintre. Il voulait
étudier avec fruit les chefs-d'œuvre dont l'Italie abonde,
satisfaire l'intérêt que les beaux-arts lui ont toujours inspiré,
et avoir en même temps une occasion d'approcher de la personne du pape Pie VII. Il paraît que des personnes à qui une
semblable démarche ne plaisait pas trop, firent de grands efforts pour l'empêcher d'être présenté au saint père, et même
pour le lui rendre suspect ; mais ce fut en vain. Pie VII, dans
une première audience, le reçut avec une bienveillance et une
affection toute paternelle, lui annonça que, tout le temps qu'il
séjournerait encore à Rome, il avait chaque matin ses entrées
libres ; enfin, le jour de Noël, il le fit placer à côté de lui pendant l'office solennel à l'église de Saint-Pierre.

Le prince, logé au collége Romain, y fit une retraite de quelques jours ; puis, dans la compagnie d'un de ses amis, le secrétaire du cardinal della Genga, actuellement Léon XII, il visita les monuments ainsi que les personnages les plus illustres de Rome.

En 1821, le prince d'Hohenlohe étant allé prêcher dans l'église catholique de Cobourg, y fit la connaissance d'un paysan nommé Martin Michel, qui lui parla des guérisons extraordinaires que l'on obtenait en récitant telle ou telle prière, accompagnée de certaines intentions. Le prince suivit les conseils qui lui furent donnés, et bientôt acquit une grande réputation pour ses cures miraculeuses. Le 20 juin de l'année ci-dessus, eut lieu la guérison de la princesse de Schwartzemberg, attribuée aux prières du prince d'Hohenlohe. L'éclat qui fut donné à ce miracle étendit au loin la renommée de celui auquel il était attribué, et la popularité qui s'attacha de ce moment à ce prince surnaturel, décida la police à réprimer les mouvements dangereux qu'il pouvait exciter dans la canaille ignorante et superstitieuse. On laissa au prince la liberté de faire des miracles, mais seulement en présence d'un mandataire de l'autorité. De tout temps les hommes extraordinaires n'ont point aimé la surveillance, et, comme tous ses prédécesseurs, le prince ne voulut pas agir devant témoins ; il se contenta d'écrire au pape pour le consulter sur la conduite à tenir dans cette circonstance. Pie VII répondit qu'il fallait user de prudence, sans toutefois résister à la volonté du ciel. Le prince prit alors le parti d'écrire aux malades qui avaient recours à lui, et de leur indiquer par lettres le jour et l'heure où le miracle devrait s'opérer. On assure que plusieurs personnes en France ont ressenti les effets miraculeux des prières de ce prince.

M. L'ABBÉ GRÉGOIRE.

Le comte Henri GRÉGOIRE naquit le 4 décembre 1760, à Vétro, près de Lunéville. Ses premières études eurent pour objet le droit public et la littérature. Très-jeune encore, il obtint une couronne à l'académie de Nancy pour un petit ouvrage intitulé : *Éloge de la Poésie*. Plus tard, ayant embrassé l'état ecclésiastique, il fut nommé à la cure d'Ambermesnil en Lorraine, et publia un *Essai sur l'amélioration de l'état des Juifs*, qui attira sur lui l'attention publique. Envoyé aux états-généraux par le clergé de sa province, il fut un des premiers à se réunir au tiers-état, et assista au serment du jeu de paume. Dans les assemblées constituante et législative, il siégea toujours à gauche.

Le 21 septembre 1792, Collot-d'Herbois émit le premier, dans la séance de ce jour, le projet d'abolir la royauté ; mais M. Grégoire fut celui qui l'énonça avec plus de force. « Certes, dit-il, personne de nous ne proposera jamais de conserver en France la race funeste des rois. Nous savons trop bien que toutes les dynasties n'ont jamais été que des races dévorantes qui ne vivaient que de chair humaine. Mais il faut pleinement rassurer les amis de la liberté. Il faut détruire ce talisman dont la force magique serait propre à stupéfier encore bien des hommes. Je demande donc que, par une loi solennelle, vous consacriez l'abolition de la royauté. » Un membre ayant proposé de discuter cette proposition, M. Grégoire reprit vivement la parole : « Eh ! qu'est-il besoin de discuter, dit-il, quand tout le monde est d'accord? Les rois sont, dans l'ordre moral, ce que les monstres sont dans l'ordre physique. Les cours sont l'atelier des crimes et la tanière des tyrans. L'histoire des rois est le martyrologe des nations. Dès que nous sommes tous également pénétrés de cette vérité, qu'est-il besoin de discuter? » Ce fut apparemment ce zèle qui procura à M. Grégoire l'honneur d'être nommé, peu après, président de la convention nationale. Il y prononça, le 15 novembre 1792, un discours sur un jugement mémorable. Voici les passages les plus remarquables de ce discours : « La postérité s'étonnera sans doute qu'on ait pu mettre en question si une nation entière a le privilége de quiconque délègue, et si elle peut juger son premier commis. Il y a seize mois aujourd'hui, qu'à cette tribune, j'ai prouvé que Louis XVI pouvait être mis en jugement. J'avais l'honneur de figurer dans la classe peu nombreuse de patriotes qui luttaient, mais avec désavantage, contre la masse de brigands de l'assemblée constituante. » L'orateur réfute le principe de l'inviolabilité du roi, puis il continue ainsi : « La royauté fut toujours pour moi un objet d'horreur; mais Louis XVI n'en est plus revêtu. Je me dépouille de toute animadversion contre lui, pour le juger d'une manière impartiale; d'ailleurs, il a tant fait pour obtenir le mépris, qu'il n'y a plus de place à la haine.... Rappelez-vous toutes ses perfidies, et voyez s'il n'a pas réduit l'art de la contre-révolution en système, et s'il ne fut pas toujours le chef des conspirateurs... Quel homme s'est joué, avec plus d'effronterie, de la foi des serments?... Ce digne descendant de Louis XI venait, sans y être invité, dire à l'assemblée, que les ennemis les plus dangereux de l'état étaient ceux qui répandaient des doutes sur sa loyauté. Il rentrait ensuite dans son tripot monarchique, dans ce château qui était le repaire de tous les crimes. Il allait avec Jésabel, avec sa cour, combiner et mûrir tous les genres de perfidie. »

» Grâces à Louis XVI et aux émigrés, plus que jamais l'univers saura ce que valent la parole d'un roi et la foi d'un gentilhomme... Quoi! celui qui s'efforça sans cesse d'égarer l'opinion publique, d'avilir les législateurs, de paralyser la volonté nationale, d'étouffer la liberté, de déchirer le sein de la patrie, d'affamer, d'égorger un peuple qui avait accumulé les honneurs sur sa tête, qui économisait des deniers de misère pour l'assouvir, cet homme eût été le roi d'un peuple généreux! Non, il n'en fut jamais que le bourreau, et dès-lors il est pour nous un prisonnier de guerre, il doit être traité comme un ennemi... Est-il un parent, un ami de nos frères immolés sur la frontière ou dans la journée du 10 août, qui n'ait eu le droit de traîner le cadavre aux pieds de Louis XVI, en lui disant : Voilà ton ouvrage! Et cet homme ne serait pas jugeable! Législateurs, pourquoi donc êtes-vous ici?.... Vos commettants ne vous ont-ils pas chargés de prononcer sur son sort?... L'histoire, qui burinera ses crimes, pourra le peindre d'un seul trait. Aux Tuileries, des milliers d'hommes étaient égorgés par son ordre; il entendait le canon qui vomissait, sur les citoyens, le carnage et la mort, et là il mangeait, il digérait. Ses trahisons ont enfin amené notre délivrance... Il importe au bonheur, à la liberté de l'espèce humaine que Louis soit jugé... La raison approche de sa maturité; elle sonne le canon d'alarme contre les tyrans... Tous les monuments de l'histoire déposent que les rois sont la classe d'hommes la plus immorale....; que cette classe d'êtres purulents fut toujours la lèpre des gouvernements et l'écume de l'espèce humaine. Dans toutes les contrées de l'univers, ils ont imprimé leurs pas sanglants; des millions d'hommes, des milliards d'hommes, immolés à leurs querelles atroces, semblent, du silence des tombeaux, élever la voix et crier vengeance... Qu'arriverait-il, si, au moment où les peuples vont briser leurs fers, vous assuriez l'impunité à Louis XVI ? L'Europe douterait si ce n'est pas pusillanimité de votre part. Les despotes saisiraient habilement ce moyen d'attacher encore quelque importance à l'absurde maxime qu'ils tiennent leurs couronnes de Dieu et de leur épée, d'égarer l'opinion, et de river les fers des peuples au moment où les peuples, prêts à broyer ces monstres qui se disputent les lambeaux des hommes, allaient prouver qu'ils tiennent leur liberté de Dieu et de leurs sabres. L'impunité d'un seul homme serait un outrage à la justice, un attentat contre la liberté universelle... »

Six jours après ce discours, M. Grégoire eut à répondre, en qualité de président, aux députés des Savoyards nouvellement conquis. Sa réponse fut fort applaudie dans l'assemblée. L'orateur dit entre autres : « Dès l'origine des sociésés, les rois sont en révolte ouverte contre les nations, mais les narions commencent à se lever en masse pour écraser les rois... Il arrive donc ce moment, où l'orgueil stupide des tyrans sera humilié, où les négriers et les rois seront l'horreur de l'Europe purifiée, où leur perversiié héréditaire n'existera plus que dans les archives du crime... Les efforts des rois sont le codicile de la royauté... Les statues des Capet ont roulé dans la poussière, elles se changent en canons pour les foudroyer s'ils osaient relever la tête pour lutter contre la nation. Si quelqu'un tentait de nous imposer de nouveaux fers, nous les briserions sur sa tête. La liberté ne périra chez nous que quand il n'y aura plus de Français, et périssent tous les Français plutôt que d'en voir un seul esclave ! »

Le 27 novembre 1792, le même orateur fit un rapport sur la réunion de la Savoie à la France. Ce rapport fut très-goûté dans la convention. Nous n'en citerons que ces phrases : « Les peuples trouveront toujours en nous appui et fraternité, à moins qu'ils ne veuillent remplacer les tyrans par des tyrans. Car, si mon voisin nourrit des serpents, j'ai droit de les étouffer par la crainte d'en être victime... Le sort en est jeté, nous sommes lancés dans la carrière. Tous les gouvernements sont nos ennemis, tous les peuples sont nos amis. Nous serons dé-

truits, ou ils seront libres. Ils le seront, et la hache de la liberté, après avoir brisé les trônes, s'abaissera sur la tête de
quiconque voudrait en rassembler les débris. »

Au mois de jánvier 1793, lors du jugement de Louis XVI,
M. Grégoire était absent. Il avait été envoyé en Savoie pour
y organiser la révolution. Voici la lettre qu'il écrivit de Chambéry à la convention, et qui fut signée par ses trois collègues,
Hérault, Simon et Jagot : « Nous apprenons par les papiers
publics que la convention doit prononcer demain sur Louis
Capet. Privés de prendre part à vos délibérations, mais instruits, par une lecture réfléchie des pièces imprimées, et par
la connaissance que chacun de nous avait acquise depuis long-
temps des trahisons non interrompues de ce roi parjure, nous
croyons que c'est un devoir pour tous les députés d'annoncer
leur opinion publiquement, et que ce serait une lâcheté de
profiter de notre éloignement pour nous soustraire à cette
obligation. Nous déclarons donc que notre vœu est pour la
condamnation de Louis Capet par la convention, sans appel
au peuple. Nous proférons ce vœu dans la plus intime conviction, à cette distance des agitations où la vérité se montre sans
mélange, et dans le voisinage du yran piémontais. »

Cette lettre est authentique. Elle a été copiée aux archives
sur l'original des procès-verbaux de la convention, et la copie
en a été certifiée par le garde des archives, feu Camus, ami de
l'auteur. D'ailleurs, M. Grégoire a lui-même reconnu [cette
lettre, et l'a fait insérer en entier dans un petit écrit destiné à
persuader qu'il n'avait pas voté la mort de Louis XVI. Dans
cet écrit, qui est sous le nom de M. Moyse, évêque constitutionnel du Jura, et qui a été inséré dans les *Annales de la Ré-
ligion* (de Desbois), tome 14, pages 35 et suivantes, on fait
cette question : « A quoi M. Grégoire voulait-il que Louis XVI
fût condamné ? » et on répond : « A l'existence. » Plus bas,
l'auteur répète que M. Grégoire « voulait que Louis XVI fût

condamné à vivre. » Il faut être de bon compte ; cette explication ne paraît pas très-concluante, et sans la gravité du sujet, on la prendrait pour une mauvaise plaisanterie.

A l'appui de son apologie, M. Moyse, dans l'écrit que nous venons de citer, rapporte un passage du discours de M. Grégoire, du 15 novembre 1792, dont nous avons déjà donné quelques extraits. Voici ce passage, qui paraît en effet atténuer le vote de M. Grégoire : « Et moi aussi je réprouve la peine de mort, et je l'espère, ce reste de barbarie disparaîtra de nos lois. Il suffit à la société que le coupable ne puisse plus nuire. Assimilé en tout aux autres criminels, Louis Capet partagera le bienfait de la loi, si vous abrogez la peine de mort. Vous le condamnerez alors à l'existence, afin que l'horreur de ses forfaits l'assiége sans cesse, et le poursuive dans le silence de la solitude. » M. Moyse conclut de là, que son collégue n'a *condamné* Louis XVI *qu'à vivre*. Mais dans ce passage même, M. Grégoire ne parle pas formellement contre la mort de l'accusé. Il dit que Louis *partagera le bienfait de la loi, si on abroge la peine de mort*. Mais si on ne *l'abroge* pas, Louis, qui est *assimilé en tout aux autres criminels, doit subir le même sort qu'eux*. Or, au mois de janvier 1793, quand M. Grégoire écrivit sa lettre, la peine de mort n'avait pas été abrogée. Il le savait. Le roi devait donc, dans les principes de l'auteur, être *assimilé en tout aux autres criminels, et subir le même sort qu'eux*. Le *condamner* alors, c'était donc le destiner à la même peine, d'autant mieux que l'auteur a soin d'écarter l'appel au peuple, qui avait été invoqué pour sauver Louis.

Au surplus, M. Grégoire a pris lui-même la peine d'éclaircir la question, et de mettre dans le plus grand jour son sentiment sur le jugement de Louis XVI. Il a composé, en l'an 2, après la mort du Roi, un petit écrit, intitulé : *Essai historique et patriotique sur les arbres de la liberté*. Le nom de l'auteur y est en toutes lettres, avec sa qualité de *membre de la convention nationale*. Or, dans cet écrit, M. Grégoire rappelle plusieurs fois, quoique sans beaucoup de nécessité, la fin tragique de Louis XVI, et la manière dont il en parle n'est pas tout à fait d'un homme qui déplorât cette fin. Il dit, par exemple : « Tout ce qui est royal, ne doit figurer que dans les archives du crime. La destruction d'une bête féroce, la cessation d'une peste, la mort d'un roi, sont pour l'humanité des motifs d'allégresse. Tandis que par des chansons triomphales nous célébrons l'époque où le tyran monta sur l'échafaud, l'Anglais avili porte le deuil anniversaire de Charles Ier, l'Anglais s'incline devant Tibère et Séjan.... »

Quelques lignes plus bas, l'auteur dit : « Ah ! qu'ils ne se découragent point (les patriotes anglais); qu'ils aient une marche intrépide et concertée. La massue de la vérité est en leurs mains. Avec elle ils terrasseront les brigands de la cour de Saint-James, et planteront sur les cadavres sanglants de la tyrannie l'arbre de la liberté, qui ne peut prospérer s'il n'est arrosé du sang des rois. » Assurément, M. Grégoire ne pouvait manifester d'une manière plus précise et plus franche son sentiment sur la mort des rois. Il poursuit ainsi : « La main impure de Capet avait déshonoré un arbre planté dans le Jardin national au nom de la liberté qu'il voulait assassiner ; la convention a autorisé à le renverser.... Alors ils (les peuples) courront aux armes pour exterminer jusqu'au dernier rejeton de la race sanguinaire des rois. »

Enfin, l'auteur s'explique avec non moins de force encore dans ce curieux passage, le dernier que nous ayons à citer : « Aristogiton, que Thucydide et Lucien nous peignent comme le plus pauvre et le plus vertueux de ses concitoyens, comme un vrai *Sans-Culotte*, de concert avec son ami Harmodius, tua le *Capet* d'Athènes, le tyran Pisistrate, qui avait à peu près l'âge et la scélératesse de celui que nous avons exterminé. » *Que nous avons exterminé !* Il est difficile d'être plus clair et plus énergique. Ainsi, nous croyons l'opinion pu-

blique suffisamment éclaircie sur la conduite du prêtre Grégoire dans le procès du malheureux Louis XVI.

Le 8 août 1793, l'assemblée nationale rendit un décret ainsi
conçu : « Toutes les académies, sociétés scientifiques ou littéraires, patentées ou dotées par la nation, sont supprimées.
Rapporteur de la commission, M. Grégoire motiva la suppression de l'académie française, principalement sur ce que Molière, Lesage, Dufresnoy, Pascal, Bourdaloue, Rousseau,
Piron, Regnard, Helvétius, Diderot, Mably n'en furent pas
membres. Si la même question se représentait aujourd'hui,
l'honorable rapporteur pourrait joindre à cette liste le nom du
premier poète du siècle. Il est certain que M. Grégoire donna
une grande preuve de courage, lorsqu'au milieu du scandale
de l'apostasie, seul, de tous les évêques conventionnels, il
refusa de renoncer à sa foi, non pas qu'il ait confessé la religion à la façon des martyrs, mais enfin il résista ; tandis que le
faible Gobel jouait l'athéisme par frayeur.

Quelques années se passent, et M. Grégoire devient plus to-
lérant ; il contribue de tous ses moyens à l'établissement du
conservatoire des arts et métiers : insensiblement, ce fougueux
républicain, rendu plus traitable, accepte avec reconnaissance
un titre nobiliaire. Le voilà comte féodal, membre du corps
législatif, silencieux représentant d'un peuple esclave. En
1819, nommé député d'un département qui, en cette occasion, abusa de la liberté constitutionnelle, il fut repoussé
avec indignation du sein de la chambre élective.

Litho. de Montoux, rue du Paon, N.º 1.
E. Gratiel f.
Bolivar

BOLIVAR.

Simon BOLIVAR naquit à Caracas, en 1779, d'une famille où la richesse et l'éducation étaient depuis long-temps héréditaires. A peine en état de porter les armes, il servit dans les milices de son pays ; mais bientôt entraîné par son goût pour l'étude, et ne trouvant aucun moyen de le satisfaire, il passa en Espagne avec la permission du gouvernement, et vint se fixer à Bilbao, où habitait son oncle le marquis de Toro. Bolivar menait la vie la plus tranquille et la plus régulière, n'abandonnant ses livres que pour aller visiter quelques amis ou la famille de son oncle. Le marquis avait une fille dont les charmes firent impression sur le cœur de Bolivar, et la cousine, en retour, ne fut pas indifférente aux soupirs de son cousin. Thérésita, c'était le nom de la jeune espagnole, fut accordée en mariage à son amant, et l'heureux Bolivar s'empressa de conduire à Caracas sa jeune épouse, afin de la présenter à sa famille. Bonheur éphémère ! soit fatigue de la traversée, soit intempérie du nouveau climat, la fille du marquis de Toro avait à peine demeuré quelques semaines en Amérique, et déjà elle n'était plus. Une profonde douleur accablait l'âme de son époux ; dans toutes les lettres qu'il adressait à ses amis, il ne parlait que de son désespoir. Pour étourdir un peu sa douleur, il vint à Paris.

A Bilbao, Bolivar s'était lié d'amitié avec le jeune Dehollain, envoyé en Espagne pour y étudier la langue du pays et se former un peu au maniement des affaires commerciales. Ce jeune homme, qui était alors de retour au milieu de sa famille, n'eut pas plus tôt appris la douleur de son ancien camarade et son arrivée à Paris, qu'il s'empressa de lui écrire, l'engageant à venir le trouver à Cambrai, et lui promettant toutes les distractions qui étaient en son pouvoir. Nous avons sous les yeux la réponse de Bolivar, écrite de sa main ; persuadés qu'elle ne sera pas sans intérêt pour nos abonnés, nous nous empressons de la copier, en conservant textuellement l'orthographe :

Paris le 4 de Aout 1804

A Monsieur Alexandre Dehollain à Cambrays

Mon chere ami Dehollain : j'ai reçu votre lettre du 29 julliet par la quelle vous me faite part de votre arrivée auprès des vos parens : je partage avec vous cette satisfaction et vous en félicite du fond de mon cœur, pussiéz vous en jouir aussi long temps que je le desire et ne quitter un séjour si agréable, qu'après avoir épuisé les sources de ce charment asile de votre bonheur.

Le silence de mon peis, et la monotonie qu'y régne avet portét à mon ame l'ennuy le plus térrible ; et même le déséspoir : c'est pour qois j'ai quité le sin de ma famille pour venir à cette capitale à me distrere et peut être si j'allet chéz vous, retomberét dans mon chagrin, qoique votre sociólé me est duce et infiniment consolente. Paris me plait, et sependant, je ne suis pas content. Il me semble que le maluer ne veu pas me desemparer. En fin : je te souéte le bonheur dont je ne pui geuter et soyéz persuadé de ma sincere amitie.

Votre trés tataché
BOLIVAR.

Les spectacles, les bals et les maisons de plaisirs étaient
pour Bolivar le fleuve du Léthé. Descendu à l'hôtel des Lil-
lois, rue Richelieu, il y menait grand train, ayant à son service domestiques, remise et beaux appartements. Les plaisirs
délicats, et surtout la société des femmes aimables, coûtent
un peu cher à Paris. Le jeune Américain augmenta encore
ses dépenses, en visitant l'Angleterre, l'Italie et une partie
de l'Allemagne, dans la société de M. de Humboldt. De retour
dans la capitale, il s'aperçut que l'argent venait à manquer, et
qu'il était prêt à *retomber dans son chagrin*. Alors il se souvint
de son ami de Bilbao, afin d'obtenir de lui la somme nécessaire pour retourner à Caracas. Il avait amené avec lui et
placé à l'école de Sorèze deux fils de son frère aîné, don Juan
Vicente ; il fallait payer leur pension, et les fonds à ce destinés
avaient passé ailleurs. La générosité de M. Dehollain vint au
secours de son ancien ami : il lui prêta une somme assez forte,
et Bolivar partit, en lui disant : *Mi reconocimento sera eterno.*
Comme l'Angleterre était alors en guerre avec l'Espagne, il
ne put traverser ce dernier pays, et s'embarqua à Nantes sur
un vaisseau américain, qui faisait voile pour Charlestown.

De retour en Amérique, Bolivar écrivit à son bienfaiteur,
lui promettant de lui faire tenir son argent aussitôt arrivé à
Caracas, soit en billets, soit en denrées coloniales. M. Du-
hollain attendit : un an se passe, point de nouvelles de Bolivar ; deux ans, cinq ans sont écoulés, et les promesses ne re-
çoivent aucune exécution. Sans doute, disait le créancier,
mon ami sera mort en allant de Charlestown à Caracas. Voilà
qu'au mois de mars 1812, le bruit se répand en France que le
colonel Bolivar, à la tête d'un corps de six mille indépendants,
traversant les montagnes de Tunza et de Pamplona, était arrivé
jusqu'aux limites de la Nouvelle-Grenade, sur les bords de la
Tachira ; qu'après avoir défait quelques partis royalistes, il
avait marché sur Ocana, pour pénétrer de ce côté dans le
pays de Vénézuéla ; qu'il avait attaqué l'ennemi à Cuenta,

l'avait mis en déroute et s'était emparé du département de Mérida. A cette nouvelle, M. Dehollain crut avoir retrouvé les sommes qu'il avait avancées. Apprenant que l'Amérique avait envoyé à Londres un chargé d'affaires, il passa en Angleterre, et ayant obtenu une audience du ministre américain, il lui remit des lettres que celui-ci se charga de faire tenir au général Bolivar : ces lettres demeurèrent sans réponse.

Les Espagnols et les indépendants ne respectaient nullement le droit des gens dans la guerre qu'ils se faisaient. Les royalistes avaient donné les premiers l'exemple de la cruauté, Bolivar ne voulut pas montrer moins de barbarie que ses ennemis ; tous les prisonniers étaient traités inhumainement, et n'obtenaient la mort qu'au milieu des plus horribles supplices. Puerto Cabello fut assiégée par les troupes des indépendants, et fut bientôt réduite en leur pouvoir. Je dois rapporter un fait assez curieux qui se passa à ce siége, et qui prouve non moins l'admirable esprit des insurgés, que le pouvoir presque absolu du général en chef sur les troupes qu'il commandait. Un bataillon entier n'avait pas satisfait Bolivar dans la manière dont il avait repoussé l'attaque d'un corps de troupes ennemies, et pour cette raison avait reçu l'ordre de déposer ses armes : les soldats obéirent sans faire entendre aucune plainte, et conservèrent toutefois le même ordre et la même discipline qu'ils avaient auparavant. A la première bataille, ils demandèrent la permission de marcher à l'ennemi, n'ayant d'autres armes que des bâtons en forme de piques, et se précipitèrent sur un régiment espagnol qu'ils culbutèrent, et auquel ils enlevèrent ses sabres et fusils. Le général leur permit de conserver ces armes. A la suite de cette victoire, les habitants de Caracas, s'apercevant que la dictature confiée à Bolivar se consolidait de manière à inquiéter les amis de la liberté, lui donnèrent l'ordre de rendre ses comptes, et de déposer l'autorité souveraine entre les mains de leurs magistrats : il obéit après quelques hésitations, et contents de son obéissance, les notables de la ville l'engagèrent à conserver encore la direction des affaires publiques avec le commandement des armées.

Incapable de combattre des hommes libres qui préféraient la mort à de nouvelles chaines, le parti espagnol imagina d'armer contre eux des esclaves et des brigands. A leur tête fut placé ce terrible Puy, dont le nom seul signifiait dans les campagnes le carnage et l'incendie. Ce brigand arrive à Barinas et fait égorger cinq cents habitants ; il s'apprêtait à poursuivre le cours de ses assassinats, lorsque Bolivar entre dans la ville et chasse les royalistes ; apprenant bientôt les massacres qui viennent d'avoir lieu, il ne peut commander à son indignation, et livre à la fureur de ses soldats les prisonniers qu'il a faits : huit cents de ces malheureux sont massacrés dans l'espace d'une heure. En revanche, on égorge à Puerto-Cabello quinze cents prisonniers pris aux indépendants. Guerres atroces, qui se passent dans le fond des cachots entre des bourreaux et des hommes sans défense.

Aucun succès marqué ne laissait espérer de voir un terme à ces fureurs réciproques, et vraisemblablement la guerre ne devait finir qu'avec les deux armées qui, tour à tour, obtenaient la victoire ; fatigués des sacrifices qu'exigeait la conquête de la liberté, ces habitants commençaient à témoigner quelque dégoût pour la cause de l'indépendance, et l'armée de Bolivar trouvait avec peine à se recruter. Bientôt le découragement s'empare de ses troupes elles-mêmes ; elles ne sont plus animées de ce feu de liberté, qui renverse tous les obstacles. Un combat s'engage dans les plaines de Cura, et la cavalerie espagnole poursuit les troupes des indépendants mises en déroute : la Guayra, Caracas et Puerto - Cabello, sont abandonnées. Une seconde fois battu dans les champs d'Araguita, Bolivar se réfugie à Carthagène, et laisse le commandement de ses troupes aux généraux Berumdez et Rivas, qui ne furent guère plus heureux que lui.

L'Espagne envoya alors une expédition contre les révoltés, et comme il importait fort de s'emparer du chef des indépendants, lorsque la flotte arriva en vue de Carthagène, Bolivar abandonna cette ville, et s'étant rendu au congrès de la Nouvelle-Grenade, il se mit à la tête de quelques troupes. L'expédition espagnole était commandée par un homme alors sans réputation, Morillo, depuis comte de Carthagène, grand'croix de l'ordre de St-Ferdinand, lieutenant-général. Né dans la province de Toro, à Fuente de Malva, Morillo appartient à une famille obscure; il paraît même que dans sa jeunesse il n'avait eu d'autre occupation que celle de garder les troupeaux; mais la révolution française a fait sortir de leur obscurité une foule de génies inconnus, qui, enfouis dans la classe du peuple, ne demandaient qu'une occasion pour montrer leur supériorité sur la foule inutile des courtisans, qui partout avait le monopole des hauts emplois. A cette époque Morillo n'était qu'un sergent de marine remarquable par sa valeur et sa présence d'esprit. A la journée de Trafalgar, monté sur un vaisseau dont un boulet emporte le pavillon à la mer, il se jette à la nage, saisit le pavillon et le rapporte à son bord. Jusqu'à l'invasion de Bonaparte, il fut à peu près inconnu. Un ouvrage intitulé *Galerie espagnole, ou Notices biographiques sur les membres des cortès et leur gouvernement, les généraux en chef et commandants de guérillas, des armées constitutionnelles et de la foi*, rapporte l'anecdote suivante : « En mars 1809, Morillo investit avec ses guerillas encore indisciplinées, la place de Vigo, qui, n'ayant pour garnison que des employés d'administration et des soldats convalescents, fut aisément réduite aux dernières extrémités. Cependant le commandant français M. Ch. refusait obstinément de se rendre à un corps de partisans et ne voulait traiter qu'avec un officier ayant un rang au moins égal au sien. Morillo imagina de supposer son avancement, fut ensuite annoncer lui-même au gouvernement la conquête qu'il avait faite, l'artifice auquel elle l'avait obligé, et en reçut la confirmation du grade dont il lui avait fallu prendre les décorations pour entrer à Vigo; cet incident avait contribué à le faire colonel. » Quoi qu'il en soit de la vérité de cette anecdote, on peut dire que Bolivar avait affaire à un ennemi non moins habile que brave; aussi avec un tel chef la victoire sembla-t-elle se fixer sous les drapeaux des Espagnols : déjà la cause des indépendants paraissait perdue, et plein de confiance dans ses succès, Morillo semblait n'avoir plus à combattre qu'une armée de malades et de mourants. Cet excès de présomption releva le parti de la liberté et le fit triompher.

Le 31 décembre 1817, Bolivar ayant avec lui 7 à 8 mille hommes, s'empare du camp ennemi, et secondé par quelques renforts venus d'Angleterre, il attaque Caloboso et s'en empare. Mais le lendemain de cette victoire il courut les plus grands risques pour ses jours. Un colonel de son armée, nommé Lopez, promit aux Espagnols de leur livrer le chef des insurgés : il pénétra dans sa tente suivi de douze hommes, et il était sur le point de s'en emparer, lorsque Bolivar ayant entendu quelque bruit, s'échappa en chemise, et rejoignit ses troupes, dont on l'avait séparé à dessein. Pendant ce temps un de ses lieutenants, le général Marino, avait pris Cariaco, et l'amiral Brion, après avoir dispersé la flotte des ennemis, avait fait entrer dans l'Orénoque 20 pièces de canon, 11,000 fusils et beaucoup de munitions.

Voyant que la guerre prenait une tournure si brillante, Bolivar entreprit de fonder sur une constitution les résultats de tant de sacrifices supportés pour la sainte cause de la liberté. Le 15 février 1819, il abdiqua la dictature, et ouvrit à Augustura, le congrès de Vénézuéla : à cette assemblée on le supplia, dans l'intérêt public, de conserver quelques temps encore le pouvoir suprême, et il y consentit. Après avoir recruté son armée de tous les jeunes gens du pays en état de porter les armes, il se mit en route pour aller chercher dans la nouvelle Grenade, le général Morillo, retranché dans l'île d'Achagure.

Cependant, l'ami de Bolivar, ce M. Dehollain dont nous avons déjà parlé, apprenant que ce général célèbre était à la tête des affaires de son pays, crut le moment favorable tant pour aller réclamer les sommes qui lui étaient dues, que pour renouer les liens d'une amitié de jeunesse. En conséquence, il partit pour l'Amérique, et en mettant le pied sur cette terre nouvelle, il apprit que Bolivar était à Caracas, avec son armée. Dirigeant donc sa route vers ce pays, il y arriva sain et sauf, mais avec le déplaisir d'apprendre que le libérateur (c'est le nom qu'on donnait à Bolivar) était parti depuis trois semaines. Du reste, le général était fort mal en argent, car avant de quitter Caracas, il avait été obligé pour payer son armée, de lever sur les habitants une contribution volontaire. Caracas attendait tous les jours le retour de Bolivar, et tous les jours il s'éloignait davantage. Enfin, après avoir demeuré plusieurs mois dans cette ville, M. Dehollain l'abandonna en apprenant que le libérateur était à plus de trois cents lieues, et qu'il se proposait de marcher encore en avant.

Dans tout le pays de Vénézuéla, la marche de Bolivar était un continuel triomphe. Le congrès déclara que les provinces conquises seraient réunies sous le nom de république de Colombie, et que l'on construirait une nouvelle capitale qui porterait le nom de Bolivar. Mais le général instruit des changements qui s'étaient opérés en Espagne, fit proposer à Morillo des accommodements que celui-ci accepta avec empressement. Les commissaires chargés de poser les bases du traité se réunirent à Truxillo, et il fut conclu un armistice qui reconnaissait la république de Colombie, et Bolivar pour son chef suprême.

Comme nous ne pourrions que répéter depuis cette époque ce que tous les journaux ont rapporté, nous bornerons là cette notice biographique.

M. MICHEL BERR.

Né à Nancy en 1780, M. Michel Berr est fils d'un ancien conseiller municipal de cette ville, l'un des premiers israélites qui réalisèrent en propriétés foncières une fortune honorablement acquise. Après avoir reçu des leçons d'un israélite que son père lui avait fait venir de Berlin, il se voua le premier de ses co-religionnaires à la profession d'avocat. Ses débuts à la Cour criminelle de Nancy eurent le plus grand éclat, et, le premier, il préluda ainsi pas d'heureux essais au succès constant qu'obtiennent aujourd'hui, dans la même carrière, plusieurs de ses jeunes co-religionnaires. Mais bientôt d'autres circonstances le portèrent à embrasser la carrière littéraire et celle de l'administration. Ses ouvrages qu'il a publiés l'ont fait nommer membre de la société royale des antiquaires de France, de la société philotechnique de l'athénée des arts de Paris; des sociétés académiques de Nancy, Metz, Strasbourg, Nantes, Caen, Cambray, Niort, Poitiers; et, à l'étranger, de Goëtingue et de Mayence.

Son premier ouvrage intitulé : *Appel à la justice des Nations et des Rois*, fut publié en 1801, à Strasbourg. Dans cette production de sa première jeunesse, M. Michel Berr entrait dans la carrière que depuis il a suivie avec persévérance, et réclamait pour les israélites de l'Europe cette égalité politique dont alors les juifs français avaient encore été les seuls à jouir, et qui malheureusement n'est encore obtenue que dans un petit nombre des états européens. Dans le texte même de l'ouvrage, comme dans les notes dont il était accompagné, il donna sur l'antique législation de Moïse, considérée sous tous les points de vue divins et humains, des aperçus qui avant et depuis furent développés dans des ouvrages plus considérables.

Le second écrit de M. Michel Berr fut une notice littéraire et historique sur le livre de Job, avec la traduction en prose poétique des principaux chapitres de ce livre *antique;* elle fut insérée, d'abord par extrait, dans les mémoires de l'académie de Nancy, où il venait d'être admis; et lors de son premier voyage à Paris, il la fit insérer en entier dans le magasin encyclopédique du savant Millin. Le succès de cette notice et de plusieurs autres morceaux qui parurent à la même époque, dans le journal dont nous venons de parler, et dans la *Décade philosophique,* fut tel, que la classe d'histoire et de littérature ancienne de l'Institut donna dans plusieurs scrutins à M. Michel Berr un grand nombre de suffrages pour le titre de correspondant.

A la même époque, l'existence civile et politique des israélites fut un instant menacée par la suite des plaintes qui, dans quelques contrées s'élevaient encore contre l'usure. Mais bientôt après, animé de sentiments tout opposés, Napoléon convoqua une assemblée de députés israélites nommés par les préfets, et chargés de proposer les moyens d'améliorer en France l'état social et civil des juifs. M. Berr qui se trouvait à Paris à cette époque, y avait épousé la digne fille de M. Bing, israélite français distingué. Il s'acquit une très-grande estime dans cette assemblée, où des israélites distingués des départements le virent arriver avec plaisir. Il donna la traduction d'odes juives que firent paraître, au sujet de cette convocation extraordinaire, quelques hébraïsants instruits. Il fut membre des principales commissions, et fut désigné pour remplir les fonctions de secrétaire dans l'assemblée religieuse qui, sous le nom de Sanhedrin, fut chargée de convertir en décisions doctrinales les réponses de l'assemblée aux questions du gouvernement.

Lorsque les deux assemblées israélites eurent fini leurs travaux, et que le culte juif eut reçu une organisation par le gouvernement, M. Michel Berr se fixa momentanément à Metz, dans la famille de sa femme. Le vœu spontané de ses nouveaux concitoyens le porta et le fit nommer au collége électoral de l'arrondissement de Metz. Il publia dans cette ville la traduction de l'*Appréciation du monde*, ouvrage hébreu du XIIIe siècle. L'établissement du royaume éphémère de Westphalie, donna à deux hommes d'état chargés de son administration, l'occasion de lui témoigner leur bienveillance. Il se rendit à Cassel, et fut appelé à remplir les fonctions de chef de division au ministère de l'intérieur. Il retourna dans sa patrie après s'être lié d'amitié avec ses co-religionnaires les plus célèbres d'Allemagne, que les circonstances avaient réunis dans ce moment à Cassel, et après avoir reçu les témoignages de la bienveillance de Jean Muller, le Tacite de l'Allemagne. Riouf venait d'être appelé à la préfecture de la Meurthe : sa famille avait connu M. Michel Berr à Paris, dans la maison du respectable Bitaubé. Il le fit nommer rédacteur à la préfecture. Devenu membre résident de l'académie de Nancy, M. Michel Berr prit une part active à ses travaux. Le rapport qu'à cette époque il fut chargé de faire sur les monuments archéologiques du département de la Meurthe, et qui lui fut confié à la fois par la préfecture et par la société académique, a été envoyé au ministère de l'intérieur, et le fit plus tard admettre à la société royale des antiquaires de France.

Depuis la restauration, c'est dans la capitale que M. Michel Berr a continué de parcourir la carrière des travaux et des emplois littéraires. Le *Mercure de France*, et le *Mercure Etranger* qu'illustraient, à cette époque, l'Anglès, Boufflers, Ginguené, Andrieux, Amauri Duval, devinrent le théâtre où il exerça ses talents ; il y publia un grand nombre d'articles, parmi lesquels on remarqua surtout au *Mercure de France*, un apologue en vers, *le Hibou* et *les Oiseaux*, contre les détracteurs des idées libérales, quelques autres pièces de poésie, un article sur les libertés des cultes, où, après avoir développé les principes sur lesquels cette liberté doit être établie, il défendit à la fois ses co-religionnaires, les catholiques d'Irlande et les chrétiens de l'Orient, et une notice sur Charles Villers, son compatriote et son collègue ; dans le *Mercure Etranger*, des articles sur les principaux écrivains de l'Allemagne, et les ouvrages de Mme de Staël ; une notice sur Maymonide, célèbre philosophe du XIIIe siècle, sur Harvig Weslis de Berlin, poète hébreu de la fin du XVIIIe siècle, notice dont, en lui donnant des développements pleins d'intérêt, il fit plus tard un article remarquable dans la Biographie Universelle. Après la deuxième restauration, M. Michel Berr, demeuré en dehors de toute position administrative, commença à l'athénée-royal de Paris, un cours de littérature allemande, où il eut l'occasion de déployer toute sa franchise, toute l'indépendance de ses opinions politiques et littéraires.

Bientôt après le ministre de l'intérieur, alors M. Decazes, l'appella aux fonctions de traducteur des gazettes allemandes au ministère. Au milieu de ses travaux d'un intérêt général, les intérêts moraux et sociaux de ses co-religionnaires ne cessèrent pas d'être l'objet de ses sollicitudes ; il renouvela encore aux congrès de Vienne et d'Aix-la-Chapelle, en faveur de leur émancipation politique, les éloquentes réclamations qu'autrefois il avait fait entendre à celui de Lunéville. Dans un article que le *Constitutionnel* signala aux applaudissements publics, il flétrit avec l'accent de l'indignation une mesure inique du sénat de Francfort, qui assujettissait les juifs de cette ville aux devoirs de cité, en les dépouillant de leurs droits ; et dans un autre morceau non moins remarquable, il fit connaître les vrais motifs d'une persécution nouvelle et générale qui venait de s'élever contre les juifs en Allemagne, et les moyens d'y améliorer leur sort.

Dans une brochure, à laquelle le suffrage unanime des hommes éclairés donne la palme sur toutes les autres productions de l'auteur, sous le double rapport du talent et de l'érudition, il réfuta avec non moins de succès l'étrange erreur d'un écrivain ingénieux et distingué, M. l'abbé de Pradt, qui avait avancé dans un de ses plus célèbres ouvrages, *les quatre Concordats*, que les juifs anciens ne croyaient pas, et que les juifs actuels ne croient pas au dogme de l'immortalité de l'âme; il y retrace avec autant d'intérêt que d'impartialité, l'introduction successive des dogmes de la résurrection des morts, de la spiritualité et de l'immortalité de l'âme chez les juifs du premier et du second temple, de la première et de la seconde dispersion.

Le Pilote, *l'Argus*, *le Panorama Parisien*, et quelquefois *le Constitutionnel* devinrent le théâtre où il défendit sans relâche la cause des israélites. Mais non content d'avoir défendu leurs droits sociaux, il voulut aussi porter des lumières utiles dans tout ce qui pouvait contribuer à réformer les abus intérieurs du culte, le mettre en harmonie, sans violer ses principes, avec l'état de la société et la marche de l'esprit humain; faire disparaître les dernières traces de l'abaissement et de l'oppression, et prévenir l'incroyance en détruisant la superstition. Dans cet honorable but, il publia plusieurs écrits remarquables : joignant l'exemple à la recommandation, il publia un *Abrégé de la Bible*, et un *Choix de morceaux de piété et de morale*, à l'usage des israélites de France, avec une préface où il développait les motifs qui lui faisaient attacher de l'importance à ce travail, et le plan d'après lequel il l'avait fait. Il y faisait sentir pour la première fois la nécessité d'introduire la prédication et la langue nationale dans le culte israélite, en un israélitisme français, par la réunion des rits allemand et portugais; des juifs originaires du Nord et du Midi.

Depuis que M. Berr a cessé d'être attaché au ministère de l'intérieur, des travaux littéraires, sérieux et utiles étaient à la fois dans ses goûts et dans ses devoirs; admis avec nos philologues et nos écrivains les plus distingués à la coopération des chefs-d'œuvres des théâtres étrangers, il donna à l'éditeur de ce recueil la traduction de plusieurs pièces allemandes, entre autres la célèbre tragédie de *Martin Luther, de Vernès ;* la préface et les notes dont elle est accompagnée sont une de ses productions qui lui font le plus d'honneur pour le mérite, l'impartialité et l'érudition. C'est pendant que M. Michel Berr composait les notes qui suivent sa traduction, qu'on apprit la mort de Werner, à Vienne, dans l'ordre des jésuites, dont il avait embrassé la règle. Les journaux littéraires de l'Allemagne joignirent leurs éloges pour le travail de M. Michel Berr, à ceux des journaux français, et l'un d'eux fit l'observation assez remarquable qu'une pièce dont Luther était le héros, avait été composée par un écrivain qui s'est fait catholique, et traduite par un littérateur israélite. Le journal de la société asiatique inséra de lui un morceau sur la littérature hébraïque moderne, et qu'il avait accompagné de la traduction de la *prière* universelle de Pope. Le baron de Ferussac l'appela aussi à coopérer au bulletin des sciences philologiques et historiques, dans le bulletin universel des sciences et de l'industrie.

Dans la *Galerie des Contemporains* , dans celle des *Contemporaines célèbres* et la *Biographie Universelle* de MM. Michaud, il a publié des notices sur des personnages connus, entre autres Wasington et M. B. Constant dans le premier de ses ouvrages, la princesse Constance de Salm dans le second, et Artwitz Vesclis dans le troisième.

Lors d'un voyage qu'après plusieurs années d'absence M. Michel Berr fit à Nancy, sa ville natale, il prononça à l'académie un discours dans lequel il faisait remarquer avec une grande justesse de vue, que la littérature française aurait acquis plus d'originalité, d'indépendance et de nationalité, si elle avait été cultivée dans toutes les diverses parties de la France, au lieu de l'être seulement avec éclat dans une brillante capitale.

Ayant eu l'occasion de se rendre à Bruxelles, il fut chargé par l'un des principaux éditeurs de cette ville d'une traduction française, avec quelques changements et modifications, du célèbre ouvrage allemand intitulé : *Conversation Lexicon*, et auquel il donnait en français le titre de *Dictionnaire encyclopédique des hommes et des choses, à l'usage des gens du monde*. Il en composa à peu près le premier volume, mais l'inconstance et les caprices de l'éditeur le firent renoncer à cette utile entreprise pour se livrer à d'autres publications.

Les journaux du pays insérèrent de lui plusieurs articles de politique, qui ne démentaient en rien sa manière ordinaire, et lui valurent des témoignages particuliers d'estime de la part des hommes de lettres les plus distingués et des professeurs les plus savants des Pays-Bas.

Il reçut aussi de plusieurs israélites revêtus dans cette heureuse et libre contrée de fonctions importantes et proportionnées à leurs talents distingués, dont l'un avait déjà cultivé son amitié à l'époque du grand Saugedrice en venant adhérer à ses décisions, les témoignages précieusement conservés par lui de leur haute estime et de leur reconnaissance ; enfin il fit publier à Bruxelle et en Hollande, avant son départ de ce pays, le prospesctus d'une traduction verlandaise de son *Abrégé de la Bible et choix de morceaux de piété et de morale*, par un jeune israélite verlandais. De nombreuses souscriptions accueillirent aussitôt l'annonce de ses traductions qui se fera sans doute sur la seconde édition de l'ouvrage, à Metz.

Dans les sociétés académiques de Metz et de Nancy, il a développé des vues et des recherches sur l'ancien idiôme lorrain, et l'époque et les circonstances de sa disparition. Il en fera le sujet d'une dissertation pour les séances et les mémoires de la société royale des antiquaires de France.

Lors de l'avénement du ministère actuel, toujours occupé des intérêts de sa religion, il s'empressa de remettre à l'homme d'état et savant illustre chargé de la direction des cultes non catholiques, un mémoire approfondi sur l'état du culte israélite en France, les abus qui s'y sont glissés, les moyens d'y porter remède. Dans nos principaux journaux judiciaires et littéraires, au sujet des procès dont retentissaient les tribunaux, entre les principaux consistoires israélites et un grand nombre de leurs contribuables, il développa avec une nouvelle force les vices et les abus dont il avait tant de fois signalé la gravité, et proposa de nouvelles bases d'après lesquelles il pourrait être réorganisé. Des savants, des hommes de lettres et des artistes du culte israélite se joignirent aussitôt à l'expression de ses vœux, en y ajoutant, comme le leur, que l'accomplissement lui en soit confié.

Tant de travaux entrepris avec courage, et exécutés avec bonheur, recommandent M. Michel Berr à la considération et à l'estime publiques, et n'étaient quelques hommes que son mérite même a faits des ennemis, il n'est personne qui n'applaudît aux témoignages de bienveillance qu'il paraît attendre de l'administration nouvelle, comme récompense de son zèle philanthropique et de ses talents.

M. PICARD.

Picard (Louis-Benoît) est né à Paris en 1769. Ayant pour père un avocat distingué, pour oncle un médecin célèbre, il était difficile qu'il échappât à l'empressement qu'un homme, maître d'une carrière, éprouve à y pousser ceux sur lesquels il a droit de direction ou de conseil. Toutefois, grâce à une vocation puissante, et qui certes depuis a été suffisamment prouvée, il parvint à sortir sain et sauf de ce défilé, au bout duquel l'attendaient Esculape et Thémis, et il commença à s'occuper des travaux de son choix avec toute l'ardeur qu'on pouvait attendre d'un jeune homme qui avait, pour ainsi dire, conquis le droit de s'y livrer. Après les persécutions de la famille vinrent pour lui les tribulations dont les comédiens, les directeurs, les comités, ne manquent jamais d'entourer un jeune auteur lors de ses premiers pas. Grâce à l'amitié de Colin-d'Harleville et de M. Andrieux, il parvint à les surmonter : ce dernier se chargea de présenter au théâtre de *Monsieur* sa première pièce, *le Badinage dangereux*. Le succès en fut médiocre, mais suffisant pour lui laisser entrevoir une partie de son avenir. Après quelques autres ouvrages, représentés avec plus de retentissement, il fut saisi de la passion du théâtre, au point de devenir envieux de cette portion de gloire que l'acteur partage avec l'auteur dramatique : vivant d'ailleurs dans un temps où l'on revenait de bien des pensées, il n'hésita pas à monter sur la scène pour y devenir lui-même l'interprète de son talent, et réunit ainsi sur sa tête une double couronne.

Le théâtre Mureux, rue Saint-Antoine, le vit pour la première fois paraître en public. Bientôt après, il prit la direction du théâtre Louvois, et y débuta avec son frère, que son exemple avait entraîné. La gloire du comédien ne resta pas au-dessous de celle de l'auteur, et il n'eut qu'à se féliciter du parti qu'il avait pris. En 1801, l'Odéon fut placé sous sa direction, et malgré les travaux auxquels l'appelait la complication de ses fonctions administratives avec la composition et la représentation de ses ouvrages, c'est de cette époque que datent ses plus beaux succès. Cependant au bout de quelques années il renonça à la profession de comédien, qui prenait trop de place dans sa vie, et l'empêchait de réaliser toutes les idées dramatiques qui se présentaient à son esprit. En 1807, pour nous servir de la phrase d'usage, l'Institut lui ouvrit ses portes. Quelque temps après, Bonaparte, qui ne laissait aucun talent dans l'oubli, le décora de la croix de la Légion-d'Honneur (on ne l'avait pas alors pour trois vaudevilles), et lui confia l'administration du Grand-Opéra. En 1816, n'ayant pas cessé pendant tout cet intervalle d'augmenter le nombre de ses pièces, on pourrait presque dire de ses succès, il reprit la direction de l'Odéon. A la suite de l'incendie qui dévora ce théâtre et y suspendit pour un temps les représentations, il obtint qu'il fût rouvert avec le titre de Second Théâtre-Français, et à l'aide de cette extension de privilége, continua quelques années encore de le faire prospérer; mais fatigué du métier de directeur, comme il l'avait été de celui de comédien, il résigna son autorité entre les mains d'un successeur. A dater de cette époque, malgré les efforts, peut-être grâce aux efforts des directeurs qui régnèrent après lui, l'Odéon entra en décadence, et il paraît avoir emporté sa fortune avec lui.

Rendu à la solitude de son cabinet, et tout entier à sa carrière littéraire à laquelle, du reste, au milieu de ses occupations les plus multipliées, il n'avait jamais manqué, M. Picard continua d'enrichir la scène d'un grand nombre d'ouvrages;

les théâtres secondaires eurent même quelquefois part à ses largesses, persuadé qu'il était, qu'hormis la forme ennuyeuse dont au reste plusieurs de ses confrères de l'Académie se sont réservé le monopole, toutes les formes étaient bonnes, lorsqu'elles étaient destinées à donner l'existence à une pensée comique. De la comédie au roman de mœurs il n'y a qu'un pas ; aussi, comme Lesage, M. Picard s'est exercé dans les deux genres ; mais il ne lui était pas réservé, comme à son illustre devancier, dans toutes les carrières où il se présenterait, de procéder par chef-d'œuvre. Il y a entre le *Gil-Blas de la Révolution* et *Gil-Blas,* toute la distance qui sépare *Turcaret* de la pièce la plus médiocre de M. Picard, et la réputation du romancier n'a que bien peu ajouté à la renommée de l'auteur comique. Celle-ci est établie sur des titres si nombreux, sur des succès souvent si éclatants, qu'il y aurait de l'injustice à la méconnaître, et presque de l'audace à la mettre en question. Une chose cependant digne de remarque, c'est que de tous les ouvrages mis au théâtre depuis quarante ans par M. Picard, à peine en est-il resté quelques-uns au répertoire, et sa carrière dramatique ressemble en quelque sorte à sa vie, où les jours bons et mauvais se succèdent sans relâche, l'un poussant l'autre, mais où jamais on ne retourne en arrière ; et il est à croire que si sa prodigieuse activité ne l'eût mis constamment à même d'entretenir et de réchauffer sa gloire, elle eût duré moins que lui.

Du reste, cela s'explique : M. Picard fut moins un amant passioné des triomphes de la scène qu'un coureur, si on osait le dire, de bonnes fortunes dramatiques, occupé sans cesse de grossir la liste de ses succès. Au train dont il menait ses triomphes, il n'eut guère le temps de s'arrêter à l'homme et de l'étudier ; il a cru qu'en essayant de peindre au vol tous les ridicules, tous les travers de la société au milieu de laquelle il vivait, il aurait assez profondément fondé sa gloire ; mais les hommes qu'il avait traduits sur la scène ont disparu, la société à laquelle il s'était attaché a passé, et a été remplacée par une société nouvelle qui n'a plus trouvé à ses peintures guère plus d'intérêt qu'on n'en trouve à un vieux portrait de famille dont on n'a pas connu l'original. Autre élément d'oubli : comptant presque uniquement sur les effets de la scène qu'il entend merveilleusement, M. Picard trop souvent a négligé de donner à ses ouvrages le mérite du style, sans lequel, de nos jours surtout, aucune œuvre ne saurait vivre. De là pour lui la nécessité de faire toujours, sinon du neuf, au moins du nouveau, et d'aller en avant. Du reste jusqu'à présent, personne ne s'est soumis de meilleure grâce à cette nécessité : chaque année trois ou quatre succès, sans compter les essais moins heureux, attestent son intarissable fécondité. Ou nous nous trompons, ou la liste complète de ses ouvrages dramatiques ne monte pas à moins de quatre-vingts. Possédé du démon du travail, si tant est que ce démon existe, comme plusieurs de ses confrères que je pourrais citer le sont du démon de la paresse, nous ne pensons pas qu'il ait jamais laissé perdre une seule des idées comiques qui se révélèrent à lui. On le voit peu dans le monde, auquel il se reprocherait de sacrifier un temps qu'il sait si bien mettre à profit. Retiré au Marais, quartier de paix et de labeur, à l'entrée duquel viennent mourir les derniers bruits du siècle qui passe et repasse sans cesse sans pouvoir y pénétrer, M. Picard en sort quelquefois, pour aller faire ses récoltes de ridicules ; puis aussitôt il vient les mettre en œuvre avec autant d'ardeur que si sa fortune littéraire était encore à faire et qu'il ne fût pas de l'Académie.

M. MICHELOT.

Né en 1786, Michelot fut destiné par son père à la carrière des sciences. Au moment de passer ses examens pour l'école polytechnique (en 1802), la paix d'Amiens venait de se conclure ; son père changea ses vues sur lui et le fit entrer dans une maison de banque anglaise (Ogilvie et comp.ᵉ) qui vint s'établir à Paris, et avec laquelle il avait conservé des relations de correspondance commerciale pendant la guerre. Michelot se livra à l'étude du haut commerce, et fut promptement en état, quoique très-jeune, de diriger les affaires de la maison, où il obtint le titre de premier commis français.

Dans ses loisirs, il cultivait par goût la littérature théâtrale, et suivait avec exactitude les brillantes représentations de la comédie française. Ce goût passionné pour la belle langue de Molière et de Racine, le détermina à accepter des rôles modestes dans quelques théâtres de société bourgeoise, où il ne se montrait que pour avoir occasion de faire valoir ses amis, qui voulaient tous jouer les grands rôles.

A l'époque de la rupture du traité d'Amiens, la guerre avec l'Angleterre obligea M. Ogilvie et comp.ᵉ à fermer sa maison de Paris. Ce banquier proposa à Michelot la place de premier commis français dans sa maison de Londres, avec un intérêt et la certitude d'être associé cinq ans après. Toutes ces conditions étaient réglées, lorsque la mère du futur émigré mit obstacle à l'exécution du traité, en déclarant qu'elle ne consentirait jamais à se séparer de son fils.

Michelot n'ayant plus que des loisirs, continua de jouer la comédie en société, en attendant que son père lui fît prendre un nouveau parti.

Alors le Théâtre-Français cherchait à se recruter de jeunes gens; il envoyait des commissaires dans les théâtres d'amateurs, qui faisaient leurs rapports sur les dispositions de ceux qui s'exerçaient par amusement (la province n'offrait déjà plus de ressources). A son bien grand étonnement, Michelot fut distingué et invité à se rendre auprès de l'autorité (M. Mabérault) qui administrait alors le Théâtre-Français, pour entendre des propositions, auxquelles il crut devoir répondre négativement. Il trouvait en lui plus d'amour pour la littérature, qu'une véritable aptitude à lui servir d'interprète sur le théâtre.

Cependant, après avoir réfléchi, la distinction dont il avait été l'objet lui échauffa l'imagination, et il pensa que d'autres pouvaient être meilleurs juges que lui dans sa propre cause. Il écouta une seconde proposition, et consentit à se faire entendre au comité du Théâtre-Français. L'examen eut lieu, et Talma et Michot voulurent conjointement se charger de son éducation dramatique. On le fit débuter en mars 1805, après un an d'études.

Au bout de deux ans ses progrès avaient été assez rapides, ses succès assez éclatants, pour qu'on le crût capable de communiquer les principes d'un art dans lequel cependant il débutait à peine. Nommé professeur de déclamation au Conservatoire, il justifia pleinement la confiance dont il avait été l'objet. Mais quelque savante théorie qu'il pût développer à ses élèves, les leçons où ils durent profiter le plus, furent celles qu'il leur offrait tous les soirs sur la scène, par son jeu à la fois plein de grâce, de chaleur et de bon ton.

Ses moyens extérieurs l'appelant plus spécialement à l'expression des personnages comiques, il a renoncé aux emplois de la tragédie, dans laquelle cependant il ne se montre pas sans honneur. Nous ne parlerons pas ici des rôles auxquels il a prêté le secours toujours précieux de son talent, chacun sait qu'il excella toujours dans ceux qui demandaient dans leur allure de l'entraînement, de la verve et une certaine profondeur. Préparé à la carrière qu'il parcourt, par des études plus fortes que n'en font d'ordinaire les hommes qui se destinent au théâtre, doué d'ailleurs d'un tact merveilleux pour reconnaître ce qui doit plaire au public, Michelot a compris de bonne heure la nécessité d'une réforme dans les habitudes de notre scène : il a été un des premiers à essayer d'en faire comprendre l'imminence à ses collègues, et ce n'est pas à lui qu'il faut s'en prendre si des résultats plus remarquables n'ont pas été obtenus. Partisan déclaré d'une complète rénovation, il doit la solliciter avec d'autant plus d'ardeur, que dans le seul essai qui ait été tenté à la Comédie Française, *Louis XI à Péronne*, si l'auteur, si l'école nouvelle, n'ont pas grandement avancé leur cause, il y a, lui, pour son compte, travaillé d'une façon singulièrement heureuse à sa renommée. Que sera-ce donc, quand nous le verrons l'interprète de quelque conception plus forte et mieux arrêtée, quand il sera soulevé par son rôle, au lieu d'être obligé de le porter; en un mot, quand l'acteur ne sera pas obligé d'être en même temps l'auteur et de faire la pièce en la jouant?

Exerçant à la Comédie Française une notable influence, il l'emploie toute entière au profit du progrès de l'art; plus d'une fois de jeunes talents, qui n'avaient pas comme lui le bonheur de vivre dans un temps où l'on venait les chercher, ont trouvé en lui un protecteur chaleureux. Jamais aucun avenir littéraire, si jeune, si obscur qu'il fût, n'a eu à se plaindre d'être entravé par ses prétentions et de ses exigences, et on citerait un bon nombre d'auteurs qui ont pu mettre à profit les conseils de son expérience. Tout en poursuivant la carrière à laquelle sa vocation l'a attaché, il n'a pas oublié celle qui dut être d'abord la sienne ; l'étude des sciences naturelles remplit en grande partie des loisirs que lui laissent les travaux de la scène. Destiné d'abord à une existence toute positive, ne s'occupant du théâtre que comme distraction et délassement, c'est une chose assez remarquable de voir comment sa vie a été retournée, comment l'art a déplacé la science, comment l'accessoire a détrôné le principal : exemple nouveau de la dérision de la Providence sur les pensées des hommes et sur leurs projets.

www.ingramcontent.com/pod-product-compliance
Lightning Source LLC
LaVergne TN
LVHW012329060726
842524LV00017B/291